社会科学的公共价值

THE PUBLIC VALUE OF THE SOCIAL SCIENCES

〔英〕约翰·布鲁尔（John D.Brewer）著

刘静 译

2018年·北京

Copyright © John D. Brewer, 2013
The Public Value of the Social Sciences
This translation is published by arrangement with
Bloomsbury Publishing Plc.
据 Bloomsbury 出版社 2013 年版译出

献给我的孙女
玛蒂尔达·萨默维尔
生于 2011 年 8 月 17 日

书　评

　　这是一部十分重要的著作。虽然在社会科学的定义上众说纷纭，但是却没有多少人像这部著作展示给我们的那样怀着批判性的态度从历史的角度慎重地为其定义。此外，也没有多少人敢于为公共生活的社会科学现状做这样一次全面的研究和深入的分析，审视其怎样被用于满足我们日常生活中的需求。这部著作满足了我们对社会科学的求知，也仍有一些未知需要我们继续探讨。我尤其欢迎和珍视人们将重心重归社会探究的传统，这是培育道德情感和理解人文-社会的途径；而且更重要的是，这是尝试深入理解和改进许多我们面对的亟待解决的社会问题的途径。自此，社会科学应该被规范性引导这一论断也以文字和论证的方式被付诸实践。这部著作中的论述旨在将读者带入他们在教学和研究实践中产生的一系列批判性思考中，进一步融入他们在公共生活中于道德和政治上参与社会问题的方式。

　　　　　　——肯特大学，社会学家，伊恩·威尔金森（Iain Wilkinson）

　　阅读这本著作的整个过程都是愉悦的享受，精神为之振奋，思维为之开阔，从各种角度都能融入其中。在原本极其混沌的领域能够另辟蹊径，呈现这样一个极具争议性的论题，此书确为集大成之作，正如著者所希冀，作为读者的求知欲也被激发了。但是，我认为著者不必为了迎合他人而放低姿态去求证自己的观点。相反，这些观点应该保持现在所呈现出来的活力。这本著作实在是一本令人信服的作品，字里行间都鼓舞人心、解放思想，为读者提供了解决争议论题的思维和方法。

　　　　　　——贝尔法斯特女王大学，社会人类学家，黑斯廷斯·唐南（Hastings Donnan）

我非常欣赏这本书对英国影响力计划的深刻剖析和社会科学学科的活力研究。可惜前者在如今的"影响力评估"中没能早点儿出现。这本书是对社会科学的公共价值的勇敢的辩护，或是反映社会科学的公共价值的宗旨——在某种程度上也使我想起伯纳德·克里克（Bernard Crick）的《捍卫政治学》（*In Defence of Politics*）一书，书中的内容可绝非像标题所指那样充满维护的意义——他（在20世纪60年代中期）以一句宣言结尾，就像你的这本书一样。这本著作确实让我感触——颇深，我发现自己一直在呐喊着"听啊，听啊"。同时它也激怒了我——但是，能够使我烦躁也确实是这本著作的成功之处。

——贝尔法斯特女王大学，政治学家，里克·威尔福德（Rick Wilford）

我非常赞同对于增加对社会科学的公共价值的理解的重要性，也赞同我们需要一个更加开放的理智方法来面对这个世纪将出现的各种挑战（您所谓的"可恶的问题"［wicked questions］）。您用激昂的写作方式生动地诠释了您对"影响力"的影响的关注。

——圣安德鲁斯大学，经济学家，约翰·比思（John Beath）

我非常欣赏您的著作。我必须得明确表明自己的观点，因为有人从未将法律，作为一门严格意义上的社会科学来对待。我不太确定法律的差异性能在这里足够坚强地支撑下去。拜读了您所说我们的职业生涯中在各个大学中所发生的事情和眼前所示之事，我发现自己完全赞同您的分析。真是一场奇妙的阅读之旅。

——贝尔法斯特女王大学，私法学家，诺尔玛·道森（Norma Dawson）

我能向您表达感谢之意吗？因为是您给了我机会让我看到了您的作品。坦诚地说，我发现这部著作既令人着迷，同时又令人有深深的挫败感，在很多层面印证了最令我惶恐不安的忧虑，即社会科学学科现在所处的危险状况。我认为，对于社会科学（学科）所面对的问题，您的分析很到位，我也非常赞同您的分析和解释，但是我们之间不同的是，我看不到这些问题的圆满解答。英国高等教育的类市场化催生了一种高等教育文化和一代社会科学家，这其中包括社会心理学家，他们应该不能也不太想来接纳您构想的公共社会科学的新领域。他们的世界眼光狭窄，目光短浅，并且规避任何风险，因为他们要考虑下一次的经费审计。因此，可悲的是，他们没有机会能够从泥潭中抬起头嗅出任何改变的可能，更别说是伟大的变革了。我真心希望我可以分享您的乐观精神，就如同凤凰将要涅槃一般，但是除非您可以马上召唤出哈利·波特，否则我想您将只会继续看到的是生产线上的熟练程序技工，只是努力在做着别人告诉他们要做的事情。

——贝尔法斯特女王大学，社会心理学家，约翰·克雷默（John Kremer）

我认为这真的是一个非常大的议题。这本著作的第三章让我非常激动、兴奋。社会行为的丢失那一部分非常地一针见血。这本书太棒了，你说的太对了，我非常地同意你的观点。

——贝尔法斯特女王大学，人类地理学家，大卫·利文斯通（David Livingstone）

作者简介

约翰·D. 布鲁尔是一位研究后冲突主义的教授，自2013年春季起任职于贝尔法斯特女王大学冲突转化和社会公平研究院。在此之前，他曾是阿伯丁大学第六位世纪教授，曾访学过耶鲁大学（1989）、牛津大学圣约翰学院（1992）、剑桥大学基督圣体学院（2002）以及澳大利亚国立大学社会科学研究院（2003），也曾做过利弗休姆（Leverhulme）基金会研究员（2007—2008）、皇家艺术学院成员（1998）、社会科学院院士（2004）、皇家爱尔兰学院成员（2004）（在该学院历史上第三位被选入的社会学家），以及爱丁堡皇家学会成员（2008）。此外，他也是全世界同时获得皇家爱尔兰学院和爱丁堡皇家学会成员身份的少数人之一。2012年，因为在社会科学研究方面的贡献，布鲁尔教授被授予布鲁内尔大学荣誉学位。他也曾在英国社会学学会任主席一职（2009—2012），也是爱尔兰研究委员会人文科学和社会科学理事会成员（2008—2012），并且供职过经济与社会研究学会董事会、英国社会学协会全国委员会和皇家爱尔兰学院。2012年，布鲁尔教授被爱尔兰政府授命任职于融合了人文科学、社会科学、工程学和自然科学学科的新爱尔兰研究会理事会以及社会科学学科学术委员会。

布鲁尔教授独著或合著过17本著作，最近几部分别为《北爱尔兰的前战士、宗教及和平：过渡司法中宗教扮演的角色》（英国帕尔格雷夫出版社，2013）（Ex-combatants, Religion and Peace in Northern Ireland: The Role of Religion in Transitional Justice, Palgrave 2013），《北爱尔兰的宗教、公民社会及和平》（剑桥大学出版社，2011）（Religion, Civil Society and Peace in Northern Ireland, Oxford University Press, 2013）和《和平进

程：一个社会学视角》（政体出版社，2010）（*Peace Processes: A Sociological Approach*, Polity Press, 2013）。布鲁尔教授最新的研究方向为和平进程的社会学意义，他也是获得了利弗休姆基金会126万英镑经费支持的研究项目的首席研究员，这个为期五年的研究项目研究公共冲突中所有受害者的妥协，该项目关注若干案例研究，包括北爱尔兰、南非和斯里兰卡的案例。他为这个项目筹得了超过640万英镑的资助并在下述领域发表过作品：和平进程和后暴力适应、宗教和和平构建、宗教和冲突、定性研究方法论，尤其是人种论、亚当·福格森（Adam Ferguson）和苏格兰启蒙运动、犯罪与监控以及解释社会学理论。

作为公共参与的例子，布鲁尔教授定期在斯里兰卡和北爱尔兰调解组织教授关于和平及和解的内容，积极参与北爱尔兰和平进程，旨在促进"美好未来的信仰"，组织领导全世界基督教徒与政府和准军事组织对话。他一直在南非和北爱尔兰警务改革中做政策顾问，也因为在和平进程和宗教和平构建事务上的造诣，他成为了联合国全球专家名册中的一员。他定期在民间团体和基层组织中演讲，包括2011年"通向治愈的旅程"（贝尔法斯特）以及葛兰学会"文明的对话"（得克萨斯州休斯敦市）。

约翰·布鲁尔在其作为一名社会学家的五十年的岁月里自认为非常坚定，这一切始自1968年的那一位社会学的优等生。他时常受到查尔斯·赖特·米尔斯在社会学想象上的观点的影响，即纪律会对普通男人和女人的生活产生影响。米尔斯最初用这种方法来定性"社会研究"，本来用作其著作最初的书名，在这里作为整个社会科学学科的主题。

序言和致谢

经济学家琼·罗宾逊曾经说过，如果你找不到问题的答案，那么就是问题本身出错了。我很赞同这句话，特意将每一个章节标题——还有大部分次章节的标题——故意地设计成问题的形式，以此来说明这些问题都有答案，包括这些最深刻的关于社会科学的公共价值的问题。那么我的答案是什么呢？社会科学的公共价值有两个维度：它并非仅是产生关于社会的信息，更是社会再生产的媒介。换句话说，正是通过这种方式社会找到了自我，并衍生出社会自身这一概念。因此，社会科学学科存在公共价值，因为它们孕育了道德情感。我们在这种道德情感中产生和再生社会自身的社会性，使我们能够对彼此作为社会存在产生一种感同身受的设想，也使我们认识到我们对人类未来有着共同责任，需要通过理解、解释、分析和改善萦绕我们已久的基本的社会问题来承担这一责任。因此，社会科学成为一种公共商品，通过其主题、教学、研究和公民参与来培养这种道德情感和感同身受的设想。在通过科学揭示出社会是一个社会实体且该社会实体以我们的本性作为社会存在的前提的过程中，社会科学作为科学与其公共价值作为道德情感这两者之间并非没有兼容性。

社会科学具有公共价值的例子在公共领域还闻所未闻，这多少跟有着艺术和人文学科背景的受过高等教育的记者们和政府政客们有关，也跟公共注意力都集中在不停喧嚷的人文学科学者们有关。他们宣称作为他们对公立大学原则的维护，人文学科是高等教育唯一剩下的文明化的趋向（玛莎·努斯鲍姆[Martha Nussbaum]），或者人文学科更接近于大学真正的意思（斯蒂芬·科里尼[Stefan Collini]），然而社会科学家们也没有将他们的社会科学具有公共价值的例子说清楚。后者就是由于对于"价值"一词的描述大都带有敌意而对社会科学的公共价值不自信。这两种情况都不会困扰我。

然而我意识到很多人本来可以为社会科学学科辩护，也可以重申他们对于21世纪的公共价值。他们中的大部分人说的都比我好，我也意识到我在这里非常浅显地谈论到的这个话题，可能很多人早就研究得很深入了。我害怕我的不足将来会在专业社会科学家口中一遍一遍被提及，因为我特意以一种通俗的方式撰写了这本书，书里极少引用也极少讨论真正的社会学研究，就是为了吸引更广泛的读者群。

但是，为了避免别人认为，我是将那些已经引发专业学者们大肆讨论的话题当作是非常浅显的话题来讨论，我使用了大量的注释和并且偶尔用了小插页来获取这种针锋相对的张力（那些对晦涩难解的争议没有兴趣的人就可以忽略这些了）。很有必要在这里再解释一下注释和插页。注释和插页有特别的作用，我认为两者对我的论证非常重要，因为它们大多强调专业社会科学家之间的重要争议，为我的论据提供相关例证，或者用例子强化我的观点。然而，注释和插页不会出现在正文中，因为我不希望它们打乱我的论述或者给大多数读者增加理解难度。我把选择权留给读者，以在书页旁印上注释和插页的方法让他们自己抽时间深入理解某个议题。这样，我既可以照顾到大众读者的需求，也可以满足我的同行的需要。

我要感谢布鲁姆斯伯里出版社的艾米丽·德鲁（Emily Drewe），我受她邀写了这篇概要，也要感谢卡罗琳·温特斯吉尔（Caroline Wintersgill），代替艾米丽做了我的编辑，接手这个项目。我觉得是因为我在2009年至2012年间任英国社会学学会主席一职，并且在任期内用影响力的观念鼓励建设性参与，用一系列公共事件和公共项目来展示公众与社会学的联系，所以才受邀写了这本书。同时，我也要感谢学会，让我有这个荣幸担此重任，感谢我在英国社会学学会的同行和朋友们对我的支持，以及早前我任全国执行委员会主席（2004—2006）期间的同行和朋友们的支持，尤其是朱迪斯·马德（Judith Mudd）、盖尔·莱瑟比

（Gayle Letherby）、罗伯·米尔斯（Rob Mears）、约翰·斯科特（John Scott）、蒂姆·斯特朗莱曼（Tim Strangleman）、苏珊·哈尔福德（Susan Halford）、大卫·英格利斯（David Inglis）、汤姆·霍尔（Tom Hall）、杰夫·佩恩（Geoff Payne）、伊恩·威尔金森（Iain Wilkinson）、琳达·麦凯（Linda McKie）以及已逝的利亚姆·墨菲（Liam Murphy）和雷·帕尔（Ray Pahl）。

　　我意识到这次邀请也多多少少出于我职业生涯中一直作为一名社会学者所做的工作——积极参与、经验丰富但是习惯用概念说明并且写作来迎合大众口味；我也知道我一直的研究课题，如社会分工、政治变革、监控和警务改革、犯罪、宗派意识、宗教和和平以及和解，跨越了学科的界限，能够使我作为一名社会科学家来写作，做社会相关研究。因此，我非常感谢这些年以来曾经与我交流过的朋友和同行们，我们进行了许多次有意义的探讨，使我得到了很多好的建议，比如大卫·利文斯顿（David Livingstone）、伯尼·海耶斯（Bernie Hayes）、弗朗西斯·提尼（Francis Teeney）、史蒂夫·布鲁斯（Steve Bruce）、理查德·布林（Richard Breen）、克里斯·詹克斯（Chris Jenks）、邓肯·赖斯（Duncan Rice）、大卫·英格利斯（David Inglis）、利兹·斯坦利（Liz Stanley）、迈拉·赫德（Myra Hird）、大卫·麦克隆（David McCrone）、杰克·斯彭思（Jack Spence）、已逝的法蒂玛·米尔（Fatima Meer）、彼得·德曼（Peter Derman）、格雷格·凯利（Greg Kelly）、黑斯廷斯·唐南（Hastings Donnan）、约翰·斯宾塞（John Spenser）、萨莉·肖托尔（Sally Shortall）、里克·威尔福德（Rick Wilford）、约翰·克雷默（John Kremer）、雪莉·拉尔·维杰辛格（Shirley Lal Wijesinghe）。他们代表了一个多学科群体，涵盖了所有主要的社会科学学科领域，对他们的感谢也同时展现出我对南非夸祖鲁·纳塔尔大学、贝尔法斯特女王大学、阿伯丁大学以及令我自豪的相关工作部门的感情。

　　我想感谢在由利弗休姆基金资助的"冲突后的妥协"这个项目中合作的同行们（http：//www.abdn.ac.uk/compromise-conflict），我们每天共同工作，工作中相处十分和谐，他们分别是：伯尼·海耶斯（Bernie

Hayes)、弗朗西斯·提尼（Francis Teeney）、凯特琳·道吉昂（Katrin Dudgeon）、娜塔莎·米勒·希尔德（Natascha Mueller-Hirth）、科琳·科马丹（Corinne Caumartin）、雪莉·拉尔·维杰辛格（Shirley Lal Wijesinghe）、露丝玛丽·麦加里（Rosemary McGarry）、詹妮弗·麦克奈恩（Jennifer McNern），包括与该项目有关的博士——戴夫·麦基（Dave Magee）、劳拉·福勒·格拉哈姆（Laura Fowler Graham）、桑德拉·里奥斯（Sandra Rios）、克莱尔·马吉尔（Clare Magill）、雷切尔·安德森（Rachel Anderson）、艾梅·史密斯（Aimee Smith）和邓肯·斯科特（Duncan Scott）——他们的热情和动力让我看到了社会科学学科的未来。

我也非常感谢社会科学学科界中我的朋友和同行们，感谢他们阅读了这篇手稿，但是我也很抱歉没有采纳他们好的建议，他们分别是：约翰·比思（John Beath）（经济学）、戴夫·伯恩（Dave Byrne）（社会政策学）、诺尔玛·道森（Norma Dawson）（法学）、黑斯廷斯·唐南（Hastings Donnan）（社会人类学）、约翰·克雷默（John Kremer）（社会心理学）、大卫·利文斯顿（David Livingstone）（人文地理）、里克·威尔福德（Rick Wilford）（政治学）、伊恩·威尔金森（Iain Wilkinson）（社会学）。

最后，我想对我的家人凯特里奥娜（Caitriona）、菲珂拉（Fiachra）、布朗温（Bronwen）、格温（Gwyn）、罗莉（Loli），当然还有玛蒂尔达（Matilda）表达我的爱和感激，同时也向我的兄弟柯林（Colin）表达我的谢意。本书中有些内容是出自上述人的观点，但我要对我所写负起全责。感谢你们所有人。

书于阿伯丁国王学院
2012 年 7 月 13 日

目 录

书 评 ………………………………………………………… I
作者简介 ……………………………………………………… IV
序言和致谢 …………………………………………………… VI

导 论 …………………………………………………………… 1
为何写这本书？ …………………………………………… 1
为什么是阐释性论述？ …………………………………… 4
社会科学学科的公共价值是什么？ ……………………… 6
本书的结构是什么？ ……………………………………… 16

第一章 社会科学是什么？ ………………………………… 18
简 介 ……………………………………………………… 18
社会科学中的"社会"是什么？ …………………………… 19
社会科学中的"科学"是什么？ …………………………… 37
因此社会科学是什么？ …………………………………… 45
社会科学学科的学科规划和学科综述 …………………… 46

·1·

结 论 ………………………………………………… 49

第二章 英国社会科学的规模和地位是什么？ ………… 50
简 介 ………………………………………………… 50
英国社会科学的规模和地位是什么？ ……………… 51
英国社会科学的地位是什么？ ……………………… 55
所有的巨人都去哪儿了？ …………………………… 64
社会科学学科的普遍影响力是什么？ ……………… 69
结 论 ………………………………………………… 74

第三章 社会科学学科面对的威胁是什么？ …………… 76
简 介 ………………………………………………… 76
影响的影响力是什么？ ……………………………… 80
市场进入 ……………………………………………… 89
结 论 ………………………………………………… 108

第四章 社会科学的公共价值是什么？ ………………… 110
简 介 ………………………………………………… 110
影响力在社会科学研究中的可行性 ………………… 111
社会科学学科中影响力的诟病 ……………………… 119
从社会科学的公共影响力到公共价值 ……………… 125
价值是什么？ ………………………………………… 127
一个重要警示 ………………………………………… 143
那么社会科学的公共价值是什么呢？ ……………… 143
结 论 ………………………………………………… 150

第五章 新公共社会科学是什么？ ········ 152
简 介 ········ 152
传统社会科学是什么？ ········ 156
那么什么是新公共社会科学？ ········ 161
结 论 ········ 185

结论：一个21世纪的社会科学？ ········ 187

补充阅读和参考书目 ········ 194
补充阅读 ········ 194
参考书目 ········ 194

导　论

为何写这本书？

这本书探讨 21 世纪社会科学学科的公共价值。我期待听到一些不会立刻认识到探讨公共价值的重要性的读者发出一丝抱怨。毕竟，对于"公共的"这个形容词，人们用的太多了。它被限制在太多的名词前，几乎令人反感。2004 年，时任美国社会学协会主席的迈克尔·布洛维（Michael Burawoy）先生所做的一篇演讲（Burawoy 于 2005 年出版）并没有开创公共社会学的概念，但是他确实给我们了这个术语，而且在此过程中使这个形容词成了时代思潮的一部分。现在大部分社会科学学科都被赋予了"公共"的框架。博客的大量传播使得公共一词流行起来——当然就在这个过程中创造出了这么多公共的概念。我们急于区分这些"公共"概念的不同之处，承认并非所有的概念都是进步的（Calhoun，2007），重塑公立大学的概念，让自己具有公共精神、参与到公众活动中并且对公众负责等等。英国开放大学的公民身份、公民意识和公民管理中心有一个研究项目叫做"创造公共"，该项目开设了一系列讲座和一个博客，旨在质疑什么是公共参与和如何加强公共参与（见于 http：//www8. open. ac. uk/ccig/programmes/publics）。我还可以列举很多其他的例子：谷歌上差不多有 60 亿条参考资料跟"公共"有关。

这个词的流行也带动了另外一个与之紧密相关的形容词回归，即"公民的"。"公共领域"（the public sphere）和"公民社会"（civil society）这两个词总是一同出现，原因有许多。我们是在"公民社会"

（Edwards，2004）和"公共领域"（Alexander，2006）中遇到许多公共的概念，进行公共参与，获得并表现出我们的公共活力，并且在政府和公民社会之间斡旋。新千年交替之际，爱德华（2004：vi）发问是否公民社会成为一个"大概念"的时机已经到来。这种说法严重地忽略了这个词的历史感，而且，我认为，"公共的"这个形容词才是近现代社会经常出现的词。这是因为这个词就是其本身的一部分，"公共的"的概念成功地渗透进人们现在的潜意识和话语中，因此，这个词也是社会科学的一部分。

不管这个形容词引发出多少异见，弄清楚为什么"公共的"这个词现在这么流行还是有必要的。它是一个准则，拿来衡量一系列出现在晚期现代社会中有关权力的属性的标准问题。这些问题不断被来自各地、各国甚至全球范围内政府、公民、公民社团组织以及社会科学家们所提及，因为这个被福科（Foucault）及其他人称为是权力的顺应和分散的原因，不同类型的权力相互对抗并最终破裂。"公共"这个形容词的使用不仅仅隐含了有关问责的根本问题，也给我提出了疑问，作为社会科学家，我们应该主要对谁负责。同时，这个词用其他关于负责的问题缓解了有关问责的问题，把重心从我们的回应转移到我们的责任上来，询问社会科学家应该主要对谁负责任。它不仅给我们作为社会科学家感兴趣的很多问题下了定义，也让我们在追问，在这些问题上谁的观点是最重要的。正如霍华德·贝克尔（Howard Becker，1967）在摇摆的60年代提出的那样，因为在晚期现代社会中没有绝对的非对即错的答案，所以如果社会科学学科应该站在哪一边这样一个问题不再是问题，那么"公共"这个形容词就能使我们从内心深处想起有关社会科学的目的和关键的标准化问题。因此，我使用"公共价值"这个词是有深意的，因为我意在提出这些标准性目的，为21世纪重申社会科学的公共价值，向人们展示，用奥雷（Orlie，1997）富有启发性的话语来说就是，我们作为社会科学家怎样在我们自己的实践中感性生活，理性行动。

然而，"价值"这个词是另一个被许多人抨击的词。曾经有人问过我探讨价值的价值是什么，我觉得这个问题很蠢，但是却使我认识到，

导 论

并不是所有人都能看的到这个显而易见的答案。我会区分价值的不同类型——正如公共意义的不同，价值的概念也有不同——但首要的似乎是需要强调公共价值的价值。

社会科学学科总是饱受诟病，既来自学科内部，也来自外部。社会科学家总是喜欢反思，但是现在却有了真实的不安全感。英国政府负责科学和大学的部长大卫·威利茨（David Willetts）2011年3月1日在英国国家学术院的一次演讲中确认，人文科学学科和社会科学学科是当代研究的核心。他过去曾经多次提到类似观点。比如，2011年11月在经济与社会研究学会社会科学盛会上的一次演讲中播放了一个名为《祝贺社会科学》的录像，他在这次演讲中非常强调这一观点，使用了很多的术语响应了学会2011—2015年的实施规划。

> 很简单，社会科学在了解人类行为、公民的幸福和促进可持续发展方面是不可或缺的。英国有全世界知名的社会科学研究团体，首推经济与社会研究学会。社会科学研究会产生影响政策的重要知识，帮助我们作为个人或者社团在这个世界上找到正确的道路。

问题就是社会科学家们不相信上述言论，因为政府不断在削减他们的研究经费预算。现在，出于自我保护，社会科学学科内部各学科存在已久的专业分割受到了强化，因为公共支出上限规定了社会科学学科当今的发展状况。社会科学学科似乎并非存在于规整的筒仓中，而是存在于井窖中，于是我们感到了威胁。

因此，现在恰好是该重申社会科学的目的和价值的时候了。21世纪需要社会科学学科，甚至比18、19世纪更需要社会科学学科的存在，因为我们要解释快速的社会变化及其深远的意义，如果没有解决方案的话，还要提供分析的依据。社会需要在20世纪积聚的危机旋涡中搞清楚自己作为社会的意义，以期迎接新的21世纪。然而，就像在21世纪我们要面对的那个"可恶的问题"所暗示的那样，社会科学的感性和理性需要一个完全不同的社会科学①。如果未来需要社会科学家，我想那时候一定是有一种新型的公共社会科学，比起各学科独立的社会科学更像是后学科性的社会科学，这种新的社会科学中公共价值被赋予新的意义，对待传统观点也会有新的态度，比如价值中立论或者道德相对论。我们未来所要面对的挑战不仅仅来自于政府对社会科学学科的政策和对公立大学这样一个学习场合的政策，而且来自于我们作为社会科学家的实践活动。

我对自己所提倡的主题的立场似乎并非与人文科学学家一样，他们在捍卫他们自己的领域，将人文科学完全看作古老的文化（科里尼[Collini]，2012）或者美好的品德（努斯鲍姆[Nussbaum]，2010）的唯一归宿。我的观点是，社会科学研究需要批判性精神。我与他们还有一点不同，那就是我的重点在社会科学、人文科学学科、自然科学学科和医学科学学科之间进行后学科合作的必要性上。在面对一个共同威胁时主张"我们是独自的"②是非常卑鄙的。井窖可不是好地方，因为会产生一些发运费用；后学科性出现在21世纪的大学，而不是15世纪③。

为什么是阐释性论述？

我的论证是用一种阐述性方法展开的。学生阶段时常看到这样的文章，即作者下笔不坚定，有迟疑，但这种文章看起来已经过时了，因为确定的、果断的言辞使读者能够在论证中感受到作者强烈的观点；用阐释性方法论证时，作者采用的是尝试性方式，而非严格的教条原

---

① "可恶的问题"这个词会在后面的章节中解释，并不是对它们品质的道德判断，而是基于它们的复杂性和危险性。这个词并非我原创，我是在一次讨论影响的会议上不小心听到一位观众所说的。如果我知道是谁说的，我一定会感谢他们的。

② 这是一个文章中循环使用的词，我一般用它偶尔指学科封闭，就像这里，各自独立的领域在学科性的背景下组成了英国知识领域中的"三种文化"（卡根[Kagan]，2009），但那大多数时候指那些独立的社会科学学科总是强调自己优于其他学科的趋势。我可不是用它以 Sinn Fein 之名作一个双关语，这个词有时候在爱尔兰被误译为"我们独自"。Sinn Fein 更准确的翻译为"我们"或者"我们自己"。

③ 当然，许多大学比这走得更远，但是我自己的学校，阿伯丁大学，始建于1495年，就可以很好地说明十五世纪这样一个相关问题上而非历史上的目的的类比。

则，抛出一个论证的前言，而非一篇精美的陈述①。这就是我在这里所期望的。

阐释性方法，我也指一种体裁，是采用事例而非使用实例的新展示方法。这种方法接受个人意见和个人观点，但是同时故意与正统观点对抗，批评那些想当然的释义。这是一种非常个人化的论证，但是旨在对现行考虑问题的思维模式提出挑战。因此，这种论证从个人角度论述，有着广泛的读者群，希望提出一些读者们没有预料到或者意想不到的观点。我将我的读者视为组成社会科学学科的实践者、政客、高等教育的政策制定者和大众成员。这也是要求我用通俗方式写出本书的重要原因。在写作过程中我一直惴惴不安，因为知道这些论点很可能并不广为人知，但同时也充满自信，因为我相信这个挑战是必要的。毕竟，这种体裁的写作，更关注的是激发人们的讨论，而不是获得人们的赞同，是试图改变，而不是达成共识。

现在，不管是各自独立的社会科学学科中大多数的实践者，还是英国社会科学教育和研究领域的政府管理者②，都误读了社会科学学科的公共价值这一概念。我力图向社会科学家们发出挑战，向教育管理者们发出挑战；向那些迫切要设起隔板来保护社会科学学科不受政府的侵害的人发出挑战，向那些蓄意将社会科学学科逼到更卑微的地位上的政策制定者和计划者发出挑战；这样的挑战是对政府在大学实施的政策的挑战，也是对社会科学本身的核心本质的挑战。我也希望能够集结公众的力量，我希望让他们尽可能看到社会科学学科的价值，让他们看到社会科学学科的价值与21世纪相关因而值得捍卫。

在这里简单总结一下我的论证还是值得的。我要提前为这些重复

---

① 我想的是福克斯（Fox）的"英国家族史研究的绪论"（1965）和布劳（Blau）官僚主义理论绪论（1956）。我先前已经使用过这个词，因为早期尝试过在和平进程中采用一种社会学方法（布鲁尔，2003）。

② 政府管理者，我是指不管在校内或者校外，能够制定教育方针的政治人物，在不同的机构中能够实行和实现这些政策的管理者，如经济和社会研究学会、高等教育基金会和高等教育自身的一些机构。这些机构的自主权因为一些原因被很大程度地削弱了，这也是我论证的一个中心原则，有必要在21世纪重申社会科学的公共价值。

表达歉意，因为提纲的概念、术语、例子在后面的章节中都有详尽的解释，但是我认为为那些第一次读综述和缩略本的读者写一篇简短的摘要是很重要的。

社会科学学科的公共价值是什么？

公共价值是社会科学学科的核心本质中所不可或缺的，因为这些社会科学学科在18世纪作为各自独立的学科出自道德哲学，为的是更好地判断和改进社会状况。因参与社会和人类的进步、提升和改善，社会科学被贴上了公共产品的标签。但是，社会科学受到两种威胁。第一个威胁来自全球大学危机和英国大学危机，概括来说就是高等教育中经费审计化和高等教育市场经济化（这个危机在三本编辑合集中记述过，即Bailey & Freedman, 2011; Holmwood, 2011b; Molesworth et al., 2010）。但是，这个威胁同时也是一个契机，让社会科学学科发展出一种新形式："公共社会科学"。公共社会科学既可用来做研究也可用来教学，致力于通过公民参与来推广这一公共产品。

第二个威胁来自于影响力计划，这与第一个威胁有关联，但是在英国已经发展的初具规模了。矛盾的是，新型公共社会科学允许其参与到影响力计划中，因为在社会科学学科中影响力的进程是很容易展示出来的。然而，用影响力这一方法去评估社会科学研究的价值则是非常有缺陷的。影响力的含义千差万别，很难衡量，甚至在"影响力"这个词反复出现的政策演化传统中都很难衡量其含义，而且影响力计划产生的敌对性，再加上现行无奈的经费审核政策，已经使对于科学研究的公共价值这一讨论变味了，并排除了会产生理由充分的论证的可能。这本书认为关于社会科学研究的公共价值这一讨论要进行下去，讨论的关键需要从社会科学的公共影响力转移到其公共价值上。影响力关乎效果，价值关乎是否值得；效果是助推的、变化的，而是否值得则是内在的、不变的。公共价值是一个词条，要构建有理有据的讨论，围绕着这个词条很容易展开一段普通的对话。然而，如果要概述公共价值这一概念的多种形态，用多种方式说明社会科学学科的公共价值，那么公共价值就需要被解构。

然而，此时是否会出现以下三种不满意见是无法预知的：第一，这个论证是以英国为中心展开的；第二，我很容易轻信影响力计划，甚至有点好骗；第三，我一直是遵照着政府的计划来做这一论述的。因此，为了最后的论证能走的更远，很有必要来澄清某些观点。

影响英国高等教育政策的方式是全球范围的。高等教育的当代危机以世界范围内抨击公立大学这一概念为标志，这些抨击起因于新自由主义对"大政府"的诟病、全球经济萎靡和公共支出减少、高等教育市场经济化、经费审计制度的发展、强调对公共基金的问责以及对高等教育增加的管理。这些方式很多都是自相矛盾的：以酬金的方式代替整笔补助款，取消政府在社会科学学科和人文科学学科上所提供的资金，这等同于公立教育大规模私有化，而与此同时政府对大学的管理却也增加了。然而，虽然事态已向全球化趋势发展，随之也给社会科学带来世界范围的机遇与威胁，但英国大学体系已经领先于世界其他地区，提前进入市场经济化。我的论证会把重心放在英国，就是因为我想批判英国的影响力计划以及英国社会科学学科对此影响力计划所持的暧昧态度。毕竟，正是英国高等教育的政策迫使社会科学各学科跳出来重申他们的价值和目的（在他们的抗议声中引起了出版商的兴趣）。这也给我的论证找到了更小范围的核心，因为如果在全球范围内研究社会科学的话会让这本书看起来野心太大。

我们正处在一个英国公立大学正几乎全数衰退的时期，与此同时，对于社会科学学科受到的公开抨击、停止为社会科学大学教育提供公共资金，以及那些强调社会科学学科的影响力和价值的政策，社会科学家们表示强烈不满。因此，我在这本书里探讨社会学科的公共价值，也可能被认为是重现这种衰退态势产生的原因并推动他们走向最终的灭亡。然而，社会科学家们在应对这种危机的时候采取拒绝加入影响力议程这样一种态度，我在这里力图回应因为上述行为对英国社会科学造成的危害。我认为，我们别无选择。不是"为政府工作"，也不是"为强权出卖社会科学",比如那些说我是推动英国社会学协会建设性地参与到对于影响力的争论中去的指控,我反而认为这种批判性的参与可以促进社会科学学科的复兴。我们获得的是一个社会科学学科发展的机会,同时也是一次胜利,一个为"公共社会科学"正身的时刻①。

也正是因为这个原因,我反对这样一种说法,说我通过用一种试图取悦每个人的方法探讨价值的方式对英国政府的生硬的新自由经济主义作出回应。我怀疑我一个人都取悦不了。更确切的说,政府的新自由计划确实已经引发我在公共价值上的思考,但我的主要目的是,在我们迈入 21 世纪之际,在这样复杂和严峻的形势下面对我们不得不解决以前从未遇到过的"可恶的问题"时,在社会科学家们之中发起关于对他们职业的探讨。市场经济化也许已经引起了我们重新定义公共价值的兴趣,但是市场经济化也是社会科学的关键意义,可以用其标准的公共价值概述,这也是促使变化发生的真正诱因,因为我们对价值的这种观点要求我们参与到评判、分析、理解和改善 21 世纪的文化、市场和政府的现况的过程中去。

开创"新的公共社会科学"是本书的核心。因此,有必要简单解释一下这一概念。首先,新的公共社会科学暗含了对传统意义上所认为的社会科学具有的局限性的批判。其次,这一概念声张一种原则,这种原则给社会科学一种新的形态,使其更加适应由于全球大学危机而导致的高等教育领域格局的骤变——一个 21 世纪的社会科学。

政府质疑甚至经常诟病那些可以被称作是"旧式的"或者"传统的"社会学科研究,尽管政府奉行"基于实证制定政策",但也很少用这种研究指导政策,而且经常否决旧式或传统社会科学的一些研究成果或者无视一些有争议的议题。就社会科学而言,旧式或传统的社会科学研究与学术自由、知识自由和研究独立的思潮保持距离,而且常受到政府在这几个方面对它的批评。而那些奉行学科独立的社会科学各学科之

---

① 克里斯滕松(Christensen)和艾林(Eyring)(2011)提出过类似的观点,即大学在美国普遍就像制度,他们宣称这些大学既到了毁灭的时候,而面对威胁和危险,同时也看到希望,也可以说到了从内部革新的时候。

间此消彼长，因为领域不同而相互竞争。各公立大学就是无人监管的象牙塔，自成一体，其学术自由和自主用来支持专业化、单学科的社会科学的发展。就政府而言，这给了我们"负面影响"，政府之所以排斥和无视旧式或传统的社会科学研究是因为这种研究指出政策有误并且毫无根据。就社会科学而言，学科封闭和学术自主经常是为无系统、无关联的研究找了个借口，逃过了学术界注意，也免于解决人们的"个人麻烦"和公众议题，就像查尔斯·怀特·米尔（Charles Wright Mill）曾经说过的那样，而且这种学科封闭和学术自主的研究是以一种公众无法理解的形式书写记录的。传统社会科学通常只关注那些学术界的圈内人，把公众和政策制定者之类的人群都排除在外。研究者们也做了很多关于政策导向的社会科学研究，但都会被主流社会科学讥笑排斥，更具有讽刺意味的是，大多数还会被政策决策者和政府无视。因此，"被掩盖的影响力"确实存在，体现在这些有公共意义，但却被政策决策者、政府和媒体完全无视了的科学研究上。被掩盖的影响力填补了存在于研究投入和最终成果之间的黑洞。

目前的紧要态势威胁我们加强传统的社会科学。看似压力来自另一方，但实际上目标一致，旨在巩固社会科学的传统观点。由于"影响力"、"使用"、"知识转移"、"收益"的概念而导致的社会科学知识的市场化，与由于撤销拨给人文科学和社会科学的公共资金以及利用经费审计计划增强国家对大学监管而导致的公立大学教育私有化相结合，加深了政府和社会科学之间的相互猜疑和彼此贬损，使得政府对社会学科所实行的措施都成了意识形态上的。这为复兴社会科学发展这一难题吹响了号角。社会科学研究正处于一种危险中，即被政府和拥护经费审计的组织改变成只有代表政府的一些小的政策目标，如建立"大社会"（the Big Society）形态时才有影响力，而那些试图融入影响力的社会科学研究者们则被影响力议程的社会科学评论家瞧不起，认为他们进行的是狭隘而"专业化"的政策研究，是"将社会科学出卖给权势"。

然而，目前的危机能转化成社会学科的优势，目前的危急情况也能被看作是一种获得权力的形式。我的论证意在举例证明在大学危机中，新公共社会科学也是可以浮现的。那么，新公共社会科学是什么呢？想出对策使政府更能接受社会科学，改善社会科学对政治和公众参与的态度，以及增加社会科学对与公众相关的研究的工作——大部分是用合作参与的方式与各团体、非政府组织、民间社团或者牵涉其中或受些影响的人们共同完成，这些都是新社会科学的一部分。公共社会学科没有泾渭分明的界限，需要加强在社会科学学科之间的合作；它超越了国家的界限，全世界各社会团体都可以加入，也摒弃了传统上的学科间议题（这些议题出现在20世纪，植根于在各自独立的社会科学学科间的狭隘的专业主义的观点），把影响人类未来的公共问题都融入进来。这影响到新的社会科学学科的教学计划，也影响到这些新的社会科学学科的研究重心。

　　社会科学无疑一直是容易跨界的，这一明显优势正是社会科学的特点所在。新公共社会科学继续延续其跨界的特点，保留了它批判形式的特点。新公共社会科学至少跨越了三个界限——学科间、国家间、政治间——也至少跨越了一个鸿沟——教学与研究之间。它具有后学科或者跨学科性和世界性。社会学、政治学、经济学、社会心理学、人类学、国际关系学、社会政策学、人文地理学、人口统计学、法学和犯罪学，这些学科如果联合起来会比单个研究提供的视角更好。后学科性在成群的新课题研究领域中体现出来，比如性别研究、文化研究、自传/传记和叙事研究、和平研究、过渡司法研究、发展研究、安全研究和其他人之间的记忆研究。然而，我认为，社会科学的本质还是在公共社会科学自身的概念中。

　　但是，正是政治分界给公共社会科学带来了最大的挑战。因为解决21世纪人类面对的复杂的问题正是我们全部人的责任，新公共社会科学必须得联合那些到目前为止被我们认为是"陌生人"的人——自然学家、政府、国际组织，如欧盟、联合国和国际非政府组织。我们以气候变化为例，参与解决问题的人包括社会学家、环境学家、交通政策决策者和海洋学家等等。政府是所有我们所面对的"未知的龙"之中最陌生的①，但是新公共社会科学需要政府的参与，同时也需要公民社会和有

---

① 这个词指中世纪地图制作者所使用的方法，他们总是将地球上未知的地域称作"龙的地域"。我在第五章里会转回这个比喻。

机群体组织的参与。

这里有一点也会影响到社会科学教学。同传统社会科学学科核心区域并肩，新公共社会科学也需要讲授一些怎样面对影响人类未来的公共问题的课程。课程内容，如可持续性、海洋、安康和幸福、东西方、南北方、人类和其他动物、气候、有组织的暴力和和平，使社会科学本身形成后学科性并且跨越社会科学和自然科学的鸿沟。国际非政府组织和公民团体组织也可以纳入课堂教学，这样在我们的教学中，学生能明白何为从大处着眼，从身边做起。公共社会学科在课堂和真实世界中都在实践，正是通过这一实践，缩小了课堂和真实世界的距离。

通过所有这些方面，公共社会科学回到了它18世纪起源的初衷，即站在道德的高度，着眼于社会和人类的进步和发展，对社会状况进行评估。我不能在这一点上过分强调，避免有人说我是在宣扬独创性。除了我自己的观点，还有一些其他的构想也在试图将社会科学同21世纪联系起来，但是我希望强调一下我的观点使我们回到了18世纪，尤其是18世纪苏格兰道德学家的观点；也回到了一个时代，在那个时代，为了和文化、市场和政府的各个层面融合，各个社会学科在道德哲学中产生；更回到了一段时期，在那段时期我对公共价值的观点被人们普遍接受，即社会学科就是为了评估和改变人类的状况①。公共价值的这个意义丢失了——也有一些值得注意的单个例外——因为各个社会科学学科之间后来因为专业被划分开了，它们的知识成果变得更加晦涩难懂、倾向专门技术，只给圈内人看，而把大众关在了门外，各学科彼此孤立存在，变得更加专门化而非融合和贯通。我的论点就是我们应该重新定义公共价值的意义，打破专门化和专业分类。开拓这种社会意义，我认为新的公共社会科学由表及里都是一件公共物品。

本书并非支持现行主导社会学科的狭义的影响力议程，也并非支持那些政府里的教育管理者们。就影响力而论，我提出四个论断：（a）公

---

① 如果有读者想追溯18世纪苏格兰和之后的历史时间里，道德哲学到社会科学各学科的历史发展，我建议他们看一看格拉迪斯·布赖森（Gladys Bryson, 1932a, 1945）或者布鲁尔（Brewer, 1989）的书。如果要在这里讲清楚这个问题则会打乱我关于公共价值的叙述。

共社会科学的新形式非常全面，并且有能力展示社会科学研究的影响力；(b) 但是，用影响力来解释社会科学的公共价值漏洞百出，因为这个词很难定义和衡量，甚至如政策评估传统展示的那样；(c) 很有必要把将对社会科学的公共影响力的争论转移到对它的公共价值的争论上；(d) 价值可以被解构为很多种类型，即社会科学各学科在不同领域都有不同的价值。

公共社会科学需要扩大我们对价值的理解。我们可以把争论从社会科学的公共影响力转移到社会科学的公共价值上来，这样做有四个好处：这样可以更好地组成一个词汇，促进大众会话的发展；其中的修辞辞藻能使大家达成共识，不存在分歧，这样可以帮助社会科学家们重拾他们因为影响力讨论而消沉下去的斗志；这打破了有关影响力的受限形式，并非只限于英国本土，而是公共价值的跨国界论述；这为在21世纪，社会科学在新自由主义使用经济影响力作为他们唯一结果衡量的方式的背景下证明自己的价值提供了最好的机会。

可以为公共价值下一个定义，表明公共价值就是社会科学作为一件公共物品的内在原则和目的。这就需要解构"价值"这个概念。这个概念至少有三层含义：作为可用性和实用性的价值；作为质量好坏和值多少钱的价值；作为判断和评估的价值。第一个价值我们可以改为使用价值，第二个为价格价值，第三个为规范价值①。这些词都需要进一步解构。使用价值可以是直接的或者间接的，价格价值可以是固有的或者附加的（带给我们"附加价值"这个词），规范价值可以是个人的或者公共的。直接使用价值描述一件物品的单独可用水平，间接使用价值则是与其他物品一起使用时所产生的实用性。间接使用时所体现出来的价值并不一定要比直接使用所体现出来的价值有所减少。一把椅子有直接使用价值，但是再加入几把椅子和一张桌子后，这把椅子的间接使用价值就增大了。固有的价格价值是物品本身值多少，比如制造一把椅子或者一套桌椅原材料和劳动力的成本。附加价格价值描述间接使用时物品值

---

① 我在第四章会解释我怎么形成的这些观点，以及为什么我不使用交换价值这个流行词汇，而改用定价价值。

多少,比如在餐馆中使用桌椅吃一顿饭的价格价值。个人规范价值指一件物品其主人对其的珍视程度而产生的品质,一件物品的很多方面的品质能体现其公共规范价值,比如它的社会地位和文化意义。个人情感能够给一件对其他个体或者群体本来没有多少意义和地位的物品带来巨大的规范价值,反之亦然。

使用价值、价格价值和规范价值的要素在现在的讨论中是同时出现的,在这些讨论中,"影响力"经常是被减少到只关注使用价值,而关于一个东西的最典型的用途的论证经常只关注其公共规范价值。如果能给予社会科学学科的目的一个合适的意义,就有可能给它们的价值下定义,而不再将其价值局限于经济实用性。

这个概念性的词汇意味着我们得用价值的不同纬度来评估社会科学学科的价值,而且根据不同的价值概念所评估出来的价值都因此而不同。比如,这种概念性的解构使我们得出社会科学学科的价值并非仅存在于直接使用价值(比如,经济实用性),好像即使不把间接使用价值考虑进去,也能评估社会科学学科的价值(比如,与其他事物一起评估时社会科学学科所产生的经济实用性,如社会科学的毕业生在他们工作生活中的经济实用型,或者与其他科学研究放在一起,以医学-社会科学研究的方式、生物和社会科学学科研究的方式以及气候变化科学和气候变化的社会学的方式等等的方式做研究时,社会科学研究所产生的间接使用价值)。

我们可以更进一步推进,用社会科学学科的价格价值(它们的价格之于公共财政与它们认识到的直接使用价值)来衡量社会科学学科的价值的一个非常不足的衡量方式。如果注意力放在价格价值上,我们应该正确地计算社会科学学科的间接使用价值和它们的"附加价值"价格价值——通过衡量社会科学学科附加给其他物品的使用、价格和规范价值而使其获得的价格价值。举个例子,社会科学学科的价格价值应该在于它们附加给来自学生交换、智能旅游、社会和文化事件的价格价值上的东西,或者在交通政策、住房、国家财富、"种族"关系、危重病人更好的医护条件和犯罪率等方面上的社会科学研究的影响力,还应该在于使人们接受社会科学学科上的教育而产生的附加价格价值，比如人们接受在社会科学学科领域的教育（比如让市民、劳动力、社会团体等等学习关于社会方面的知识）。社会科学学科通常与工业和市场并没有直接的关联，社会科学学科中的知识转化也不容易反映在衍生企业上。但是有关跨文化跨种族的关系、老年化和人口统计、运动、传统等方面的社会学科研究可以作为社会科学学科的附加价格价值的一部分。

这种价值的多维度观点也意味着社会科学学科的规范价值与它们的使用价值和价格价值一样重要。社会科学学科的规范价值并不仅仅意味着狭义上社会科学学科附加给生活的品质、在社会科学学科中受教育的人的个人地位或者受到社会科学研究影响的人们的生活的好处，这些对于个人规范价值的衡量是很重要的；社会科学学科的价值可以根据它们对在文化、市场和国家中积累和传播社会价值上所做的贡献来评判，这些社会价值源自于人们作为社会形成的一部分的自我意识，不管是地方的、全国的还是全球的①社会。因此，通过对社会科学学科的公共规范价值的评估，社会科学学科被赋予两种特性：它们不仅仅生产关于社会的信息，它们也是社会再生产的媒介。社会科学学科是社会找寻自身的方式，从而得到社会本身的概念。如果认为这种价值无法估算，那么社会科学学科的使用价值和价格价值就更加不能被恰当的列举出来了。然而，"公共价值"的意义与"公共影响力"不一样，"公共价值"一直被人们质疑，因为它不像价格价值和使用价值一样可以只由"能带来多少金钱收益"这样一种简单的标准衡量，这也就是为什么建立社会科学学科的公共价值是如此重要，因为它可以从把每一件事都简化到使用价值和价格价值的市场商人那里把这个论题拯救出来。

因此，本书中的论证简洁而条理清晰：使人们意识到，他们是社会的组成部分，这种意识让核心社会价值得以发展和传播，使社会更能称之为社会——这些核心社会价值是诸如信任、同情、利他主义、容忍、妥协、社会团结和归属感的文化价值——同时这种意识也有着推动社会

---

① 我在下一章节会解释为什么我将文化、市场和政府等同于广义上的"社会"，为什么我要强调地方的、全国的和全球的空间。

继续发展和改善的作用。社会科学学科帮助我们明白了促进或者破坏这些价值的情况，也帮助我们辨别了文化、市场和政府为了增强自身存在感而不断修复自我所需要的公共政策、行为和关系。正是因为这些原因，社会科学有了其内在价值，成为了一件公共物品。

因此，社会科学学科的公共规范价值在于这些学科直接与组成社会的 DNA 互动——个人、团体、社会关系、公民社会、文化、法律、法制监管、市场和政府。它们是了解各种机制的途径，通过这些机制我们才能适应社会生活，这些是使社会生活变为可能的必要条件。在这里值得强调一下 DNA 这个医学上的类比，尤其是因为有机体方面的类比对了解初始状态的社会学科是十分重要的。DNA 不仅对我们了解生命很重要，知道 DNA 怎样工作也可以帮助我们改进生命质量。社会科学学科解析社会中的 DNA，而这些破译的信息则可以帮助它们提高社会生活的质量。同样，社会科学学科存在于道德和伦理的框架中，也可以同时巩固这个每个个体作为社会存在的框架。

社会科学学科通过压缩时空的距离加强了社会科学研究的公共价值，从而使社会既意识到了从全球范围到地方性的事务，也看到了未来堆积在人类面前的诸多危险问题。使用价值和价格价值只存在于现在时间和地点的此时此刻；公共规范价值则关注的是人道主义的未来。讨论社会科学学科的公共价值的词汇——比如可持续性发展、劳动力流动、气候变化、和平进程、人口迁移和福利要求的关系等诸如此类的词汇会涉及社会科学对未来工业、科学和经济变化产生的"大问题"的参与。如果我们用来评判社会科学学科研究目的的传统标准被经济效力所取代，那么新的公共价值叙述就不应该忽视这个问题，而是应该强调未来的科学、经济、政治、工业、气候和社会变化会在社会科学学科的协调下使得文化、市场和政府能够找到自己本身的定位。

这种价值陈述的拥护者需要认识到公共价值的适用的概念是多维度的。"经济利益"势必形成这种价值陈述的一部分，使用价值和价格价值则是社会科学学科中有关公共价值的讨论的一部分。这很好地说明了社会科学研究在比如生活质量问题、幸福感、气候变化或跨文化沟通等方面的社会和文化关联除了有其他利益外还有其经济效用。但是，我的论断并非仅局限于经济效用，而是为了扩大这场讨论的范围。现在影响力价值的各种概念正因为自身的局限性而被严重曲解了。

然而，这本书中明确的价值概念向我们展示出了社会科学学科要面临多大程度的挑战，不仅仅体现在历经变化来使自身各学科与人类未来面临的棘手问题联系起来，而且也体现在它们自身的实践形式上。如果我们要解决目前人类所面临的迫在眉睫的危机，我们需要的就不仅仅是跨学科了；我们需要后学科导向：即不仅仅是跨越社会科学的学科界限，而且要与人文科学学科和自然科学学科联系起来，希望与公民社会和政府连接，巧妙地借用理论依托、充足的例证和政策的参与。我们需要能够用产生的问题来决定社会科学学科的视角，而不是反着来进行。新公共社会科学会向传统的价值自由论和道德相对论发起挑战，而价值自由论和道德相对论也是旧的社会科学的两个原则。新公共社会科学依托价值，致力于基于道德的研究和教学，目的是发扬社会产品这一广泛存在的概念，这其中，价值事务和观念诸如"良性"、"可持续性"、"社会公平"、"机会均等"、"公平"、"恶行"、"罪恶"和"人类改善"等等是客观的而不是相对范畴。新社会公共科学见证了价值中立性和道德相对论的终结。但是规范社会科学必须保持其科学性，与公民参与与疏离之间的矛盾共存，与规范和科学的实践之间的矛盾共存，这种矛盾给21世纪的公共社会科学带来了一些挑战。这说明我的论述非常具有争议性同时也具有启发性；这些特质尤其适合阐述性的文章类型。

本书的结构是什么？

在本书一开始我就给出了对公共价值的理解，因为距我们再一次论及公共价值要间隔很久（在第四章出现）。我希望以一种对大众读者更有吸引力的方式展现我的论述。我不希望以宣告和证实的方式开始介绍社会科学学科的公共价值，然后再慢慢地回述这是如何引出我对社会科学一般特性的定义的。毕竟，建立社会科学的公共价值并非本书的高潮；

我的最终目标是确定从社会科学的内在价值中升华的形式。我希望我的论述以一种更加具有逻辑性的方式向前行，而不是往后退，在用心搭建的基础上面建立一层一层的新的论述。在第一章中，我给社会科学下了定义，紧接着第二章中，我概述了在英国社会科学的总体发展，评估了其特性和势态。在第三章中，我论述了社会科学所面临的危险的特性，又在第四章中说明我解释的公共价值其实是一种自我捍卫。在第五章，我概述了遵循这种公共价值概念的新公共社会科学。在结论部分，我探讨了这一概念更广泛的释义，让社会科学与21世纪联系起来。换句话说，我在公共价值上的论述，仅仅是一个媒介，通过这一媒介，未来在社会科学的特性和内容上会出现更广泛的探讨。

第一章 社会科学是什么？

简　介

尽管社会科学学科各领域的研究内容和研究方法千差万别，但我认为社会科学各学科在两方面是统一的。第一，这些科学学科共有同一主题（我称之为文化、市场和政府的社会属性）。因此，研究方法可纷繁多样，有其不同的侧重点。第二类，这些领域都有由这一共同主题延伸出共同的公共价值。我构建自己的论述也是基于这两点。尽管长久以来各学科之间自觉发展出自身的体系，在相互对话与碰撞中逐渐成型、各自为营，社会科学各领域之间仍有其必须的共通属性，即它们的公共价值。聚焦它们的公共价值可以展示这个基本的整体。因此，我后面对被我称为是社会科学的标准公共价值的描述，就是基于它们具有共通的特点。此章节旨在为这一共通特点定义。

这确实是个难题。因为早在12世纪，任何类型的共性就已经由于社会科学本身各领域之间各自划分专业、各立门派而不复存在，它们无法共生，相视为敌。比如，很多经济学家认为经济学才是唯一具有科学性的社会科学，而那些对经济学科存有偏见者则认为经济学前景一片昏暗，不足以称为一门社会科学[①]。然而，在这一章节，我要冒昧提出自己所

---

① 与作者大卫·伯恩（David Byrne）的私下交流中是非常直接的："基本上我认为你在尽力维护代表社会科学各学科作为一个整体的社会科学的公共价值上确实存在问题，因为这些学科整体的方法论和问题论基础经常是不相容的。比如，你不止一次引用的施托伊尔，他认为经济学是唯一真正的社会科学，我会说当代数学新古典经济学绝对是非科学的，因为这门学科是由明显虚假的预设做出的推断过程，而且没有任何实证基础"（源自2012年4月）。这些观点在他的著作《应用社会科学》（*Appling Social Science*）中有详细叙述。（Byrne, 2011）

认为的社会科学的共通属性。

首先,有必要说明一下,我所提出的共通的社会科学的可行性定义会随着叙述的深入不断完善增益,在篇章结束时才能一窥全貌。我在这一章节不会采用回述的方式,不会将一个定义在开篇处直接点明,因为我认为对于不太熟悉社会科学这一概念的普通读者会喜欢在阅读中一点一点增加难度。我会在章节最后以解决学科性和学科封闭的问题来结尾,就是这种学科性和学科封闭导致社会科学各学科之间树起了一道道藩篱,每一学派都标榜特立独行、与众不同,这一趋势愈演愈烈。学科封闭旨在强调不同性,我们要构建基于笔者社会科学共通的定义下的崭新的公共社会科学,首先得拆除这些藩篱。

要为社会科学找到一个共通定义,从学科性角度会产生两个问题。第一,"社会"这一词汇的意义受到学科封闭的影响,在将我们所理解的共通社会科学复杂化了的程度上,"社会"的意义与社会学的主题和领域区分非常的一致。因此,我们得从社会学中把社会这一概念解放出来。第二,要给社会科学下定义太难了,因为社会科学的领域有非常多各自独立的学科。这一类型的科学研究是没有共通特征的,这是因为在这一类型的科学研究中有很多各个独立的学科。如果我们要进一步提出一个带有独一无二的公共价值的全新公共社会科学的概念,这种定义尤为不足。因此,我们要建构一个定义,必须先解构社会科学中"社会"是什么,"科学"又是什么。

社会科学中的"社会"是什么?

一些从事社会科学领域研究的权威机构总是避免给社会科学一词下定义,或者是给它下一个争议少、具有普遍性的定义。比如,英国社会科学研究院就认为社会科学这一概念毋庸置疑,在其网页上也未定义什么是社会科学(http://www.acss.org.uk/)。同样,美国社会科学研究院的网页上也找不到社会科学的定义（http：//www.ssrc.org/）①。更有甚者，国际社会科学研究院在《2010年世界社会科学报告》（UNESCO，2010：3）中指出研究院只包括那些附属专业协会，而社会科学委员会，一家由社会科学学会在新千年开始之际特别设立的机构在英国作关于社会科学的报告时，认为社会科学这个词有点用词不当，因为这些各自独立的学科之间差异很大（2003：6），此学会后来又进一步定义其为"是对我们生活的各种社会群体产生的学术好奇"（2003：32）。

那些一直尝试给社会科学下定义者都同意一个看法，社会科学就是有关社会的科学研究，尽管他们的说法都不尽相同。社会科学研究的前沿基金组织，如英国开放大学，将社会科学定义为对社会的研究，说明这只是广义的社会科学的一个模块，因为社会带来了广泛的问题研究，现在没有哪一个学科能够完全解答这诸多问题（Porter，1981：3）。也许英国国家经济和社会研究委员会（ESRC）一直使用的定义才是最贴切的。

> 广义上，社会科学是对社会的研究，对人类行为的研究，以及人类如何影响其周围的世界的研究。一些社会科学研究者认为没有哪一个定义能够涵盖这么广泛的学术领域。他们反而只是列举出社会科学所包含的所有学科来定义社会科学。主要的社会科学学科包括：人类学、交际学、犯罪学、文化学、经济学、人文地理、语言学、国际法、政治学、心理学、社会学以及发展学②。

这种回答不足为奇：社会科学研究者在各自学科所做的研究都是社会科学。但这种定义在这里稍显不足。如果社会科学中的"社会的"这一概念指的是研究者们研究的领域是社会，那么首先我们有必要弄清楚社会是什么。

---

① 可查阅2011年10月25日。
② 英国国家经济和社会研究委员会网址（www.esrc.ac.uk/about-esrc/what-we-do/what-is.aspx），可查阅2011年10月10日。

英国国家经济和社会研究委员会前身为社会科学研究委员会，1983年更名为此，当时英国保守党对社会科学这一学科非常敌视，更名一举正是反映了一股风潮，即"科学"一词被广泛应用到社会研究，但是当时"社会"一词本身就具有很大争议性。对广大读者来说，为他们解释清楚社会不存在，只有人类个体是真实的这一观念尤为重要。这就是哲学家们口中的"范畴错误"（牛津大学的哲学家吉尔伯特·赖尔［Gilbert Ryle］过去常常用牛津大学的学院和牛津大学本体不同，因为牛津大学的学院是一个集体的例子来解释"范畴错误"；看见前者，我们就看到了后者：区分两者的仅仅是范畴属性的问题）。社会是真实存在的，没有社会，所有个体也不会存在，更不用说社会功能；借用 W. G. 朗西曼在社会科学简介中的标题，人类就是社会的动物。

社会是由不同个体、组织和机构构成的。个体并非社会的基本单位；组织和机构，像人类一样，也是有形的。因此，社会不仅仅是由组成它的所有个体之间互动所产生的聚合体。这种观点在早期社会心理学研究中就被提出过。比如，詹姆斯·米克尔·威廉姆斯（James Mickel Williams）在其著作中称之为"社会意识"，他认为这种"社会意识"对个人意识产生很大的影响（1920：442）。这种观点在美国社会心理学界十分普遍，代表人物如库利（Cooley），在早期英国心理学界推崇此观点的最著名的学者要数威廉·麦克杜格尔（William McDougall）——后来他去了美国居住，此外这一观点还得到一些社会理论学家的认可，比如霍布豪斯（Hobhouse）[1]。举个例子，数以百万人看重每年 11 月 11 日 11 点这一停战纪念日的社会意义就有别于每个个体在这一天产生的动机。每个人都有参与活动的个体动机，但是他们的群体活动就会产生一种群体意义，会感染每一名参与者。这项活动以国家和文化为背景，在人们心中产生了跨越国家与文化的共同情感，触发了人们心中诸如对国家历

---

[1] 麦克杜格尔在 1908 年写过一篇名为《社会心理学简介》（*An Introduction to Social Psychology*）的文章，同年，美国人 E. A. 罗斯以《社会心理学》这一标题发表了他的文章。因为约翰·克雷默发现两者的区别标志着社会心理学后来的分裂，一些人视自然科学为人类社会行为的理解，另一些人把社会科学各学科看作各自的自然归属。从心理学开始，实际上真正是后者是我论文中论述的范围。

史的荣耀感和为国捐躯的高尚情操，跨越时空连接起了一代又一代人，既有英勇献身的先烈也有继承遗志的下一代人。此外，在这个活动中既包含了许多群体仪式，又寄托了个人情感，既有群体行为又有个人行为。也就是说，人类并非是仅能依靠自己的孤岛，也并非以个体形式生活在彼此隔绝的孤立世界。每一个人都以群体的形式生活、劳作和繁衍；在这样的群体中没有彼此就无法生存。

但这并不意味着社会科学仅仅研究的是群体，就如 1937 年成立的英国社会研究组织——大众观察所述 "群体行为和社会行为是我们研究的领域，对个体的兴趣仅仅是因为他们在群体中具有代表性"（斯坦利，2001：92）。这也并不仅仅是科会科学宣称的 "群体意识"[①]。因为不同的社会和人口特点，以及各自不同的观念和行为，人们总是会保留一些群体中与他人与众不同的特点，因此社会科学研究 "群体的人"，但是情况是群体共有的信念和行为形成了群体中每一个个体所想、所说和所做的事物，因此社会科学也关注 "人的群体"。就如一棵树与一棵树组成的森林的区别。进一步说，社会科学就一直在一种由探究一棵树、组成这棵树的木头以及两者之间的关系所产生的一种张力中。也就是说社会是由以群体形式生活和劳作的个人组成，与他人及之中每个人都赋予其意义的其他群体产生关系。没有群体，就不会有文化、商业或者交流和沟通。个体为群体生活而生；人的属性就是社会的。

这里不妨引用另一位阿伯丁人的例子。罗伯特·麦基弗（Robert MacIver）于 1907 年进入阿伯丁大学并成为讲授政治学的一名讲师，1911 年转入社会学系授课，四年后进入多伦多大学任职副教授，讲授政治经济课程，随后进入纽约哥伦比亚大学同时讲授经济学和社会学课程，最后成为了纽约社会研究新学院的院长（麦基弗的详细职业生涯可见布鲁尔，2007a）。因此，以其丰富的学术生涯，他在 1921 年完成了《社会科

---

① 在早期社会学和心理学中，按照个体的特点来解释群体行为这样的做法曾经风靡一时（詹姆斯·米克尔·威廉姆斯，一位早期的社会心理学家，将其称之为 "社会意识"，1920：442）。但是我们对于社会的概念的扩大，让我们将这种论述看作是先社会科学。今天，随着对人群行为和集体行为这样的现象的认识，我们对群体对于个体参与者意识的影响会更加警觉。

学基础》一书。这本书是第一本在当时英国学界提出社会科学这一概念下认知这一领域的学术性著作（详细了解英国"社会科学"一词的起源与发展参见插页1），一共发行了至少七个版本（笔者手中的版本可追溯到1944年）。这本著作比1930年至1935年间首次发行的《社会科学百科全书》卷宗早了整整一代。他在这本著作中开篇提出："哪里有生命，哪里就有社会，因为生命只能在类似个体的社会中发源和延续。"

插页1　英国社会科学一词的来源

到1887年，比阿特丽斯·韦伯（Beatrice Webb）还常常使用"社会科学"一词，对她来说写出"社会科学"的方法论都绰绰有余了（见于1926：356-357），但是这一词条由来已久。我想强调三个先前的概念，彼此之间相关却又不尽相同：维多利亚时代的社会改良；基督教的社会伦理观；专业社会学的出现。维多利亚时代的英国到处都可以看到对"社会科学"的引用，而且当时社会制度森严。英国联合会，也就是后来的英国社会促进会（BAAS），在建立的两年后，也就是1883年设立了一个统计部分，在1856年成了经济科学与统计部门。全国社会科学促进会（NAPSS），有时候缩写为社会科学会，于1857年成立，每年举行例会，一直到1884年都定期发表系列报刊《社会科学期刊》（见Abrams 1968；Goldman 2002；Huch 1985）。全国社会科学促进会结合了几个地方统计学会和致力于了解和改进社会问题的几个改革组织，在维多利亚时代的利他主义和宗教社会激进主义的影响下，全国社会科学促进会对英国政坛很有吸引力，其委员会包括31位贵族、48位国会议员、19位法律博士和皇室法律顾问、14位皇家学会成员，除此以外还有男爵、骑士、医疗专业人员和牧师（Abrams，1968：45）——还有城市中冉冉升起的中产阶级，他们对城市化和工业化忧心忡忡。联合会下设很多部门，涉及法律、教育、犯罪、公共卫生和"社会经济"，而且与英国医疗协会、法律修正会和英国社会促进会都有联系，坚信宗教、科学和社会进步在学科开放性上的作用。此外，《社会科学期刊》关注卫生、空气污染（有毒蒸汽）、酸雨（雨中的煤酸性）、护理和医院设计；在女性还需要男性来为她们读报的那样一个年代，全国社会科学促进会就鼓励女性和工人阶级的参与。19 世纪 80 年代中期，联合会被撤销，因为面对更为激进的工人阶级和工会运动，改良主义注定失败（Huch, 1985: 281 n 13）。联合会关于社会科学的观点主要以问题为导向，帮助改进的是技术层面的知识，并没有理论支持。这些社会问题与 19 世纪工业化催生的社会结构有联系，这种说法并不成立；或者至少可以说，如果最关注工人阶级状况的社会改革者，比如布思（Booth）、朗特里（Rowntree）和韦伯（Webbs）继续这种剖析，那么全国社会科学促进会就没有存在的意义了（Abrams, 1968: 52）。基督教伦理学也是社会的改良论，但是具有更复杂的社会意义，即把社会当作相互关联的各个机构，主要是把社会看作一个有机体，各个部分之间相互联系。我已经在其他地方说明了基督教团体在英国社会学上的影响力，同样，基督教社会学在给社会科学指明方向上也有影响力。一方面，与现代思潮相对，社会保守的观点确实仍存在，这其中，宗教被给予科学释义，可以支持其道德穹顶；相反地，也出现了一种基督教的社会主义思潮，也在了解社会进步的意义。大部分天主教社会学和"高高在上的"英国国教社会学由前者形成，后者则由莫里斯·雷基特（Maurice Reckitt）的社会学和他的基督教社会学期刊《基督教徒》（*Christendom*）。天主教社会指导会（The Catholic Social Guide）连同在神学院一起学习和劳作的非教徒，于 1913 年推出《社会科学入门》（*A Primer of Social Science*）。这本书为大主教阁下亨利·帕金森（Henry Parkinson）所著，历经几个版本。帕金森是一位耶稣会信徒，任伯明翰地区奥斯克特学院的院长。这本书是专门写给那些指导会中希望"得到一本简单而全面的社会科学手册……但要在天主教准则下的"（1920 [1913]: v）的成员的。尽管帕金森主张天主教思潮，他还是给社会科学下了很好的定义，即社会科学是"社会有机体的系统研究。社会结构（由个体、家庭、团体、教会和政府组成）通过社会有机体连同社会各要素间的相互作用显现出来（1920 [1913]: 9）"。这本书——我的 1920 年版本有 285 页——有上文所述的章节，但是主要关注经济关系和"社会问题"（如个人问题和社会问题；在后者中还包括贫穷和失业）。这本书主要关注工人阶级的状态，举着教皇利奥八世通谕的大旗，带有许多天主教社会宣讲的特点。然而，帕金森证明了一个观点，即社会科学不仅仅是社会改良："社会科学有自身特殊的目标，即现存不同阶级间的不平等、社会的缺陷和这些不平等的废除。"（1920 [1913]：11）没有哪个单一学科会详尽地解释"这些纷繁的关系和势力 [因此]社会科学必须以宗教和道德学科，还有政治学、法学和经济学作为前提"（1920 [1913]：11）。奇怪的是，社会学没出现在这张列表上。然而，这个学科对于社会学的语源学的贡献始于麦基弗 1921 年的一本著作。他的《社会科学要素》（The Elements of Social Science）这本书中的观点要比帕金森的观点更加现实和新颖。写这本书一部分原因是为英国的工人教育协会的读者群考虑，既秉承了改良主义的传统，考虑到工人阶级新涌现的利益，也是为多伦多自己所在大学的学生撰写的一本教科书。

生命总是明显地带有社会性。在社会中生，在社会中长，在社会中找到自身实现的程度，找到自身的特点，也找到自身的缺点。社会不仅仅是我们的环境，更是我们的属性，与我们同在并且包容着我们。

我们现在认为是理所当然的作为我们天性的原始状态，在曾经并不认为是这么回事，这就是我们自身社会科学知识扩展的结果。我们可能会说，社会科学已经成为一部分常识性的知识，已经成惯例了——也就是说，社会科学现在是我们认为理所当然的一部分常识。我们在社会中像人类个体一样了解我们自己就是社会科学让我们看到的自己的样子，让我们在群体中生活的方式。就像吉登斯（Giddens，1996：76）所说，社会科学的主要成就，也是自然科学所无法企及的，就是通过人们了解社会所形成的社会科学知识，意识到正是社会科学构成了那个它所研究的社会世界。也就是说，社会科学让我们从一个新的角度审视我们自己。我们会回到这一点上，但是期间我们可以将其当作社会科学词汇为适应大众文化和媒体而进行改造的例证，尤其是一些概念，如"道德恐慌"、通货膨胀、社会资本、麦当劳化①、社会阶级、婴儿哺育、劳动分化、收益减少法则、风险、社会化、内省-外省、全球化、角色等等诸如此类的词汇。

人们所归属的群体可能是大而无形的集体，彼此间界限很模糊，就像社会阶级、性别、社区、民族和国籍，也可能是更加清晰的标记、更有辨识度的集合体，比如教会、工厂、商业组织、政治党派、家庭、学校之类。"群体"这个词涵盖了所有这些类别，因此容易混淆，但是"个体"这个词则不会，因为这些不同的团体所代表的属性偏向和彼此的界线有所不同。有些群体是规范性的，制定规则要求人们遵守，例如法庭上的法律程序，其他一些允许有选择性，比如婚姻群体。人们对这些公共群体存在不同的亲近感，并以不同的方式与之联系起来，群体随着时间改变，我们与它们的关系也随之改变。人们改变教派，给不同的政党投票，频繁更换工作，因此公共群体反映出延续性和改变的模式。这些模式又反映了许多个体的行为，因此虽然单一个体可能会在其一生中不改变他们的行为，或者改变很多，群体中延续性和改变的模式反映出组成整个群体的更多人的模式。这样，公共群体展现出行为和结构，与组成他们的个体区别开来。

这些群体结构也反过来影响着人们。这些影响力因为群体的特性而不同。有一些公共群体的影响力非常直接，立竿见影。商业企业所做的有关生产的决策影响着在那里工作的人。政党宣言的改变会影响人们投票的决定。然而，这些标记群体的界限越不透明、越不明显，这些影响似乎越不直接，尤其是随着时间推移慢慢地才会看得出影响的地方。这些影响在个体行为上可以很隐蔽，因为可以把它们归结于更宽泛的群体改变。比如，家庭结构多大程度上的改变（如单亲家庭的增多，多样的再婚家庭结构）会影响着孩子的教育成效，或者孩子犯罪的几率，这一点还不太清楚，还是社会科学家们争论的问题。群体改变的其他形式在个体行为上的影响更加明显，体现在很早就有的社会科学分析上，如消

---

① 乔治·里兹（George Ritzer）创造出的一个词，反映出相较于美国，这个词在英国用得更广泛，他用这个词来说明社会科学家们在英国被当作公众人物，拥有更大的权力。

费者文化在年轻人行为上的发展,长期失业在个体健康和幸福上的影响,或者社会阶级对于孩子的语言技能和言语技能的影响。

如果说社会科学研究群体和个体,我们也可以说社会科学研究的是社会关系。再次引用麦基弗 12 世纪初在社会科学规划纲要中的一句话:"在任何最宽泛的意义上,社会包括社会生物的每一种关系和进入这种关系的程度。社会意味着社会所有关系的整个系统。"(1921:8)这些社会关系可以存在于人与人之间(如家庭成员之间一代一代的关系,经理和工会成员之间的关系,或员工与企业的关系),存在于人们所属的群体之间(如工会、商业、政党、社会阶级等等的行为),也存在于这些群体彼此的关系之间(如女性性别与教会出席率的关联或者企业与政治党派的关联)。

这些关系是双向性的。社会科学研究人们在群体中的行为,即群体中人们的部分共同行为,同时,社会科学也研究群体结构在人们行为上的影响,即约束和规范人们的行为。以这种方式,社会科学研究人和群体的关系所构成的就是我们所称的"社会",也研究构成社会的方式,社会既是人们之间关系的产物,也是人们之间彼此联系的场所。社会可以被看作一个充满着无数复杂关系的集合体,向四周发散,同时具有普通人类行为的因果关系。因此,社会具有双重属性,对人类既有外在联系,也有内在联系,它具有某种超越人类本身存在的东西,形成了人类某种行为。然而同时,社会又是人类的创造物,人类在社会中以一种大众许可的方式行动。这就是人类行为的框架、统治工具、规则、准则和形成人们相互关系的价值,但这些都是由人类自己来构建的。皮特·伯杰(Peter Berger,1963)曾经适时提出过:人类存在于社会,社会也存在于人类。为了说得简单点,可以称一个为社会再生产,另一个为社会生产:社会进行再生产(通过时间和空间重复),是通过人类生产(包括行为、社会关系),然后形成人类未来的生产,通过进一步复原,形成社会的继续再生产,诸如此类。

到现在为止,社会科学的一些广义分类就是基于这个可行概念。有一些社会科学学科已经把重点放在了社会是怎样存在于人类的问题上

（社会再生产）。文化研究、社会心理学、教育、语言和交际研究以及社会人类学在他们各自不同的领域都为我们了解诸如儿童社会化的过程、语言习得的过程和文化习得的多元化这些课题上发挥了重要的作用。这使得其他的社会科学学科把重心主要放在了社会中（社会生产）人类行为的问题上。这样，社会科学各学科的专业化划分了学科界限，分别专注于政治、经济、社会学和法律行为，还有许多其他领域，既有个体行为也有群体行动。

然而，社会的双重属性这一点是指两方面是相互交织的，要根据某一面区分出某一些社会科学学科就太武断了。所有的社会科学学科都关注社会再生产和社会生产中的自身发展。如经济学关注人们怎样使经济准则内化，在市场中如何运行，正如社会学关注文化习得和改变的过程。经济学处理的不仅仅是数量上的问题，也参与探讨生活质量和价值的问题。不仅受到市场外部因素的影响，同时也受到市场内部交易者的情绪状态的影响。除非人们弄清楚经济的重要意义，比如投资和风险，并能对其做出评断，否则经济市场无法正常运转。社会心理学提出儿童社会化发展（社会存在于人），也关注身份问题，即身份构成在内部群体互动环境中是怎样形成人们的行为的（人存在于社会）。这就是说，要研究个体和群体在社会中的社会关系，社会科学有必要研究个人和群体彼此之间的社会关系和对于社会本身的关系。

换个复杂点的说法，社会科学的主题是社会的社会属性，其继续再生产是通过人们的生产完成的。当然，这并不是说社会科学就必须将重心放在同时发生的社会生产和再生产上。我的意思是，社会科学因其在个体和群体使社会内化的方式上以及在社会中的行为方式的不同而被区分开来，但是这一双面性的两面可以被放在一起研究，也可以分开单独研究。

在这一点上有必要强调一下社会的三个特征。第一，社会科学不仅仅局限于人们在社会生产和再生产的过程中所说的社会中的自身。这也使我们从广泛意义中区分出专门的社会科学。第二，社会具有空间性和时间性，但是却没有时空界限，因此社会科学也不应该这样说。这就要求我们把社会全球化纳入考虑范围。第三，我们对于社会的观念要广泛一点，包容一点，这样才可以避免对某一个社会科学学科产生偏见。这意味着我们要把社会的概念从社会学中解放出来。下面让我来依次简单介绍一下。

社会科学的主题是由其自身重要性作为标准而不是由通识含义来定义的，尤其是社会学家已经尽力在理解这点，甚至开始担忧社会学可能在媒介和大众文化上被社会学知识的常规性通识替代（如萨维奇［Savage］和巴罗斯［Burrows］，2007：894）。如果社会成员自己的解释解决了理解社会生活的任务，社会科学就仅仅是一纸空文了。社会科学会验证这些解释；通常会是我们的起点，但很少能成为我们的终点。为什么人们的解释会有问题呢？因为人们也许并没有意识到为什么他们怀有这些观念，以现在的这种方式行动，抑或他们的理由可能存有偏见、不公平，表达出来的时候受到自身情感影响太深。这些观念经常存在于通识认知中（然而社会科学知识的通识释义又会回到通识中去），而且通识认知需要对其进行实证评估。人们的解释也千差万别（人和人之间不一样，也许同一个人在不同的时间和地点也会出现差异），那么这些差异就需要特定的环境来解释。而且，人们常常意识不到隐含的生物和情感信息，也意识不到更大的社会结构性力量对他们生活的影响，因此，人们的叙述在本地范围、全国范围和世界范围中在对能完全解释他们观点、行为和信念的文化、市场和政府的结构因素上就不那么充分了。比如，人们受到全球经济市场的影响很大，但是对这个市场他们却没有清晰的认识，也没有找到他们为何会处于这种境况的原因，这些只能通过专门的社会科学认知来找到答案。人们也经常忽略了他们的行动带来的始料未及的后果以及其他后果（这也造就了社会科学的一个研究点，即社会、政治和经济行动中的未知性和无法预测性）。

人们的解释也带有权力的操纵，受制于声望，并不公平。就像社会学家W.I.托马斯在1929年就说过，人们给自己的境况下的定义有可能会在结局中成真，但是有些人有能力把自己的定义强加于他人，他们知道谁的观点最重要，也知道社会科学的关键任务是什么。人们也意识不到不同时期不同地区的规则、模式和标准行为,而这些正是社会科学家所观察的。基于观测规范性,社会科学在理解上取得了概念上的进步——经济学上的收益递减法则、社会学上失范型自杀的影响、资产阶级化在工人阶级选举模式上的影响,或者少数群体权利在女性工作中的体现——对于这些概念上的进步,人们仅将其看作个人经历,强调的是在全球范围内对文化、市场和政府产生更广泛的影响。因为这些原因,社会科学不能只停留在了解社会成员自身所处的这个社会上。

第二,社会科学的其中一次胜利就是我们可以骄傲地宣称,社会科学已然成了大众化的东西,即便是大街上的普通人也能够完全理解,而且社会科学具有空间性但又不受制于地域,顺势而生却生不逢时。"社会"总带有一些空间性和时间性的所指,某个时间出现在某个具体地方;如果社会由人和群体组成,就无可避免如此,因为这些所指很自然地指向地点和时间。即使在"社会"这个词抽象的分析意义上,它也总是在某个时间或者另一个时间指向某个地方或者另外的地方,不管这个分析是否清晰,都会给我们了解社会的意义提供证据。而且普通人对于关于社会的社会科学知识的借用更容易将其放在——或者说锁定在——某个地方、某个时间。然而,我们知道社会的全球化趋势飞速前进,我们对于社会的观念应该超脱出我们现在所存在的地方、所处的周遭环境,甚至是我们国家范围的社会得来的即时社会经验,应该随着时间的发展与全球社会相结合。在这种意义上,社会超越了时间和空间。因此,社会科学所研究的人和群体的行为和社会的关系就需要跨越时间扩展到其本地、全国和全球的维度上。的确,社会科学各学科在全球互联的增长和扩张上已经取得了很大的成功,无论是在经济和财政联系上、政治和地缘政治策略关系上以及军事联系上,还是在文化和文化离散的联系上、文化同质性、全球公民社会、国际人权法的发展对战争的引导上等等。社会科学无一不受到全球化的影响,社会中也没有哪一方面免于此影响。

社会科学的公共意义被凸显出来。如果我们要正确理解当代世界和面对这个世界呈现给我们和下一代的问题,不管是我们现在所处的周遭环境、全国或者全球社会,社会科学都是必不可缺的。社会需要社会科学来为自己释义，展示社会怎么运作以及社会现在和将来所面对的公共问题的复杂性，这些问题因为全球化进程交织在一起，既有地方的，还有全国范围的，更有全球范围的。我们能够更清晰地了解一些公共问题，比如世界范围内银行危机或者工业重组，因为对于有工作危机、在小企业工作、或者来自有信贷危机的普通家庭的工人来说，全球经济连通性就是他每天生活的真实写照。但是这就是普遍的现实。在湿漉漉的周六清晨站在大街上为某个慈善事业或者其他事情分发传单的一队帮手，在人来人往的街道上头顶喇叭宣扬地狱之火或殉教之道的一群虔诚的基督教或者伊斯兰极端分子，他们都是一个街区的公民社会团体，从全球视野看，他们用地区性行为展现人道主义、公民和人民权利问题，举着为世界苦难的博爱旗帜，或者在原教旨主义的宗旨下，对引发了激烈宗教反响的国际地缘政治战略或者文化同质性做出反应。正是通过社会科学的分析，我们才可以了解到非洲饥饿儿童的困境、卢旺达的艾滋病问题、阿拉伯之春的爆发以及英格兰2011年夏季的骚乱（比如，后续见于莫雷尔等［Morrel et al.］，2011）。

然而，社会科学提供了一个双面视角。社会科学帮助我们了解了这些问题的全球、全国和本地属性，人们为什么无论在哪里都以他们的那种方式反应。也就是说，我们都得感谢社会科学，因为它让我们意识到了当代世界中公共问题的复杂属性，由政治家们和人民大众推动的全球化进程方式是如何为自己释义的。

第三，深入理解社会科学至关重要，因为所有的社会科学学科都有权力解释社会的意义。菲利普·方丹（Philippe Fontaine，2006：193）作了一个生动的说明，他说因为有学科专门化，所有社会科学学科都有一个要从它的其中一个部分中看到整个社会运作的趋势——比如经济学家看经济、政治学家看政策、人类学家看文化等等。但是社会学家最容易迷失方向，因为社会学可能是最广泛或者最复杂的社会科学。这个学科已经把"社会"狭义地概括为社会学，将其当作自己的领域了。我们需要的是一个能够包罗万象的社会的概念，这个概念能涵盖社会科学所有学科。

我十分欣赏罗伯特·麦基弗1921年对于社会科学进行过的前所未有

的介绍，他把社会的研究放进了最广泛的意义中，他认为社会学为社会提供了一个更好的视角。"有一些学科研究的是社会生活中的某些方面"，他写过，但是"这些研究都没有把社会当做一个整体。因此，还留有余地，实际上是它们欢迎一个更全面的学科。这就是现在我们称之为社会学的学科"（1921：12）。①

社会学可不是唯一一个夸大自身的学科。地理学和人类学都将自身看作综合了社会科学各学科，处于地域和文化中心的学科。比如，人类学中社会群体的比较研究有助于经济人类学、政治人类学、宗教和社会关系（来自亲属、家庭和邻居）的发展，尤其是与它在文化上的重心息息相关。詹姆斯·米克尔·威廉姆斯（James Mickel Williams）1917年写了一部关于社会心理学的著作，但是直到一战后才出版，他把"人的动机"看作社会科学中所有现象的基础，因此，他写到，社会心理学的任务就是要协调所有社会学家的工作（1920：vii）。他继续引用政治科学、法律知识、经济学、历史和社会学来证明这一点。他写到，所有社会科学是以"基本的心理学假设"为前提的（1920：xiii），而且这个领域的每一个学科都需要社会心理学家来帮忙诠释（1920：xiv）。这一观点众所周知，但其在社会学上的影响力在其他社会科学学科之上。正是因为这个原因，大部分早期的专业社会学家——比如法国的涂尔干（Durkheim）和英国的麦基弗（MacIver）——选择了心理学，并希望在两者之间的界限上作出声明，即心理学是次级学科。

19世纪中期，社会学这个词出现，用以描绘社会的科学研究，但是十几年后在麦基弗的评述中才成为广为人知的概念。然而给了我们"社

---

① 就是因为这个原因，麦基弗这篇社会学的入门文章就被命名为《社会》。这本书最早是在1937年出版（1950年在英国出版），历经11次再版，最后一版出版于1967年，是麦基弗与查尔斯·佩奇（Charles Page）合著本（MacIver & Page, 1967）。在英国另外一本早期社会学著作，莫里斯·金斯伯格（Morris Ginsberg）的《社会学》（Ginsberg, 1934）中，社会学再一次被认为是最广泛的也是最受到影响的社会学学科。我要感谢约翰·斯科特（John Scott），因为是他发现这是早期英国社会学特点，像布兰福德（Branford）、格迪斯（Geddes）和霍布豪斯（Hobhouse）一样，他们都把社会学看作是社会哲学的伦理切入点和实证社会科学之间的桥梁。然而，这并不是麦基弗的动机。也许这可以与一个事实联系起来，一直到《社会科学要素》出版，他已经在加拿大待了六年时间，在那里，他带有不同的国家背景，代表着先进的社会学。

会学"这个词条的奥古斯特·孔德把这个学科看作是科学界的女皇,社会学被普遍看作是知识的最终阶段,大部分社会学的传统研究者们将获得的学科资助都用在使社会学变成社会的科学研究人,如马克(Mark)、韦伯(Weber)和涂尔干(Durkheim)一直进行跨学科研究(心理学是例外),因此,他们就被当作经济学、教育学、政治学、社会人类学、公共法学和历史学的代表。这也许就是韦伯在社会科学上以题为《经济和社会》的一书取得巨大成就的缩影。因此,社会学早期学科本身带有跨学科性——心理学除外——后来在学科综述中就有点自相矛盾了。

在这个学科刚刚进入快速发展的时期,诞生了两部由社会学家撰写的著作,标题都用了社会科学,即朱利叶斯·古尔德(Julius Gould)的《社会科学的全面调查》(*Penguin Survey of the Social Sciences*)(Gould,1965)和W. G. 朗西曼(W. G. Runciman)的《社会科学和政治理论》(*Social Science and Political Theory*)(Runciman,1965),这两部著作不仅把社会学和社会科学看作是可以互换的两个词条,而且认为社会学的胜利光彩完全可以通过排名第一的社会科学表现出来。古尔德在其著作的开篇宣称,"我们现在都是社会学家"(1965:9),而朗西曼在《社会科学和政治理论》第一章中指出,"如果社会学被认为是人们行为集合的系统研究,那么这些独立学科,诸如经济学、人口统计学、犯罪学或者政治学就应该被认为是互相协作但却又是社会学(或者社会科学)不同的分支"(1965:1)。学科之间在这里并没有多少不同。

50年来一些社会学家之间在学科性上或许存在这样或那样的矛盾,[①]就像约翰·厄里(John Urry)把社会学描绘成其他学科的寄生物(1981),利兹·斯坦利(liz Stanley)认为这个学科一直是混合体

---

① 比如霍姆伍德(Holmwood,2010)指出社会学是跨学科的,但是却解释说这是有问题的,影响到其知识连贯性和学科核心。他的说法反映了我早前关于社会学和其他社会科学之间关系的模糊性。社会学(像人类学和某种程度上的地理学)宣称对"社会"是一种概要性的观点,然而经济学、犯罪学、政治学和其他学科也宣称在与特定的社会现象的联系上有其专门的作用。我认为这些说法反映出了社会学的学科性概要的应用,这些概要性、人为性的角度也能在这里提出的社会科学一般定义中发现,其主题就是文化、市场和国家的社会属性,可以是本地的、全国性的,也可以是世界范围的。当代社会科学学科是否将其当做另一个议题取决于他们学科归纳的方向指向哪里。

(2005)，还是有必要避免把社会学的关注点都集中在社会上。因此，社会科学的定义限定了社会的概念，急需弄清楚的是社会是一个多学科的整体，其中包含有利于全面了解社会科学的知识领域和群体空间。社会广义上包括知识领域，如文化、民间团体、经济和市场、政府和国家、法律和法制，所有这些可以被进一步划分为相互连接的更小领域；而且所有这些都归属"社会"这个广阔的标题。本迪克斯（Bendix）和利普塞特（Lipset）就曾有过一段著名言论（1957），即政治学研究国家在社会上的影响力，社会学研究社会在国家上的影响力。在这个方面，我们与朗西曼（Runciman）的观点一致（1965：176），国家和社会如此紧密地联系在一起，这是一种误解。换句话说，社会不能简化成文化，它比市场和国家的范围更大，不仅包括这两者，而且还有法律、民间团体和发生在这些领域的个人和群体的行为。

这些知识领域不仅仅代表对关于社会的相同领域的问询，它们已经将自己植根于各种不同观点、概念和理论，以及去探寻这些观点所使用的研究方法之中，用于构建探讨社会所组成的词汇，理解它并且将它呈现给那些希望知道社会如何运作的人们。这些领域提供了很多词汇和应用，通过这些实践应用，社会科学家们做他们的研究，找到探讨社会的途径，通过大众参与了解社会科学知识。

这些领域进一步被一定范围的群体利用这些词汇和实践记录下来，包括传授这套观点的地方，如学校、学院和大学，这些观点通过研究得以发展、延展和进步的地方，如大学、研究院、研究中心以及促进和资助这些领域所获得的新观点的专业机构，如学术团体、专业协会、出版社、期刊、编者和编辑部，还有一些领域需要专业认证，如心理学和法学，专业性机构有权决定在这一领域如何运作。

我们也许可以用这些知识领域、词汇和群体机构来定义单独的社会科学学科。然而，社会在同类领域中的区别，是由标志着独立的社会学科通过知识体系和群体机构来强化，因此不应掩饰社会是所有这些的一个统一主题。如果把社会看成社会学的特殊领域，这一点就无法看见了。这一学科总结太根深蒂固了，因此现在很难在广泛意义上使用"社会"

第一章 社会科学是什么？

这个词语（尤其是考虑到这是一位社会学家在这里使用的词）。广义上理解社会，社会指文化、公民社会、经济、市场、法律、法制和国家，我把组成这个领域的三个词语连在一起——"文化、市场和政府"就是我对"社会"这个词的写法。① 我认为这给了我们社会的全面概念，联系起了社会科学各个学科。

文化、市场和政府在社会中是独立的领域，但三者在一定程度上又彼此渗透，作为社会的同义词相互作用。2011年欧元危机就证实了市场和政府彼此之间联系得有多紧密，希腊政治利益与全球市场因素的冲突以及宗教团体的混战中提出的应该向银行家征收"罗宾汉税"的建议就强调了关于公平和道德职责的文化信念的影响力。赛茨（Satz，2010）和桑德尔（Sandel，2012）近来就说过，社会科学家和哲学家总是注意到市场的道德界限，一些经济学家自己就认识到政府会违背市场（比如，见于Bayer和Drache 1996）。② 欧元危机，从财政角度看，现在也是指希

---

① 我要感谢黑斯廷斯·唐南（Hastings Donnan），他认为人类学利用"文化"作为统一的主题，并没有将文化看作一个与市场和国家一起的独立的领域。对于人类学家，这并不是社会的一部分，也不是一个与其他部分一起的变量，而是协调和解释所有其他部分的核心因素。这个观点与我的论述如出一辙。社会人类学家使用"文化"与我用"社会"一样来表示这个涵盖的领域，其中最能开展社会关系和社会机构的研究。我更喜欢我的术语，因为毕竟我正在探讨的主题领域被称作"社会科学"而非有完全不同内涵的"文化科学"。因此，我使用"文化"这个词并非是将它当作了解社会机构和社会关系的中央棱镜，而是以一种更具约束力的方法将其当作想法、认知、价值和象征。也就是说，是对习得的行为和信念。不足在于没有使文化成为把人类社会当作一个整体的组织原则。

② 自从我们认识到"两个亚当·斯密"——论述道德情感的作者和提出劳动划分和国家财富的鼻祖——争论点涉及市场是否具有道德。自由市场曾经被认为就是这样，没有中介。然而道德中立在某种意义上是不可能的，因为市场是由具有价值的个人和机构组成的。我们也是从这里获得的关于企业社会责任的观念。更重要的问题是谁的价值？但是如果依照动机，我们将市场看作是有道德的，就不太确定依照他们的财政影响市场在道德上运作了。市场总是受制于法规、政策和政府；这就是凯恩斯经济学的意义，作为20世纪30年代经济大萧条的回应。罗宾汉税，具有讽刺意味的是，这个词最先是2008年由一位意大利财政部长提出的，但是现在许多慈善组织和公民社团组织开始使用它，包括教会，在罗宾汉税的问题上现在的争论就是关于市场的道德责任，因为有一些市场产出总额的财政影响。于政治学不同，文化的影响在社会的运作上会非常引人注目。英国国教和天主教教会支持征收罗宾汉税，意味着科学和宗教间的文化战争会呈现出宗教和经济学之间对抗的另一个方面，这种对抗本身就因为利益在这些事情上由来已久，但是现在却有了现代版本。跨越了大西洋到了英国，"占领华尔街"运动占领了教会地区——圣保罗、谢菲尔德、埃克塞特、格拉斯哥——给英国国教教会和银行家带来了同样的挑战。

腊和西班牙在市场原则和地方文化之间的冲突，也突显了国家政治和全球经济市场之间的冲突。

如果我能够概括一下到目前为止的论述，也就是社会科学中什么是"社会的"，研究的是社会怎样在其广泛的意义上运转，自身如何进行再生产以及如何跨越时空在地方、全国和全球范围上运作。如果用复杂一点的说法，社会科学研究个体和群体，它们又与文化、市场和政府相互关联，因此造就了由个人和群体的行为、联系彼此之间的相互关系再生的文化、市场和政府领域，但是同时又限制和形成了个人和群体的行动。这种社会再生产的过程，创造了文化、市场和政府作为约束的框架，在三个层次运作——地方层次、全国范畴和全球范围——确保文化、市场和国家在时空范围内并且超越时空范围存在。如果用这种方式理解，"社会"给社会科学一个很宽泛的范畴。

我们可以把农业现象作为社会的一个方面，从一个社会科学的角度大致看一下"社会的"的规模和范畴。这个主题涉及经济和商业，即与之关联的市场、生产、供求和农业经济；包括人文地理研究，即土地使用、改变土地利用方式或者由于长途上班和购买二套房的前城市中产阶级的出现而产生的人口迁移；土地继承法和动植物法规；土地和乡村象征意义的文化研究；社区观念和农村地区社会和家庭关系的社会学研究，或农业和农村隔离的性别划分；土地和野生动植物保护的环境研究，或农用化学制品的负面影响；涉及诸如农村隔离、福利和孤立问题的心理学研究，或相关农业的自杀高发生率的问题；农村犯罪的犯罪学研究，或农村下层阶级和出卖房产、辞去工作的前城市收入者的问题；致力于农村选举的政治学、农村地区阶级关系的政治学或诸如猎狐禁令的所谓"生活乡村方式"政治化研究；以及考虑农村地区交通政策和老龄化政策的社会政策；而且社会人类学最重要的贡献就是提醒我们农业实践适应了现在的文化，在不同的文化地区采用了不同的形式，也提醒我们西方自成的分类系统——野生/家养、文明/野蛮、自然/文化——与其他生产形式的农业方式并非总是一样；诸如此类的内容。

这些例子甚至还未深入讨论到一个具有学科间性的社会科学在农业

上的各种问题。读者也许会反对我用学科术语解释这些问题，比如农村地区的人口变化并不是人文地理的唯一问题，农村孤立问题和心理学研究的自杀问题也不是，我的解释仅仅证实了我对这个必要整体的论述，这个整体之于社会科学之间，来源于社会的一个全面观念。而且，这些问题可以从本地视角、固定视角或上升到全球视角来看待，比如对于"食物里程"的农业生产行程的关注或者对于出口动物的动物福利关注，这些问题表明农业不仅仅是地方性的事务，更是跨越了时空一下子成了一国甚至全球性的事务。比如，农业经济、国际食品市场、粮食在世界市场的期货交易在本地范围内反映出来一个农户决定在一家农场种多少作物、养多少牲畜，但是这种全球-地方联系，也就是罗兰·罗伯森（Roland Robertson）巧妙地选取的"全球本土化"（1995）[①]这个词，从经济学领域向周边发散，因为这种联系影响到这个地区的土地使用权和所有权、环境保护问题、农村失业问题或住房问题、农村犯罪问题、相关农业的自杀问题或者其他问题，这也吸引着其他社会科学学科。

我认为大众都普遍认同了，社会在广义上就是一个充满复杂联系的综合体，跨越时空，调节着文化、市场和政府之间的关系。要了解这个常识，需要认识到，社会科学也必须进一步分类。[②] 社会生活没有严密的区分，社会科学也如此，因为"社会"是一条线，串起各种研究它们的过程、活动和关系。

社会科学中的"科学"是什么？

有一些学科超越了自然科学和社会科学的区分，有两者共同的要素——自然和社会/文化人类学、认知心理学和社会心理学或者自然地理学和人文/文化地理学——"社会科学"词缀大多数都是由一个限定词

---

① 这个词最早出现于日本经济学学科，但是后来因为罗兰·罗伯森在西方社会科学中广泛使用起来，是全球化和本土化的合成词。

② C. 莱特·米尔斯（C. Wright Mills, 1959）也反对区分社会科学学科，不论书名，他关于社会学想象的著作是这些学科统一的平台。具有讽刺意味的是，学科分化在20世纪60年代飞速发展，社会科学各学科日益发展壮大，同时也更具专业化。

作为标志，偶尔也有例外，比如，文化和自然人文学家一起并列在一个标签下。① 学科间的交流势同水火，有时候它们几乎都以独立知识领域存在，就像它们在人类学和心理学上的明显区别，但至少原则上一致，即社会科学要素可能建立在自然科学基础上。同样，在性别研究中，社会科学在跨性别的研究上已经涉及了生物科学的发展（见于Hird，2004），气候变化的社会学研究涉及了环境科学（见于Urry，2011），而且人类大脑也已经成为了社会学研究的目标（见于Bone，2010）。尽管有内在区分，但是我会在这里研究社会科学各学科和"文化"、"人文"和"社会"涉及的领域。我想指出，如果社会科学中的"社会"是一个具有争议性的概念，那么这些学科所属的"科学"的概念甚至会更富争议。

我们可以完全不去理会那些社会科学的批评家们，他们否认科学的名称，理由是像社会这样的东西没有科学研究，原因在前面的章节中有列举。更严厉的批评是正是社会的本质妨碍了科学。长久以来人们一直好奇，既然社会生活像自然世界一样并不依照我们所知的通用法则，那么一门社会的科学怎么行得通，因为在实验设置中随机变量很难分离出来，由于行为的特别时间顺序和情境的独特性，因果关系变得毫无意义，加上研究者自身就是他们正在研究的社会世界的部分以及他们存在其中的一个变量，抑或我们的主题是人和他们自身的释义和对世界如何运作的感知（以及社会科学自身），这样几乎是不可能得出结论的。社会科学家却宣称能够用这个他们旨在解释的主题来诠释社会的科学。

矛盾的是，社会科学建立自身知识与常识的成功增加了将其称为一门科学的难度，因为"社会意义"，马克思·韦伯（Max Weber）所称"理解"或者领会，不仅仅是我们研究主题的部分，也将专业社会科学知识转化为人们的常识并作为一种无限的回归并入我们的研究主题。比如，我在这里想的是出租车司机、美发师和排队购物或者在花园栅栏旁

---

① 当然，在法律中私法和公法也存在相似的分裂，尽管在方向性上要么是人文学科（私法），要么是社会科学（公法）分得更清楚，只有后者严格意义上说才是一门社会学科。我要感谢诺尔玛·道森（Norma Dawson），她观察到一些私法律师严格说来认为法律自成一体，是一个自身的主题领域。

谈论的邻居们，他们说着社会科学家们感兴趣的话题，对我们所关心的问题又能给出自己的答案，如经济风险和市场，为什么犯罪率增长（或没有），为什么学校正在破产（或没有），为什么失业率增高（或没有），这些回答一部分基于他们的常识知识，也得益于媒体、政客、记者和其他大众文化中社会科学的普及，他们对于社会科学知识的解释和理解使得社会科学普及并成为常识。① 在我的学科中，这被称之为"非专业社会学"。非专业社会学思想，普通人用的过多，是他们每天生活和工作的部分。后来社会学家开始研究这种非专业社会学，并将其融入接下来的社会科学知识（如警察利用他们关于犯罪的非专业社会学进行决策；见于班尼特［Bannett］，1979）。这也使我们的研究主题因为没有自然世界的"客观"性质而显得不确定。

因此，20世纪70年代一位专业社会科学家大胆断言社会科学"不会，也不可能有望完全成为科学"（赖安［Ryan］，1970：125），这是他过去一直持有的观点（Ryan，1981）。这个时间有深远意义，因为正值科学社会科学的全盛时期，马奇（Madge，1953）在同名著作中解释"社会科学的工具"，距自信地大声呼喊出社会科学中实验的可行性和假设-推论的方法②已经20年了。然而，赖安的判断并未违背传统，因为那时很多人抨击科学的实证主义观点，认为社会科学学科根本不关心自身是否具有科学性，更不用说追求科学性了。③ 德里克·菲利普斯（Derek Phillips，1973）刚好在那时出了一本名为《放弃方法》的书（*Abandoning Method*）。自从那时起将近半个世纪，"是否是科学之战的热度并未减弱"，甚至愈演愈烈，参加论战的人数更多了。④

---

① 值得回想一下一些社会学家将其认为是焦虑的原因（比如萨维奇［Savage］和巴罗斯［Burrows］，2007：894），其他人则认为这是学科的主要成就（比如吉登斯［Giddens］，1996：76）。

② 这是一个要求一般法律进展的解释性理论，，从中推导出各种实证性论述，再经过研究检测，以期得到更多一般性叙述的精炼和更多的检测。

③ 实证主义是一种方法论传统，力图效仿自然科学学科的实践和方法。关于社会科学中的实证主义和批评者请参考吉登斯（Giddens，1974，1996：65-77）。

④ 利文斯顿（Livingstone，2012）曾经展示了在人文地理学和文化地理学的科学战争通过来自文化斗争的演绎活跃起来，包括的观点诸如科学的文化意义，其中经常带有地理和地方变化，以及由来已久的科学与宗教间的斗争。

对这场冲突有几方回应。我找出了三种理想的类型，都很适用于文化、市场和政府研究，对社会科学也做出了重要的贡献，但是却放低了对科学地位的宣称。我把这些称作科学-追随、科学-否定和科学-肯定。科学-追随者堂而皇之地将他们自己看作科学家（有时会在名称中去掉"社会"两字）并且指出文化、市场和政府的这些领域更便于他们使用科学方法。在施托伊尔（Steuer）另一个饱受抨击的对社会科学的诊断中（2002），他仍然认识到一些社会科学研究仅仅是在程度上与自然科学不同：在经济学之外并没有多少区别。科学追随者寻找能够被量化和复制的证据。比如，斯金纳（Skinner）心理学上的行为主义者方法、政治科学上的选举学（投票和选举研究）、经济学上的计量经济学、人口学上的人口数据和趋势、社会政策上的"政治经济学"或者"分析社会学"，正如牛津大学纳菲尔德学院社会学家们描绘他们的定量方法，保留实证性、数学性、数据性和推论性，而且经常采用计算机模拟理论。

尽管科学-追随者极力向他们的同行们宣扬自身理论思想的优势和定量研究的方法，但是他们也并没有主导整个社会科学学科，也许人口统计学和社会数据学是例外（施托伊尔的批判性分析中也没有提到）。但是其中一些理论在曾经一度盛行一时——尤其是心理学上的行为主义（现在也扩大到行为主义经济学）——社会科学学科重要的分支领域也受制于这些理论。比如，为促进基础建设，经济和社会研究学会会先照顾计量经济学和定量社会学的研究资源，专门为其设置研究生奖学金，而且在大多数社会科学学科中科学-追随者们都会关注本科生和研究生的数据教学和定量方法教学。

科学-否定至少有两种类型。第一种科学-否定者解构科学方法使之仅作为一系列的社会实践，因此没有什么名声。其自身可分为两个阶段。20世纪60年代至70年代是第一个阶段，托马斯·库恩（Thomas Kuhn, 1962）说，"标准的"科学是一种理想化的实践，因此不能被奉为社会科学的标杆。第二个阶段从20世纪80年代至90年代，成形于欧洲后现代主义，宣称所有的研究实践都是社会构建，因此社会科学和自然科学就没有了专业知识和非专业知识的区别。如果1965年那时我们都是社会学家，到1985年我们就都是神话缔造者了，就像会巫术的阿赞德人。第一种类型的科学-否定者致力于文化、市场和政府研究但是却极少标明自己是社会科学家，而偏好其他名号。如果"社会"这个前缀词不是一个学科性词汇，那么它就可以放在任何词项前面，——如哲学家、理论学家、历史学家——但是"社会"这个前缀词总是带有一种非常重要的身份标识象征。

第二种类型的科学-否定者并不希望反对科学方法，更不用说社会科学实践了。他们期待人文传统和文学传统结合社会科学，接受——庆贺——他们在研究主题的研究方法类型上有所不同，而不仅仅在复杂程度上与自然科学不同。这里的标杆就是人文学科，带有文学、文化和哲学的重心（比如，此后罗伯特·尼斯贝特1976年发表的著作《作为一种艺术形式的社会学》[*Sociology as an Art Form*]），或者"领会"（*Verstehende*）传统，寻找替代因果联系的意义、理解和共鸣。20世纪90年代在心理学上出现的社会构造主义（见伯尔[Burr]，1995）已经在以推崇严苛的科学方法而闻名的学科上证明了其巨大的影响力，① 就像先前社会科学的语言和话语分析-转向，这也是知名的盖尔纳（Gellner）不予考虑的"主观性的加州方式"（1975），尽管他自己并不从事实证研究。20世纪90年代社会学的"文化转向"让一些社会学家开始担忧社会学方法的未

---

① 社会心理学，连同政治心理学一起，长久以来都在纠结什么类型的科学才是自己所遵循的，很多人都同意布林克曼（Brinkmann，2011）的观点，认为它是一种道德科学。我要感谢约翰·克雷默（John Kremer），因为他观察到就是在20世纪70年代欧洲社会心理学界出现了一种非常健康且充满活力的社会心理学评论，像亨利·泰弗尔（Henri Tajfel）、迈克尔·比利格（Michael Billig）、泽格·莫斯科维奇（Serge Moscovici）之类的学者。社会心理学将自己大胆置于心理学和社会科学学科之间，认识到很多不同方法的作用，在不同的分析层次上进行从微观到宏观的操作。虽然心理学的科学总结很困难，要遵循自然科学。社会心理学作为一门学科在2010—2011年由于其中一位主要从业者蒂尔堡大学（荷兰）的迪德里克·斯塔佩尔（Diederick Stapel）的发现而得到了飞速发展，但是他伪造了一些数据。因此他发表过的很多著作都被撤回了。2011年，他主动退回了1997年在阿姆斯特丹大学获得的博士学位。斯塔佩尔被认为是欧洲最主要的认知心理学家，因为这场造假风波，这个学科力图改变复制和伪造的印象，作为它致力于科学方法的基石。当然，西里尔·伯特先生在他的关于双胞胎智商的定量心理学研究上的造假证明了造假并不局限在社会心理学或者非数据性学科。市场化的高等教育所带来的发表或毁灭的社会思潮是否已经导致更多的学术造假或带来更好的检测方法，这一点还需要证实，但是感觉数据伪造变得越来越普遍，这与高等教育的市场化和随之而来的在表现指标上的压力有关。

来（见 Rojek 和 Turner，2000），就像英国社会学对定性方法和人种志方法所进行的研究，其中至少包括两名著名分析定量社会学家（Goldthorpe，2000；Erikson，2005）。伦敦政经学院（LSE）经济学家马克斯·施托伊尔（Max Steuer，2002）开玩笑地说，所有的社会科学家都应该培养成为经济学家，因为一切都是"佯装的社会科学"，却在任何形式上都不像科学（2002：55）。[①] 谁能忘了人口学家大卫·格拉斯（David Glass）呢？他是皇家学会选出的唯一一位现代社会学家，因为他奚落社区研究传统，认为这是"可怜的社会学家写出来的小说"（引用自 Bell 和 Newby，1971：13）。

尽管，除了后现代主义，在这些领域并没有禁止使用量化分析法或者数据采集而非套用自然语言，如媒体研究中的内容分析法所示，然而，新的文学和文化导向的主题领域，如文化研究、后现代研究、名人研究和媒体研究已经取代社会学成了科学－追随者指责伪科学或者非科学的靶子（并且嘲讽大众文化），第二种类型的科学－否定者对"社会科学家"这个称呼感到很自在，但是他们把这个称呼的后半部分看作顺手得来之物，对他们没有意义，或者给"科学"这个词打上引号。对他们来说在意的地方是社会这个词再次被当作前缀用在更多更好的选项上；然而，他们一直很渴求社会这个标签。

第三种反应我称之为科学－肯定。它支持"科学的观点"（一会儿我会解释这个词），相信文化、市场和政府的科学研究，会进行并且对待研究实践和数据采取一种所谓科学的态度，但是这里的科学与自然科学学科中的科学有所不同。虽然社会科学研究的自然科学范例并不被接受，科学实践仍然是有价值的。这种肯定的观点就是 1996 年古尔本基安委员会（Gulbenkian Commission）采纳的有关社会科学的未来的观点（Gulbenkian Commission，1996）。毕竟就是这个观点使得马林诺夫斯基（Malinowski），现代社会人类学的创始人，在 1922 年将其作为一门基于

[①] 我认为我们应该想起来，经济学并不是在哪里都能作为科学实践的范例。尤其是奥默罗德（Ormerod，1994：67）认为它"非常隐秘的谈话"以及它的"不良科学"，以宏观经济学的形式把资本主义引向了全球大萧条的边缘。

"科学的人种志研究"的学科来描述（一种在20世纪80年代在社会人类学内部作为科学战争的一部分被抨击的观点）。然而，科学-肯定者在社会科学各个学科中都存在，甚至在同一领域上或者同一主题上都存在，正如那些科学-追随者或者文学、人文学和"领会"传统的支持者们，但是他们跟前者不同，因为他们坦率地承认他们在自己的实践中是类科学性的，同时又跟后者不同，因为他们确认科学是一种渴求和意图。"社会科学家"中的两个词都有意义并且同样重要。①

向科学-肯定者详细解释一下科学的意义，解释一下他们在"一门社会科学的观点"的反对思潮中坚守自己的立场——这个词是50多年前彼得·温奇（Peter Winch）为自己的观点辩驳时的标题（Winch，1958）——因此，我认为，这是与大多数人们所做的最相似的理想类型。要把社会科学当作一种社会物理学，就像孔德（Comte）19世纪声称的社会学，或者要认为我们有更多的物理学科学实践，就像塔格培拉（Taagepera，2008）提出的，这就要求我们应该把我们的研究主题当作无生命物质，只受外部刺激影响。这会否认对社会科学这一主题特殊性的理解。

要领会到这点，有必要回想一下我们先前的讨论，即社会科学的研究主题是社会的社会本质。社会具有双重属性：社会的人和人的社会。个人、组织和机构与跨越时空的文化、市场和政府互动，一定程度上造就了文化、市场和政府，同时文化、市场和政府又反过来造就了个人、组织和群体机构。地方、全国和全球社团既是个人、团体和机构行为的结果，也是形成这种行为的框架。因此，一些社会科学调查研究文化、市场和政府对个人、组织和机构的意义，以及他们怎么理解、定义和再生跨越时空的文化、市场和政府（社会再生产），但是其他一些社会科学调查研究个人、组织和机构相信什么，他们怎么在文化、市场和国家范围内互动和联系（社会生产）。社会物理学无法深刻理解社会科学各学科，就是因为看不到社会的双面性中再生产的一面。

---

① 其中一位非常支持对科学采用古尔本基安委员会方法的拥护者是伯恩（Byrne，2011），他借用委员会对科学下的定义，即把科学描述为任何系统的具有实证基础的现世知识（Byrne，2011：2）。科学的这种观点没有什么根基、太宽泛，和我自己下面的定义只是稍有不同。

即使没有社会物理学,科学-肯定者的调查和实践还是有一些踪迹可循,他们对科学性的要求。这种渴求在科学-肯定者中具有科学性。列举如下:

- 致力于发展基于证据的观察、描述和解释(这里的"证据"被理解为包括经验数据以及理论思维和范例);
- 致力于专业和伦理实践,包括在所有的调查阶段中的研究精确性、真实性和完整性;
- 致力于客观性(因为即使主观性也能被客观研究);
- 价值和证据的区分。

这些都是自说自话,也不需要特别的理由。在这里我很注意用词,避开了任何特权经验主义或者"实践知识",因为我想弄清楚主要的理论贡献是社会科学的一部分(比如,应该回想一下对在早期英国社会人类学家中通过人种志学建立的文化的深刻的理论概念)。

然而,在后面的部分有必要作一个简要的评论,因为过去关于带有社会学科的哲学特点的价值、意识形态和"开放社会"的争论持续了一个世纪。我将会在最后一章介绍道德价值和价值中立性的观点,但是这里重要的是解释为什么我所说的并非指社会科学家们在无价值的意义上就不用讨论价值了——听起来很荒谬,但是他们的价值并不体现在他们收集的证据中,因此为了他们自己的价值,证据不可以被歪曲。我相信这种解释与韦伯(Weber)的价值中立性的意思完全一致,我后面会谈到这个问题。注意,我并不是在说价值应该完全与研究区分开,因为众所周知,在自然科学和社会科学中,研究者经常会因为价值原因固守住自己的主题。正是价值从证据中分离出来,才是科学实践和客观性的关键。

在其一般意义上,科学包括观察、描述和通过经验调查和理论调查而使现象得以解释的现象识别。它并不暗指任意一种证据,也不是任意一种获得科学的研究方法和实践。自然科学学科特别是与现象、证据和实践的相关,但是大多数社会科学学科却并非如此。然而科学的观点——一般性质的观察、描述和通过经验调查和理论调查而使现象得以解释的现象识别——仍然深得科学-肯定者的心。他们对科学的观点所做的努力并没有给任意一种证据或者任意一种收集证据研究方法或实践以特权，并不像科学-追随者那样偏好大量数据而把定量方法奉为神旨。

然而，致力于推崇自然科学学科的科学实践的时代已经不复存在了，社会科学的科学-追随者们也力图效仿，比如因果关系法、推论法、类似法律概括法以及（自然而然的）预测法。就是因为没有这些方法，才引起了时不时的抱怨，即社会科学不够科学；① 但是这种仅是实践科学观点的一种模式。

对科学的意义更加开放、更加容忍也许可以结束是否是科学的争议。然而"科学"这个词的意义却日渐缩小变成实现它的特别方法和实践，而不是科学的普遍观点。科学-肯定者坚信科学的观点并一直在实践这个观点；他们所依照的方法实践的内容刚好碰巧与自然科学学科不同，整体上也与社会科学的科学-追随者不同。就是因为这个原因我已经尽量避免使用"艰涩的"和"温和的"科学这样的词来描绘社会科学中（连同自然科学）科学-追随者和科学-肯定者的区别，尽管这是一种非常普遍的特性描述，因为"温和"是一个带有贬义的词，掩盖了科学的普遍观点。

因此社会科学是什么？

我们终于到结论了，前面的论述可以归结在一起放入社会科学的一个普遍定义中。

> 社会科学是观察、描述和进行经验调查和理论调查来解释文化、市场和政府对人、团体和机构有什么意义，他们如何理解、定义以及再生跨越时空的文化、市场和政府；个人、组织和群体机构相信什么，他们怎么在文化、市场和政府中以及在本土范围、全国范围

---

① 比如，一代接一代社会科学的科学-追随者的一直在抱怨社会科学学科预测不足，这方面需要再接再厉。20世纪50年代，见马奇（Madge, 1953: 290），20世纪90年代霍罗威茨（Horowitz, 1995）和最近的塔格培拉（Taagepera, 2008）。

和全球范围内互动和联系。

更简明地说，社会科学是对在跨越时空的文化、市场和政府中的社会生产和再生产的过程的科学研究。

然而，诸如这样的普遍性定义面临着区别社会科学学科在不同的知识领域和范围的学科综述的问题。社会科学学科现在的学科结构并非完美不可改变（见阿尔伯特［Abbott］2011年关于学科结构怎样能够和已经改变的探讨）。学科之间不是自然就区分开的，也不是一遍又一遍地不停划分区别，因为新的问题可能出现，专业内部的研究会变化。其中的一些学科之间架起了桥梁，其他另一些学科之后也拉起了吊桥。然而，学科性的趋势变强，这个趋势足够使许多社会科学家不愿意为一般社会科学下定义，也不愿意列出组成它的所有学科。因此，如果要想解释清楚一种带有特殊公共价值的新型公共社会科学，我们就需要提出一个学科规划。

社会科学学科的学科规划和学科综述

非常矛盾的是，在这样一个人类的未来所面对的重大的问题呈现多面性以及这些问题呼吁后学科性的阶段中，社会科学学科在它们自己的窖井中仍然各自分离。因此，一些高等教育自身的政策甚至鼓励这种学科分割。但是政策的影响力在这个方面出现了分歧，一些领域通过在教学和研究中单独评价和评估研究主题，分别资助他们的研究，根据学科分配博士生配额，到最近也涉及本科生的招生数量，以鼓励各自的学科。最近几年在英国高等教育机构（HEIs）中施行的经费审计政策，我们会在第三章继续探讨，强调独立的学科性是一种抗争；学科希望自己不要消亡并继续下去，因为经费审计政策增加了它们在危机中的存在意义。也许，它们并不像煤仓一样存在于窖井中。

而且，英国的学术文化在人文科学、自然科学和社会科学学科之间产生了巨大的差别，卡根（Kagan，2009）将三者分成了三种独立的文化。但是即便在文化壁垒正在被打破的地方——因为它们处在促进学科独立性，积极资助一些跨文化研究的高等教育政策下——也突显出政策中的矛盾性，因为这个过程非常缓慢，并仅在学科边缘发生。学科独立性的支持者们都会抱怨他们还没有发现处理跨学科活动方式的一个学术系统，更不用说资助、衡量和评估这个系统（2003 年，社会科学委员会。非常支持学科独立性，认为这是英国社会科学未来的策略，并积极强调这一点）。

然而，高等教育政策在强化学科独立性上适得其反，大部分学科的地堡心态（bunker mentality）从根本上即是学科本身的研究结果。正是研究者本身强化了学科独立性。这就是为什么对出现在英国高等教育机构中的多学科管理单位的反应已经多半成了学科分割浪潮中的一种抱怨和恐惧。单一学科的学院因为墨守成规而被大部分专业学者轻视，这是一种对过去的时光以及丢却的东西的回忆（正如来自他们自己学科地位而产生的大众思潮）。

因为研究者之间的学科独立性这种强大意义的出现，英国高等教育机构中同时增加了联合学位，出现了学科间性学位，诸如女性研究、和平研究、安全研究之类，在这种模块化结构下，学生可以像在餐厅点餐一样选择课程，不太适合只放在单个学科名目下。这反映出，在英国高等教育机构的教职人员教导下，一些学生的偏好并不基于学科，而且并非所有的研究者都在这个窘井中作业。

然而，推动学科间性的推力遇到了巨大的阻力。比如，女性研究的主题或多或少脱离了英国的本科生市场，主要是由于没有能力说服系部腾出员工的时间授课，因为有来自学科的教学和研究评估的压力。发展研究，是一种结合了经济学、社会学、政治学以及周边的某种人类学的综合研究，也差不多如此。和平研究，比起在美国，在英国的范围很小。① 新的主题领域随着研究兴趣的扩大而迅速发展——过渡中的司法

---

① 在美国，有趣的是推测女性研究作为一项本科项目会顽强地留存下来，比如，本科课程中和平研究进一步扩大，是因为美国没有受到标志着英国高等教育政策的审计文化的多少影响，尽管和平研究的盛行也跟美国教育中的公民学有关。在英国高等教育机构有更好的机构保存，课程中的"优等"水平也强化了这一点。

研究、安全研究、记忆研究、自传和自述研究、性别研究、文化研究——总体来说，这些研究由于学科独立性的社会思潮并未将自己作为本科学位的课题。即使有很多年历史、已经非常普遍并且已经有自己学位的学科间性主题，如犯罪学和媒体学，发现它们自己处在更加悠久的学科"家庭"中，比如法学、社会学、社会政策学、英语和交际学，也并未为研究质量评估的目的，在它们自己的权利中以单位的形式出现。① 这些历史悠久的学科的研究者经常担心新来者会威胁到他们自己的学生限额、教职员数量和研究机会。只有在那些没有竞争的在校生收入（现在生活费用）上，如在教授研究生的水平上，这些学科间性主题才作为学位课题蓬勃发展起来。

因此，学科间性管理单位的增加并没有在任何程度上反驳学科独立性，因为学科划分可以毫不费力地在政府高等教育政策上和单个课题的学科独立性实践中出现。学科独立性是标准，有其历史原因。

学科独立性是内在独立学科的专业化，因为这些独立学科出现在17和18世纪，那时还没有自然哲学和道德哲学。从那时起，它们进步和发展的成功已经成为了它们划分为专业学科领域的前提，强化了这种分类的学科研究保护着这些界限。专业化必然迫使分类。因此，这些学科的共同基础被忽视了。没有哪个时期能更好地展示出曾经在各自学科中快速增长的"思想史"类的课程。然而这些观点在经济学、社会学、人类学、政治学或者更小范围的心理学上是非常普遍的，"传统理论"课在课程中正在被淘汰。但是这些观点的发展总是出现在讲授的学科独立性历史中，很少被认为是学科间性。尽管长久以来，杂志为了迎合这种热点，只刊载有关学科独立性的研究，但其中还是有一些是涉及学科间性的，比如《人文科学历史》。共同继承和共享传统并没有着力夸大学科差别（阿尔伯特［Abbott，2001］把这个称作"学科混乱"）。分类的社会科学学科倾向于在学科词汇中构想它们的历史，因为，这里可以借用另一个语境中弗洛伊德的用词，它们沉浸在极小差别的自我陶醉中。

---

① 比如，媒体学发现自己与交际学、文化研究、图书馆和信息管理学在同一组（参考2014年36组）。

结 论

社会科学各学科的能力和影响力因为它们的各自割据而被逐渐削弱。这就是为什么我要指出所有学科的联合有多么重要。小差别的自我陶醉使社会科学为了夸大自己的个体不同而变得分崩离析。有一种普遍的社会科学存在，这种说法在研究者中缩小了社会科学的意义。我已经说过，社会科学是一个统一的知识领域。因为社会科学的主题、时空领域上社会的社会属性，也因为社会科学的科学研究、客观的观察和对这个主题的解释都存在一致性。那个社会是一个综合实体，可以扩展成为许多领域，像文化、市场和政府就强化了这个主题承担的必要实体；那种社会科学研究在它们对科学观点的一致程度上有所区分，与普遍致力于经验和理论的观察和解释的关系较少。再借用彼得·温奇（Peter Winch，1958）的标题"社会科学的观点"非常好。而且英国研究者也非常擅长做这项研究。

第二章 英国社会科学的规模和地位是什么？

简 介

在这章我要达成的目标不多，但也非常雄心勃勃。首先，我想说明一下英国社会科学学科的规模，以此比较一下这些社会科学学科违反国家对科学和人文学科所设的规定的程度以及其他国家的社会科学的基础建设。这并不是一件容易的事，因为很多这种信息非常难查明。再次，我会论证英国社会科学是世界顶尖的。这可不是谦称。并不是所有国家都同样好，也不是每个地方都好，但是对一个相对来说没有多少研究者的小国家，英国社会科学依人头开销论，重拳出击，打得很漂亮，在质量上超过了美国。这要求明示出我宣称的社会科学的地位。①

考虑英国社会科学的规模和地位给评估这些学科的公共影响力以必要的背景。我通过点出在影响力意义上的竞争领域总结这章。这是第三章的先导，第三章利用在影响力上的一个讨论、审计政策和英国社会科

---

① 就像我们马上会看到的，英国大学现阶段紧要关头面临的其中一件具有讽刺意味的事就是国家在高校施行的经费审计政策以及在管理高校中使用各种各样的表现评估指标，这是一把双刃剑，因为它通过国家自己的表现评估方法允许在英国的社会科学学科中指出它们是世界级的。然而，因为很多人批评审计政策，这件事并不太平，这些表现评估方法应该被用于英国社会科学学科的质量，因为可以验证这些学科；这把剑也许是把三刃剑。我并不赞同这个观点。对我来说，看到政府自作自受就是一个讽刺性的玩笑。然而，我确实在下一章强调这种审计政策不利的一面。

学潜在的退化来开始我的论述,即现在这个时间是促进社会科学发展的一个机会。

英国社会科学的规模和地位是什么?

英国在经济合作和发展组织(OECD)里落后了,2010年英国大学入学率掉到了第15名。2010年英国在高等教育上的花费仅占国内生产总值(GDP)的1.2%,低于经济合作和发展组织成员国1.5%的平均水平,比澳大利亚、日本和美国更是低得多。举个例子,美国在高等教育上的花费占国内生产总值的2.7%。英国在高等教育上的公共投入甚至更低,仅有0.6%,是经济合作和发展组织中最低的国家(见奥斯瓦德[Oswald],2011)。在整个的研究和发展上的开销,比在高校投入的经费多,2005年占国内生产总值的1.76%,但还是无法同美国的2.62%、德国的2.48%、日本的3.32%和以色列的4.49%相提并论。英国比金砖四国即巴西、俄罗斯、印度和中国做得好得多,这四个国家在世界上人口增长快,工业发展前景巨大,但是2010年英国却排在了58个国家中的第15名(见联合国教科文组织,2010:370-371),其中大多数欧洲国家都排在英国之前。①

至于专门资助社会科学方面,作为英国知识分子生活的"第三种文化"(Kagan,2009),一直以来的资助传统有助于保存和发展历史悠久的文化,但是英国社会科学的规模和评论大众正在颠覆这种传统做法。高等教育统计局(HESA)每年提供的数据就揭示出这种改变(见http://www.hesa.ac.uk)。② 高等教育统计局在2009年至2010年提供了最新的数据,广泛学科分类中的"总支出"(包括所有用人成本、运营

---

① 联合国教科文组织关于社会科学的世界报告发表于2010年(联合国教科文组织,2010),有时候在英国尚会使用以前的旧数据,但是这也是唯一可用的可比较性数据。因此,详细说明英国数据的数据非常重要。

② 查阅2011年10月27-31日。

成本和折旧费用）指出，行政、商业和社会学这些与社会科学最相近的学科[①]上的预算占高等教育预算的 21.9%，低于最高的医学、牙科学和卫生学所占的 24.5%，但是超过了占 14.1% 的生物学、数学和物理科学，13% 的工程学以及 8.2% 的人文科学、语言学和考古学。教育，其中很多部分都被适当地命名为社会科学，增加了 8.1%。

在整个高等教育部门的学术职员中，从事行政、商业和社会研究的人占 18.2%（包括全职和兼职），37.3% 的全职职员是女性，高于整个部门的比例，比 2002 年的 31% 有所增长（社会科学委员会，2003：64）。在整个高等教育职员（包括学术相关职员）中，社会科学类职员所占比例是第二大，仅次于医疗、牙医和卫生，是人文科学、语言学和考古学的两倍多。如果我们把高等教育统计局关于行政、商业和社会研究的广义类别作为社会科学的大致近似物（当然，排除法学和社会心理学），在 2009 年至 2010 年间，有 44 160 名社会科学家在英国高等教育机构任职。[②] 然而，学科类别界限十分不明显，这些种类的计算只能是大概值。比如，根据 2011 年科研评估考核（RAE）收益的意见书，2003 年社会科学委员会估算的数字是 25 000 人（2003：123），而高等教育统计局认为这一数字被低估了。

一份来自英格兰高等教育基金会的报告（HEFCE，2002）指出，在职员水平的变化在 1995 年和 2000 年间在整个部门以平均 6.5% 的速度增长，但是"社会、政治和经济研究"的增长速度是 10.9，将近是平均增速的两倍，法律增长了 12.1%，商业和管理研究增长了 13%。这份报告指出法学和经济学很难留得住人，因为相较其他社会科学学科，这两门学科在高等教育以外的领域更赚钱，尤其是经济学界大部分都是非英

[①] 这涵盖接待管理、商业和行政研究、地理学、媒体研究和"社会科学"，其中后者是经济学、政治学、社会学、社会政策、社会工作、人类学、人文地理学和文化地理学以及"其他社会研究"的综合体。

[②] 比较不同国家的职员数量是不可能的，因为在社会科学定义下包含教育、商业、管理和法律的国家太多了，而且因为不同的雇佣政策，不管何时都有大量临工和兼职人员加入，粗略的人数计算会有误差。《2010 年世界社会科学报告》（联合国教科文组织，2010：372-377）中比较的可行数据指出"高等教育"的"研究者"人数和全职职员不包括英国，并且把社会科学职员和人文科学职员放在一起，因此没有可信的可比性。

国籍职员，原因就是海外的量化培训相较于英国本土培训的员工所获得的就业机会更好（也见于社会科学委员会，2003：61-65）；自那时起，通过设置可选研究生奖学金和改善经济与社会研究学会的培训，经济学中量化培训的不足已经得到很大的缓解。

学生数量也可以衡量英国社会科学的规模。社会科学学科不仅雇佣了许多职员，同时也给许多学生上课。2009—2010年间，学科所有学生的数量（全职和兼职，本科生和研究生）刚好超过100万名，其中社会研究213 755人，法学94 375人，商业管理学353 910人，历史和哲学研究96 295人，语言学138 090人，教育学226 385人。像这样的入学人数统计也反映在社会科学的新进员工的人数、社会科学学位授予的数量、社会科学要求的其他代理上，重复这些数字会变得非常冗长。然而，对于组成高等教育统计局"社会研究"类别的不同学科以及其他社会科学学科来说，了解一下招生需求还是非常重要的。如下表2.1所示，包含2009—2010年全年的所有学生，全日制和非全日制，本科生和研究生。

一些社会科学学科的招生人数有很明显的增长，其他学科也有稳定增长，都呈现出增长的态势。过去十年间，对于其他高等教育统计局的学科分类，招生人数都有所扩大，甚至比其他一些学科还高。持"社会科学"作为一个整体的观点占59.5%，相较于其他略高，如商业管理55.7%，语言学52.9%，医疗、牙医和卫生52.6%，物理科学30.9%，工程与技术26.8%。

表2.1 2009—2010年社会科学的学生人数

主题	总数	1990—2000年10年间的增长率（%）
经济学	34 895	45.8
政治学	35 850	112.1
社会学	34 755	49.4
社会政策	16 215	110.0
社会工作	62 700	127.5
人类学	4835	24.6

续表

主题	总数	1990—2000 年 10 年间的增长率（%）
人文地理学	11 076	28.6
其他社会科学	12 830	163.9
心理学	82 510	747.1
商业管理	353 910	55.7
法学	94 375	63.1

来源：高等教育统计局在 http://www.hesa.ac.uk/content/view/1897/706 提供的数字。

历史和哲学研究（1999—2000 年间被称作"人文科学"，尽管这两种研究并非完全等同）就可以看出招生人数略有增长，达到了 60.2%。

然而，这种规模需要在国际环境中调整。国际社会科学学会在"社会科学、商业和法学"的学生人数上的最新数据是 2006 年的，因此显得非常陈旧，但是这些数据确实可以衡量那个时间内不同国家在这个学科领域上的学生入学总数的比例。英国是 27%，与美国持平，但却是除以色列、加拿大、瑞典和芬兰之外整个北美和西欧国家中最低的（联合国教科文组织，2010：378-380）。鉴于这些国家最近的社会和政治变化这也并不稀奇。中欧和东欧国家的学生学习社会科学、商业和法学的比例非常高，就像拉丁美洲、金砖国家和南非，大部分都在学生人数上超过了英国、美国和加拿大。这说明"社会"作为一个主题是怎样给社会科学带来巨大的动力的，那些经历着经济发展和民主过渡的社会最迫切需要确保自己在社会科学教学中有发展这个兴趣点的基础。研究社会科学的总人数在发展中国家经常很少，当然，这有总入学率的人数限制和高等教育教学基础建设滞后的原因。就是因为这个原因，世界银行人类发展部的伊丽莎白·金（Elizabeth King）认为发展中国家所面对的其中一个最大的瓶颈就是高等教育质量差、不规范。[①]

社会科学教学在英国的中学阶段也蓬勃发展起来。除了主要社会科

---

① 引用自《泰晤士高等教育》，2011 年 11 月 10 日，第 17 页。

学学科的课程之外，在关键阶段四（中学教育普通证书学习的两年）会讲授公民权，其中包含一个很强势的社会科学组成部分，与苏格兰的现代研究差不多。社会科学委员会（2003：5）估计不管什么时候，都会有450万11—19岁的学生在校学习社会科学课程。差不多50万份中学教育普通证书试卷中每年都会出现大量的社会科学题目，其中163 000名学生都得了"A"。有趣的是，他们得出更多获得社会科学中学教育普通证书的学生在大学期间会继续学习社会科学，比历史、数学和地理的比例要高（2003：79），而且他们注意到在校学生接触社会科学教学的人数到2003年的20年间达到了1500万人（2003：79），现在一定超过了2000万人。所有这些课程都不是必修课。不仅如此，在过去的30年间高等教育机构多了200万的社会科学方向的研究生（数据来自社会科学委员会2003：108），可以说社会科学大大加强了人们在英国接受的公共教育。

英国社会科学的地位是什么？

虽然英国的社会科学在国际同行中地位不清晰，但是在质量上绝对是世界上最好的学科之一。[①] 在英国社会科学形成今天的局面有很多原因。作为社会的科学研究，社会科学从其社会地位找到了知识动力。社会科学不同于自然科学和人文科学，成形——但并非由多种因素决定——在其研究和教学日程发生的社会中。我并不是暗示有一个"英国国家社会科学"，尽管有一些人确实已经这么宣称过（Giddens，1996）——一些社会科学学科比其他学科更有理由这样断言，尤其是社会人类学的英国传统（这方面见Macdonald，2001）[②]——或者说英国研究者没有受到外来

---

① 这解释了为什么英国对国际学生有巨大的吸引力。2009—2010年间，高等教育统计局的数据指出123 940名本科生和156 820名研究生来自非欧盟国家（EU），分别占10.5%和12.7%。国际学生的人数自2000—2001年后十年间翻了一倍。学生人数最多的非欧盟国家是中国，其次是印度。

② 因此，唐纳德·马克里（Donald MacRea），一位来自伦敦大学经济政治学系（LSE）的社会学家在1961年"社会人类学中的英国传统"记述过，那个时间是20世纪80年代的学科分类之前，当时这样的事情仍然存在，他说过"社会人类学这个词本身就非常有英国味儿"。

的影响。特别是20世纪50年代和60年代各种社会科学学科的专业化使得基于美国的社会科学家和理论学家投入巨大，而且早期职业职位流动性大，在美国后来出现了好几代致力于团队研究的著名人物，他们都想要证明自己；就如同许多北美国家在大西洋的另一边做的一样。现在，欧洲社会理论在英国社会科学上的影响很大。移民的现代模式让许多有才华的年轻社会科学家离开原来的地区移居到西方的文化中心，这让英国受益颇多（但比那些具有更"开放"的移民法的西方其他国家少一点）。2010年世界社会科学报告指出，社会科学家比以前流动性更大（联合国教科文组织，2010：143），进一步打破了关于国家社会科学传统的言论。争论这个问题会显得有点愚蠢。

我的论述更简单。英国社会的变化给本土的社会科学家带来了知识挑战（毕竟，他们其中有一些并非是出生在这里的英国人），他们通过开拓概念中的全球市场在某种程度上帮助分析和解释。这些知识挑战有助于加强他们的观点，即社会的科学研究有价值，而不管他们的观点来自哪个国家或哪个种族。英国社会使社会科学似乎在英国行得通。

英国社会从早期开始，很长一段时间就提出过一些促进与社会科学相关的问题。英国的经济发展和早期的工业化，最先发生在18世纪的苏格兰，19世纪到了英格兰，就鼓励最早的经济学发展；特别是英帝国贸易的增长见证了宏观经济学和计量经济学的发展，以及商业、会计学和金融学也作为经济学的分支发展起来。正如特纳（Turner，2006a：176）指出，不论是17世纪由洛克（Locke）提出的，还是18世纪由史密斯（Smith）或者19世纪由里卡多（Ricardo）提出的，自由市场的观点和自由社会紧密相连，以至于英国的经济发展也形成了自由主义的观点，进一步影响着社会科学学科，如政治科学和社会学。正是19世纪的社会变革在社会关系的商业化和工业化带来的负面影响力中，迫切地需要社会学的研究，因此，社会学在19世纪和20世纪的主要关注点包括社会不平等性、阶级、贫困、分配公平、劳动的社会分工、疏离，和自由市场

第二章 英国社会科学的规模和地位是什么？

对社会关系的威胁。①

英国早期的民主化和现代世界的第一种议会体系出现促进了政治科学、政治理论和政治社会学以及选举制研究的发展，就像英国早期的城市化对城镇规划、人口统计学、人文地理学、社会统计学和社会学的推动作用一样。英国某一种政治学的发展，如具有家长式作风的贵族政治家的出现、一国保守党主义最终到福利国家，都把社会科学当作一种自由主义的政治表达，还包括在社会福利主义的政策方面以及它在英国文化、市场和政府的社会影响力。教育、学校、女性权利、性别和"家庭"劳动力、卫生和医疗、贫穷、贫民窟拆除、交通政策、新城镇规划、公民权利和社区迁新居仅仅是一些被纳入各自社会科学学科的关注点，作为英国社会和社会变革所带来的动力的结果。当然，智商测试、"11+"私立学校入学考试和择校政策之间的联系使心理学更多地关注到各种更宽泛的社会问题上去，如儿童时期的发展、语言习得、贫穷和婴幼儿哺育的联系。

最后一个值得用来强调这点的例子就是，英国社会科学发展很好是因为英国社会把社会科学当做一种最早的精神激励。值得注意的是，英国社会人类学在后殖民时代（约1960）发展很快，原因是英国的殖民扩张和对其殖民地管理的需要。这也影响到英国的地域研究，尤其是受英国殖民扩张影响最大的地区（如非洲研究和亚洲研究），同时也扩充了学科内容（尤其是本国亲源系统的人类学研究，为了了解殖民领地是怎样运转的文化和文化信念）。社会科学也形成了它的方法论偏好，因为人种志学是以发展与外国文化联系为前提的研究。"外来"人类学传统的扩展在极速变革的英国社会对家庭和社区生活的分析，以乡村和城市社

---

① 经济的劳动分工（工作的分类专业更多）和社会的劳动分工（社会分类成更多的不同阶层）之间的对比值得强调一下，因为前者恰好与生产力和贸易的扩大相关，后者与不公平和社会混乱相关。这个对比很好地总结了经济学和社会学上劳动分工的不同方法，也采用了18世纪两个苏格兰人的各种用法，亚当·斯密（Adam Smith）和亚当·弗格森（Adam Ferguson），他们都相信创造这个术语，但是前者重心在经济上，后者在社会学（Brewer，1986，1989）。经济学和社会学作为学科而使各自知识连贯性的对比使社会学家很感兴趣，因为他们很羡慕经济学的连贯性（Abbott，2001；Holmwood，2010）。

区研究的形式把英国社会人类学从被当作帝国主义奴仆的嘲讽中解放出来,[①] 并且帮助战后社会科学其中最重要一支的社区研究的发展,进一步减少了地理学、社会人类学和社会学之间的知识壁垒。这些学科中的许多重要领导人物都是最先由其他学科起步的。界限之模糊,连阿尔弗雷德·布朗,在英国历史上被认为是最重要的一位社会人类学先驱者,都认为他的学科是一种"相对社会学"。

矛盾的是,人文地理学、社会人类学和社会学之间的模糊性随着英国后来的殖民地自治化而被加深了,因为这种模糊性刺激了英国社会科学对"种族"关系的关注,跨越了文化接触、移民和住房、文化同化、多元文化主义等等。去殖民化加深了英国的社会变革,而且殖民地自治,也形成了英国社会科学的研究主题。这些关注点不仅被纳入社会科学学科的全部范畴,而且也有助于开拓新的知识领域,如文化研究、黑人研究和后殖民研究。

这些领域的问题也有助于社会科学的方法论发展,从抽样调查和智商测试到定性访问和社区研究方法。根据萨维奇(Savage,2010),正是方法论的发展和话题内容的结合标志着社会科学在其成型期中的特殊性。他认为二战以来社会科学上技术设备的发展,尤其是大众观察、访问和社会调查,既鼓励着研究者对数据收集采取科学的态度,而不采用人文学和文学方法,也让他们更愿意寻求社会科学研究的机遇,有了技术专家和政府对社会科学实证的要求,他们可以利用这些机会来解决战后的社会变革问题。基于19世纪40年代和19世纪70年代间进行的七种主要项目的分析,萨维奇(Savage)强调了发生在研究社会科学的方法和得出结论的概念设备之间的融合,作为从研究社会科学的技术设备中产

[①] 麦克唐纳(Macdonald,2010)对社会人类学在殖民剥削中串通一气的断言不予理会,他指出因为殖民管理者的需要,学科工作会经常变化,研究者经常在其政治学上会出现左倾思想,对于他们研究的社会,他们更愿意看到而不是不支持国家独立。社会人类学是保护和防卫他们所研究的非西方文化的真实性的(Giddens,1996:114)。然而,社会人类学确实最先得益于与帝国的联系,因为它作为一门学科的社会地位比社会学或者地理学更高,因此被看做一种职业——一种绅士职业(MacRea,1961:36)。然而,就像我在书中说明的那样,这个学科早已超越了它原来的样子。

生的社会团体、社会关系和社会再生产的语言。这一切有助于产生出一种新的专业性的社会科学（他以此来对比战前和战后出现的非专业性的社会科学）。

社会科学刊物的发行在这个时期的英国迅速增长，因为英国的出版公司加大发行了他们在社会科学方面的书籍和杂志来满足全球市场对社会科学的需求，这些出版公司自己也成为国际企业（现在英国的出版公司再也无法想象这样的事情）。一些出版公司几乎只发行社会科学的书籍和杂志，如政体出版社（Polity Press）和塞奇出版社（Sage），后者也是社会科学界最大的一个杂志发行商（最后一次统计是645种杂志，245种杂志与学术社团有关）。社会科学学科中的学术社团也有刊物，如社会科学研究院本身、经济与社会研究学会和各种社会学科的智囊团——政策研究院等等。这些刊物中的大部分都是基于学科或者专题的期刊，但是一般的社会科学期刊也蓬勃发展起来，如社会科学学院的《当代社会科学》和爱思唯尔出版公司的《社会科学研究》。当然，数量的增加是一种衡量指数；质量才是我马上要讲到的事。

社会科学在英国不断扩大的市场是英国社会科学走向国际化的原因，也是英国社会科学界国际地位提升的结果。随着企业的全球化发展，市场逐渐变成以英语为主导的市场，现今美国市场占主导地位，海外机构也因为要提高其研究的国际影响力而压力重重，[①] 尽管国际社会科学理事会设在巴黎，以法语为主的社会科学界人士虽怨声载道，但也无法与之抗衡。英语的主导地位在不同的社会科学学科也有所不同。经济学总是以英语为主导，但是社会学中更常见的是本国语言，法国和德国尤为如此。一国的社会科学主题更可能使用本国语言和他们自己的刊物。金砖国家社会科学的迅速发展威胁到了以英语为主的社会科学刊物的发行，但是这种担忧仅仅证实了，现今，英国的社会科学恰恰得益于盎格鲁－萨

---

① 英语化，在斯里兰卡和芬兰的影响不同，使得国外大学纷纷提出监督程序来确保职员在国际期刊上——意思是英语媒介——发表文章，经常需要著作被私人公司，或者有时由大学中的英语系译成英语。比如，米兰科技大学2012年宣布自2014年起其大多课程都将用英语教授。

克逊主导的社会科学出版市场。汤姆森社会科学引文索引记录了1998年和2007年间94.5%的发表文章都使用的是英语（引用自联合国教科文组织，2010：151）。而且英国社会科学也有助于创建这种盎格鲁-萨克逊文化的主导地位。斯高帕斯（Scopus）社会科学数据库是世界几个引文索引之一，在这个领域有将近4000种杂志，其中13.4%来自英国；美国占30.2%，加拿大紧随其后占5.6%，中国占5.1%（联合国教科文组织，2010：365）。①

当然，这里有必要指出，英国社会科学家们并没有从期刊编辑们的开放政策中获益，有时候刚好相反。在以美国期刊为主导的社会科学学科中，英国学者无奈只好依照美式议程。比如，政府对那些商业领域和管理学领域的研究者们抱以同情的态度，这些研究者早已对美国刊物在他们研究领域的横行怨声载道，他们的声誉也使他们觉得有责任致力于他们编辑部门认为有利的话题，如北美工业形势的定量分析，而不是英国或欧洲的问题（见http：//www.bis.gov.uk/news/speeches/david-willetts-garethroberts-science-policy-lecture-2011）。换句话说，英国社会科学从源于本土的国际高质量期刊受益颇多，尤其是经济学、社会学、人文地理学和政治科学，提高了英国社会科学的名声和在英国和欧洲问题上的研究质量。致力于英国经济、政治和社会生活方面的国外研究者人数和基于英国的期刊发行数量提高了这些期刊的国际质量和英语语言的主导地位。

由《泰晤士高等教育》联合汤姆森路透社发表的2011年社会科学的大学世界排名也指出了社会科学中英语语言世界的主导地位，排名前50的社会科学大学中只有5所来自非英语国家（见《泰晤士高等教育》，2011：36）。当然，这些排名具有争议性，因为它们使用的方法论各自不同，但是正如2010年世界科学报告指出（联合国教科文组织，2010：235），这些排名很受关注，因此要严肃对待。假设引文索引所偏好的文章和在一些社会科学学科明显地描述文化的著作——国际社会科学学会

---

① 社会科学委员会提供了1981—2000年间令人惊讶的数据（2003：56），指出英国在文献引用上仅次于美国排在第二名。

引用的证据指向书中社会科学文献的 40% 和 60% 之间是从中而来（联合国教科文组织，2010：251）——世界排名不足以表现出社会科学对大学的贡献。但是《泰晤士高等教育》的排名比较好，因为他们采用的是由文献计量学支撑的同行评述数据，并且仅提供社会科学排名，没有混淆在科学和医学上的发行类型和引用类型。①

英国社会科学的历史背景能更进一步解释其国际优势。作为给社会科学提供实践的特别地方，英国的大学是世界上最好的，而且这些大学的结构和管理促进了 19 世纪和 20 世纪的英国社会科学的大发展。《泰晤士高等教育》2011 年世界排名指出，英国有 32 所大学名列前 200 名，除了美国之外多于其他任何一个国家；英国高等教育机构中大约有三分之一被列入世界顶尖学府（这前 200 名代表了世界最好的 1% 的大学）。《泰晤士高等教育》编辑安·姆罗茨（Ann Mroz）就指出过，这个数字是德国的三倍，澳大利亚的四倍，日本的五倍。如果把国内生产总值纳入考虑（Oswald，2011），由此结合人口数量和财富，美国就从第一位掉到了第十四位，而英国位列第三。首先，这意味着依照每英镑投入大学的质量，英国领先于美国；其二，虽然美国在顶尖高等教育机构中占多数，但是后面还是跟着一长串不大好的学校，而英国总体来说都很好。英国享有高质量大学的美名。这反映在 2011 年社会科学排名上，英国有 9 所高等教育机构位列社会科学大学的前 50 名，4 所在前 20 名，除了美国之外比其他任何国家都多。欧洲国家除了英国之外只有荷兰进入了高等教育机构排名，简言之，英国的大学有独特之处。

这种优势来自几个原因。曾经，在英国的大学，社会科学家们做研究只限于研究价值，研究主题开放而多样，再加之英国大学接收了为逃离当地迫害而来到英国的国外学者，从而充实了英国的社会科学。英国的大学没有特殊利益团体、教会、私人企业和跨国公司的宗教和政治因素，有由来已久的学术自由原则，研究自主以及终身聘用制度曾经使这

---

① 因为英国——英语——在世界排名中的主导地位，欧洲委员会现在正在检验一种叫做 U-多级别的排名方法，由德国和荷兰的学者开发出来，目的并非是建立一个社团，而是让学生、政策制定者、职员和大学选择他们自己的标准来比较高等教育机构。

些大学不受政府的控制和规定。大学在政府设定的财政轨道上与政府合作，但是其他方面自主运转。社会科学各个学科和相关专业负责制定它们自己的知识体系，关键的学术决定也由研究者自己来做。

20世纪60年代，英国大学的社会科学学科不断扩大，新罗宾大学出现，而后20世纪90年代大学与技术专科学校双轨制结束，都进一步促进了社会科学研究，因为社会科学研究的对象增加了，国际地位提高了，也从最大化的职业流动中受益。建校不到50年的大学的世界排名揭示出前20所大学中英国有5所，前100所中英国的学校最多（20所）。我认为这反映出20世纪60年代在英国建立的新罗宾大学的质量以及1992年后出现了一些好的大学。免费的公共大学教育，很早以前就为那些来自贫困家庭的学生设置了助学金体系，这种免费教育也充分利用了人力资本，有利于社会科学学科招生和学科后继有人。

而且，下面几届英国政府已经认识到需要全国数据帮助政策和规划，以此来促进社会科学研究，在所有问题上给我们以带有纵向数据的全面同期群研究，以及全国调查，在犯罪、教育表现、社会人口流动、经济走势、出生人口研究等其他方面（如在社会科学学科中进一步用技术和方法论发展辅助）提供重要数据。收集和分析这种数据的责任就落在了大学里的社会科学家们身上，但是这样也更容易出现独立于社会科学研究单位的专家，如政策研究院（http：//www.psi.org.uk/）、国家经济与社会研究院（http：//www.niesr.ac.uk/）和国家社会研究中心（http：//www.natcen.ac.uk），其中一些很早以前就建立了（这一方面见插页2）。同时也鼓励社会科学家们在行政部门任职，招募大量的社会科学方面的专家。这种形势威胁到了进行社会科学研究的大学的地位，使一些在大学中任职的社会科学家忧心忡忡，但是只要能够保持社会科学自身的质量，智囊机构和半独立研究机构中社会科学的扩展对社会科学知识的创造和使用会有非常积极的影响。我们并没有对问题解决和政策方向嗤之以鼻，尤其是智囊机构能够一直保持中立，不偏不倚（不能理所当然地认为其中一些与政治党派有关系）。①

因此，英国已经为社会科学提供了一个极其丰富的环境，使得其在全球范围内发展和成长。规模是对数量的一个衡量，而质量则完全不同。有两种方式衡量英国社会科学的质量，我们可能称之为"领军人物群"和"群聚效应论"。前一个词给我们一种误导，让我们感觉英国社会科学正在走下坡路；另一个词则总体来说非常好。

插页2 独立的社会研究中心

非商业社会研究机构要真正独立非常困难，资金短缺迫使许多机构与大学发展合作关系。它们大多数有明确的政策目标以帮助获得补贴和咨询收入。比如，由已逝的罗杰·乔韦尔（Roger Jowell）和杰拉尔德·霍恩维尔（Gerald Hoinville）创办于1969年的国家社会研究中心在2008年成为与伦敦政治经济学院合作的一所研究中心，但是在运营上依然保持独立。中心这样描述自己，"我们是定性方法和定量方法的专家，使用严格而强大的研究方法论更好地了解复杂的社会政策问题。我们将我们的技术知识与我们研究的政策领域的深刻认识相结合，以确保最高质量的研究结果"。作为其正在进行的许多研究项目之一，2011年国家社会研究中心为内阁府撰写了一篇关于那一年英国夏季骚乱的报告（见莫雷尔等［Morrell et al.］，2011），但是后来英国内政大臣说她"完全不同意其中许多结论"。政策研究院一直都是独立运行，但是2009年成为了威斯敏斯特大学的一个全额附属机构。政策研究所在公共政策上采取政治上完全中立的态度，与任何政治党派、商业利益和压力集团都没有联系，其收入来源于从各种竞争源获得的个人研究项目的资金。研究所雇佣了大量职员，分成两个多学科组织：环境，工作和社会政策。研究所与威斯敏斯特大学的同僚合作，同时也与许多其他半独立研究机构合

---

① 伯恩（Byrne，2011：188-189）曾经批评过智囊机构对应用社会科学研究的消极作用，担心这些机构目标与重心具有狭隘性，因为其中大部分与带有英国中心论的政府有联系，旨在让他们看不到英国之外的环境。

作，比如国家社会研究中心、国家经济和社会研究所、就业研究所、公共政策研究所以及与大学有更直接联系的研究中心。政策研究所作为政治和经济规划始创于 1931 年，是为了应对经济大萧条而建立的独立智囊机构，能够为起草怎样成为国家卫生服务和种族关系法案的蓝图申请贷款。政策研究所成形于 1978 年，合并了经济设计会以及 1972 年建立的社会政策研究中心。1998 年 1 月，政策研究所成为威斯敏斯特大学的全额附属公司，2009 年 4 月完全与大学合并。研究所保持了它的名字，继续从事政策相关的研究。它的任务是"通过规定、宣传和推广高质量的研究来告知公共政策和实行。它希望在社会、经济和环境的研究中受到推崇和扩大影响"。与此相反，国家经济和社会研究所一直维持其独立性。这是英国历史最悠久的独立经济研究所，有超过 60 年的"将学术优势应用到经济和政策制定者的需要"的经验。研究所独立于所有的党派政治利益，核心资金不从政府获得，也不附属于任何一所单独的大学，但是它与主要的学术机构合作承担项目。研究所的工作分为三个不同的领域：经济范例和宏观分析；教育、培训和就业；国际经济。现阶段的项目包括生产力、养老金和老龄化人口、贸易和投资、欧洲金融一体化、劳动力市场和经济统计。研究所是欧洲框架网络的部分，是第一个为了改进预测和宏观经济分析而在 1998 年由 9 个独立的欧洲研究所在欧盟的基础上成立的。它描述自己的任务为"通过定量和定性研究，促进对影响人们生活的经济和社会力之间相互作用，以及政策能够改进人们方式的深入理解"。

所有的巨人都去哪儿了？

英国审计政策的批判者将其归结于缺乏学术巨人，因为以前没有成为名家的个人动机或者诱因；现在则刚好相反。批评家们宣称审计政策奖励那些正在越来越小的窑井中勤奋劳作的人，他们身边是可以依赖的同僚们，所面对的不是质疑，而是鼓励和祝贺，因此使他们在不断地耕耘中获得自我满足。尽管这作为一种想法很吸引人，但是解释起来会更复杂。正因为这样的问题都可能产生一个消极的结果。自从 18 世纪开始,名人效应就偏好每一个学科中的杰出人士——他们其中很多人仅通过在这里的居住权就成为了英国人,其中一些人在英国成名后就移居国外——英国作者也为每一门社会科学学科撰写了经典的介绍。像这样的伟人名单和介绍确实要很长——名单太长这里就不提了。然而,矛盾的是,名人效应深受范围和时间的影响,因为越小的领域越容易产生名人效应导向,而随着时间推移,范围扩大,这种效应就会慢慢影响到全局。简言之,卓越与研究领域的大小相关,是一种相对评价,历经时间的检验。正是因为这个原因,如果研究领域比较容易引导,英国社会科学的伟大人物被认为主要存在于过去,而今天主要是在更小的领域,这些领域中进步受到竞争范围的影响。这就解释了现在几乎每一门社会科学学科都在悲叹很少——或者根本没有——有人可以抗衡以前的大人物。在这个方面,英国社会科学是在衰落。

然而,这种在数量上的抱怨同在质量上的一样多,因为如果研究领域是未经开发的全新领域,相对研究的人比较少,在这些领域中就比较容易成为学术大拿。这也让那些当代学术界的名人松了一口气——再者,太惹人反感也不愿提及——因为他们身上的光环超过了更小的分支领域。当然,讽刺的是我们离这些名人并没有多远,因为社会科学学科相对较新,而且这些新学科非常关注其学术史,将其作为学科专业化的部分。在学科规模影响学术巨人出现的时候,这种关注强化了名人效应的影响,或者这样做是为了获得那种广泛的赞同和在过去他们所得到的认知。这谴责了今天的社会科学家们永远感到他们的同行缺乏他们前辈的品质。[①]

正是因为这个原因,群聚效应参数提供了另外一种方法来评估英国社会科学的地位。名人效应没有完全展示出过去伟大人物影响下的英国社会科学的深层质量,它代表一个整体的高等教育体系的质量而不是一些精英个体。深层的优势就是英国社会科学重要的特点;虽然大众并没有站在这些巨人的肩膀上,但是所站之位正是制高点。

---

① 给我的印象就是在一个人的一生中,名声并不能用嘉奖来进行最好的衡量,但是在过去,嘉奖——甚至是最著名的人物——大部分时候会随他们消失,若干年后他们会作为学术历史的部分被重新发现。换句话说,名人效应实质上是为赞美那些已经去世很久的人预设的。

作为一种衡量方法，我们已经看到了2011年社会科学世界排名中英国大学的位置。让我们多想想。科研水平评估（RAE）是大部分学者生活中的麻烦事，因为它在英国高等教育中是审计政策的主要构成部分之一。社会科学委员会（2003：9）认为，它是一种持续性的枯燥工作，但是他们认为科研水平评估很有用，因为展示出英国社会科学研究的活力和水平（2003：52-56）。有种感觉，似乎科研水平评估因为加快了印刷的步伐而改变了出版模式，限定了高知名度的期刊和出版社，在发布新思维之前就打破了深沉的思考。但是，还是有一些积极的影响（在Brewer 2011a：9-12中有详细说明），其中一个就是客观地展示出社会科学学科的国际研究优势，而不是依赖由旧的专业主导的贵宾桌上的闲谈和大学管理层的偏好。在2008年的评估中，四星研究被描述成"依照其原创性、重要性和严谨性的世界领先水平"，三星为依照同一标准的"全球优异水平"。社会科学部门评估中三星和四星研究的比例如表2.2所示。

表2.2 2008年科研学术水平指数

评估的社会科学部门	三星/四星所占百分比（%）
地理学	56
经济学/计量经济学	77
商业管理	53
法学	49
政治学和国际关系	44
社会工作和社会政策	53
社会学	48
人类学	57
发展研究	49
心理学	45
教育学	43
作为一个整体的部门平均数	52

来源：附录D，全国比较数据，科研学术水平2008：结果，2008年12月，参见http://www.rae.ac.uk/results/outstore/raeoutcomeannexes/pdf.

这张表格正说明这种水平的国际评估绝不会低于评估结果的43%，有时候还远远高于这个比例。社会科学学科作为一个整体的平均比例是52%。也就是说，整体看来，英国社会科学家所做的两项研究中就有一项被评为国际优秀水准。这就是群聚效应，我希望在这一点上进一步进行说明。

经济与社会研究学会（ESRC）一直想为其资助的社会科学研究的资金确立价值，虽然这样做经常受到社会科学家们诟病，但是一个有用的附带结果已经成为用来评估英国社会科学比照国际质量标准的基本指标。这些评估方法自2005年开始实行，已经被应用在社会人类学、政治学和国际研究、经济学以及社会学和心理学；2012年，人文地理也开始应用（见http：//esrc. ac. uk/funding-and-guidence/tools-and-resources/impact-evaluation/UK-human-geography. aspx？dm/）。评估已经由几组国外的学科专家进行。他们的报告是公共文件，刊登在经济与社会研究学会的网站上（见http：//esrc. ac. uk/funding-and-guidence/tools-and-resources/impact-evaluation/international-benchmarking. aspx）。[①] 一些摘要很值得引用。社会人类学家小组认为："很显然英国已经是人类学的学术中心地带之一；现在研究的质量一直很高……小组注意到一长串优势地区，英国社会人类学专注的课题确实是学术先锋。"政治团队发现"几乎所有主要的二级学科的研究质量大量证明……在英国的专业上确实研究卓越"。经济学报告指出"英国学者的研究成就在世界上是杰出的；英国经济学专业比除了美国之外任何其他国家都更杰出……在微观经济学领域处于世界领先水平"。与美国的比较也体现在社会学组："在更广阔的国际框架下，英国社会学非常出色，也许仅次于美国位列第二。"而且"我们证实，因为其学术表现和研究成果，英国社会学处于国际最前沿"。心理学报告中指出："小组的重要发现，总体来说，是质量非常高，仅仅在心理学研究上就超过了美国。在很多领域，英国心理学研究是世界任何一个国家都无法超越的。"

---

① 经济与社会研究学会网站2011年10月31日准入。

社会科学的公共价值

为了避免被认为研究质量是对英国社会研究的地位的片面标准，我们有必要强调一下社会科学教学在质量上也被认为是非常出色的（社会科学委员会，2003：61）。解决教学评估带来的问题，不管这些是制度上由质量保证机构（QAA）来做还是由大学的内部评估程序来完成，这样的动机非常高涨，比由于低水平研究所造成的研究资金损失要高很多，因为大部分收入是为了教学（以前叫整体补助款，现在叫经费）。为了支持这种对于教学质量的判断，有必要采用由英格兰高等教育基金会为保证其教学质量而进行的全国学生满意度调查。① 研究院对这些问卷的态度模棱两可，甚至带有敌视（Furedi，2012），认为不可靠，人们抱怨最多的就是调查结果怎样被公共关系的管理者使用以及怎么进入排名表。由于学习经验比调查表中所表达的"全部满意"的水平更高，这些排名受质量衡量的限制，如果涉及每个学校的水平，这些调查因为回复率很低，在很大程度上并不真实。但是全国范围内每个学科的回复者的人数都非常稳定；因为每一所大学都参与，这些调查仅是全国范围内可以衡量教学质量的方法（英国高等教育机构很久之前就已经不用质量保证机构的学科评估，最初的评估现在都过时了；比如，社会学自1995年以来的数据，大众交际自1997年以来的数据，心理学和政治学自2000年以来的数据和经济学自2001年以来的数据）。因此，全国学生调查，尽管不是非常理想，但也是我们现有的唯一数据（调查结果始终如一，也是调查可信度的另一种衡量）。

2010年的调查结果可见于表2.3。这指出在主要的专业类别中，10名社会科学学生中至少有8名表示对他们接受的教学质量总体满意。对所有英格兰高等教育基金（HEFCE）的学科类别中，除开一种，都高于平均水平。至于社会科学学科，受访者的人数是57 115人，对调查结果而言这么多人足够证明其可信性了。但是极具讽刺意味的是，政府正在解散公立大学，虽然学生对这些公立大学满意度极高，但是政府调查的

---

① 英格兰高等教育拨款委员会（HEFCE）网站，见2011年10月31日。这些调查是全国范围内的，并不仅限于英格兰。2010—2011年间，这项调查花费了210万英镑来实施（《泰晤士高等教育》，2012年3月8日第5页）。

满意度仅仅达到每10个受访者中的3个。①

表2.3 2010年全国学生调查

学科类别	受访者人数	总体满意率（%）
商业和行政	22 940	80
教育	3865	81
地理研究	4230	88
法律	8805	85
社会研究	17 275	81
所有学科	177 400	81

来源：英格兰高等教育基金（http://www.hefce.ac.uk/pubs/hefce/2011/11_11/11_11.pdf）。

如果我能简洁地评价一下英国社会科学的地位，就是有一个国际质量教学的群聚效应参数和英国社会科学界所做的研究。如果英国大学的世界名声使它们荣登一国之冠，社会科学学科就是其中最璀璨的一颗宝石。然而，社会科学家们非常担忧政府高等教育政策正在毁灭他们。这种恐惧感使他们非常矛盾。

社会科学学科的普遍影响力是什么？

对高等教育的影响力讨论是影响现今公立大学存亡的关键时刻的组成部分之一。高等教育的大部分系统包括公共问责和审计的某些特征——美国和荷兰经费申请的评估包括对研究影响力的评定，比如，澳大利亚有一种研究评估考核（Donovan，2011）——但是英国应用地最彻底。英国的影响力讨论需要更宽泛的审计政策，正是这种审计政策形成了英国的大学，我们在下一章会作为分析部分讨论这一点，因此有必要在一开始就提醒人们社会科学学科是高影响力学科。影响力来自于这些

---

① 比如，2012年爱德曼信任度调查（Edelman Trust Barometer）揭示，只有29%的受访者相信政府，12%认为他们正在很好地完成"重要的任务"。见http://www.edelman.co.uk/2012/01/levels-of-trust-hit-new-lows-among-uk-public-survey-finds/。

学科的研究主题——跨时空的文化、市场和政府的社会属性——而且社会科学学科在展示其在社会中的影响力方面是最不用担心的。①

因为这个原因，影响力也植根于英国社会科学的历史和发展中。社会科学学科在17世纪和18世纪以分析社会状况（"社会"这里用的是它的广泛意义）的形式出现在没有自然学科和道德哲学的英国。17世纪首先在政治理论家之中采用，如洛克（Locke）和霍布斯（Hobbes），来解决政治混乱、宗教战争和政府和个人权利间权衡的问题；后来被应用在18世纪的苏格兰，来弄清楚商品化和经济发展的特点，尤其是亚当·斯密（Adam Smith）在社会上商品化和最初-工业化的影响，比如亚当·弗格森（Adam Ferguson）对城市化、疏离感和社会劳动分工的分析，米勒（Millar）在社会阶级上的研究，凯姆斯勋爵（Lord Kames）的种族和对比神话学，蒙博杜（Monboddo）勋爵的语言学，杜加尔·斯图尔特（Dugald Stewart）的比较历史学和早期的人类学。约翰·米勒（John Millar）是一位民法学教授，这使他能够撰写关于英国政府的历史、社会阶级和地位划分的起源、性别差异以及其他许多方面。

这些领域中有许多前辈研究者，而且学术史上也会找寻早期的先驱作为它存在的理由——比如，政治学上的希腊人，社会学上的伊本·赫勒敦（Ibn Khaldun），经济学上的重商主义者——但是，要用经济思想史作为典范，将18世纪苏格兰的传统经济学从亚当·斯密之后的经济推测中区分出来是他正在着手的现代问题，如制造业的增长和生产而不仅仅是贸易，进而创造出一个现代概念领域包括的观念如劳动划分、盈余和经济增长。我的观点是经济变革的步伐给18世纪中期带来一系列的现代

---

① 艺术和人文研究学会（AHRC）的前任研究主任，希勒·韦斯特（Shearer West）的话曾被引用在2011年11月3日的《泰晤士高等教育》上，是说艺术和人文学科有潜力不仅仅使科学受益，因为在研究卓越框架下提供的衡量方法中影响的内涵处理地非常巧妙，在展示影响上也克服了它们的阻力和尴尬。写到同样的问题，比尔·阿摩司（Bill Amos），一位进化论的遗传学者（从科学的背景下用其他的词），看不起像普洛兹博士（Dr Plods）一样关注表现影响的科学家，主要是政府官员做科学研究，比起做前沿研究，他们更关注获得资金，他将其与斯帕克斯（Sparks）博士之类的人进行了对比，这些人为科学生活，为科学呼吸，在研究中保持热情、保持创新。我们可以称他们各自的观点为"影响战争"，即另外一场战争，即卡根（Kagan, 2009）称之为三种文化间正在进行的冲突。

问题，使得传统经济学作为一门学科发展起来。公法、社会学、政治学和人类学也是这样的情况；只有心理学，因为其历史始于德国和美国，在这个时期可以说还没有发展。因为这个显著的例外，社会科学各学科以学科的形式出现在没有自然学科和道德哲学的时间来诊断、分析和解决现代性的问题。① 积极参与到文化、市场和政府中是社会科学各学科的根基。影响力是它们的目的。而且这种参与的动力在19世纪和20世纪早期贯穿着各学科的成长和发展。

20世纪发展的一个例子就足够用了。社会政策的费边主义传统可以看作彼得·汤森职业生涯的缩影，彼得·汤森曾是艾塞克斯郡的社会学教授，但是直接参与社会政策学科上的重要社会问题（早前被称作"社会管理"），如老龄化、医疗资源不均衡、尤其是贫困问题。费边主义学者——如蒂特马斯（Titmuss）、亚伯·史密斯（Abel Smith）和汤森（Townsend）——他们的论述并不在管理的技术专家服务范围，而是一项帮助形成英国战后政府政策的特别的社会民主政治项目，萨维奇（Savage，2010）巧妙地捕捉到了这一点。除此以外，汤森还是1965年成立的儿童贫困行动组的共同创始人，并且任主管20年，自1989年开始成为了终身主席。他也共同建立了残疾人联盟以应对沙利度胺事件并且任主管25年。

然而，我们在这里指的影响力在种类上与目前所面对的影响力讨论完全不同。因此，我们需要在影响力概念的两个意义，即技术意义和一般意义上进行区分。影响力的技术意义是指英国高等教育政策使用的意义，由其所带来的好处来衡量的在高等教育上的支出，即货币-价值。影响力是关乎社会从大学中所获得的部分，尤其是从给大学做研究的资金中得来的。因为有来自对经济利益限制的压力，技术意义范围变得更窄；现在在政策制定者、专业学者和政治家之间对影响力讨论的本质恰恰正是是否可以对大多数学科采用一个货币-价值的经济观点。这是一个几乎

---

① 这远远不是最初的论述，因为它是每一门社会科学学科学术历史的部分，从现代性的分析中可以看到其主要诱因。最早宣称社会科学出现在没有道德哲学的18世纪的苏格兰是格拉迪斯·布赖森（Gladys Bryson，1932a，1932b，1945）。

跨越全部三种文化的普遍抱怨，从纯粹的科学学科和人文科学到社会科学，即影响力的技术意义对于它们的研究种类都不合适。人们普遍认为货币-价值的重心不合适，因为研究结果与资金的投入并没有多大关联——或者甚至不能直接依靠资金投入，而且人们对经济利益也没有太多关注。反对意见并不是来自没有能力得出研究结果，或者希望保持其不可解释性；争议正是来自于它们影响力的本质。

影响力在其一般意义上是指社会的研究影响力（也就是说在文化、市场和政府上），影响力在其本质和效果上不受限制，也不受时间和投入资金多少的限制。如果影响力在其技术意义上是货币-价值，在其普遍意义上则是社会-价值。货币-价值和社会-价值是完全不同形式的价值。社会科学家们充分意识到他们必须在这个普遍意义上融入影响力，而且最近已经有研究的案例，是从过去已经使用过的方法整理出来的。比如，约翰·斯科特（John Scott，2011）对先前的研究做了一个综述，使得艾琳·巴克（Eileen Barker）一直在思考其研究在"统一教"上我们对"膜拜战争"理解上的影响，苏珊娜·麦格雷戈（Susanne MacGregor）在毒品上的研究，以及一支来自普利茅斯商学院的团队与本地政府合作的研究。伦敦经济学院开办的博客，"社会科学的影响力"（http：//bit.ly/ru/1Uql）致力于展示社会科学各学科的影响力本质，并且由学院的公共政策组创办，推出了一本名为《最大化影响力指南》的电子书（http：//blog.lse.ac.uk/impactogsocialscience/the-handbook）。

目前关于影响力的争议使克劳（Crow）和竹田（Takeda）（2011）回顾了已逝的雷·帕尔在人文地理学、城市社会学和社会人类学上的早期研究，称雷·帕尔做了一项有"15年影响力"的事业。布鲁尔（Brewer）和海耶斯（Hayes）（2011）回顾了后冲突社会中社会科学研究的影响力，而且现在社会科学学院承担了好几项以"为社会科学谋发展"为标题的关于当代社会科学在普遍领域的影响力的调查。这些主题包括福利（2010年2月）、老龄化（2010年6月）、可持续性、环境和气候变化（2010年11月）、犯罪（2011年6月）、运动和休闲（2011年11月）以及管理（2012年6月），具体内容可参看手册（见学会网站

http://www.acss.org.uk/publication.htm）。英国学院的政策研究中心已经发行了手册，主题诸如对照选举系统（2010）、工作压力（2010）、家庭政策（两种都在2010年提出）、气候变化（2011）以及继承权（2011）（见 http://www.esrc.ac.uk/policy/policy-centre-reports.cfm）。经济和社会研究学会制作了一个名为《赞颂社会科学学科伟大发展》的视频，其中在8个领域中"研究取得了成果"，另外一本附赠的手册中还记录了另外11个领域的成果（见 http://www.esrc.ac.uk/publications/multimedia/index.aspx），范围从"阿富汗的军事行动和改变监狱措施到减少草原的消防设备和帮助年轻人更具活力"。视频发布于2011年11月，那天比较特别，支持社会科学学科发展和经济和社会研究学会的大学部长大卫·威利茨（David Willetts）参加了发布会（他讲话的具体内容将会在下一章提到，在他的个人微博 http://blogs.bis.gov.uk/blog/2011/11/08/celebrating-the-value-and-relevance-of-the-social-sciences/ 也可以看到）。有一些国家很早之前就做过影响力评估，一直将其作为研究拨款一部分，比如荷兰，这些国家也给其他国家提供了有益的借鉴（见 Benneworth，2011）。即使影响力问题上最尖锐的批评家也认识到在这个普遍意义上社会科学学科很容易就能展示出它们的价值（比如，Collins，2011）。

还有一些问题我会再回来讨论，但是必须指出在这些方面，社会科学学科是这三种文化在这种普遍意义下最具影响力的，但是有时候如果社会科学家们仅仅把注意力局限在反对影响力的技术意义上，那么有时候他们就会看不清这一点。自己就会迷失。然而，这两种意义使人们感到困惑，容易混淆在一起：在这一点上我后面会说明影响力作为"社会-价值"的意义被影响力的技术意义（这里指"货币-价值"）所干扰，我们应该把这个论述放到更能产生共识的领域并且更全面地指向公共价值。

为了说明影响力意义中的混乱，就要回到经济和社会研究学会的代表性报告。[①] 这样做具有讽刺意味，因为经济和社会研究学会是使用影

---

① 参见于2011年10月31日 http://www.esrc.ac.uk/funding-and-guidance/tools-and-resources/impact-evaluation/international-benchmarking.aspx. 值得注意的是社会学组是唯一一个在其独有的总结中没有对影响进行评论的小组。

响力技术意义层面的主要机构之一。讲到他们正在评定的社会科学学科的影响力时，国际评定组在普遍意义与技术意义之间游移不定。报告中指出，"英国心理学研究在政策和实施上有相当大的影响力"。经济学报告指出"英国的经济研究在国外学术界非常有影响力，在政策制定上也影响巨大。这是高水平应用研究的主要成果，也是研究者与政策制定者之间良好关系的体现"。然而，提到政策影响力，其他报告则巧妙地避开了技术意义。社会人类学组写道"社会人类学在英国和其他地方的发展和实践有标志性的意义，社会人类学家在人权、避难和其他司法相关的研究上成为了关键性人物。从大范围看，英国社会人类学在政策咨询、'文化'概述和专家证言上似乎更容易被人们熟知"。政治和国际研究组"发现大量证据证实决策团体中的最终使用者会参与进来。我们甚至发现更多知识转化的证据。如果学术研究被认为是一种文化构成，政治和国际研究则对更广阔的英国社会、文化和知识资本贡献非常大"。显然，即使经济和社会研究学会也不能把影响力的技术意义推上第一的位置，而同时更广阔的意义一直有重大发展，使得影响力讨论越来越复杂。意义上的争论是现在影响力之争的部分。因此，关键问题是哪一种意义才算数？我在下一章会讲到这个问题。

结 论

在全国范围内，英国社会科学的规模可与自然科学学科和人文科学相匹敌；也许可以涉及第三种文化，但是，如果我从三位一体的角度做一个类比，英国社会科学学科的规模现在与其他两个学科差不多，更像三合一而不是三种之一。然而，从国际范围来说，规模就比较小。但是数字上的小在普遍影响力上就大了。英国社会科学的国际优势使其大部分都是世界水平，在国际水平上仅次于美国（这也是社会科学委员会的评判，2003：67）。英国社会过去借用这种国际优势的提高和发展，产生了巨大的影响力。现代英国社会科学的不同之处在于其优势的群聚效应。学科名人效应使许多人对过去巨人的逝去悲痛万分，但是这样就看不到他们怎样在时间和规模推移中树立起自己的名声,而且这种抱怨也严重抹杀了由现在的英国社会科学家们所做出的具有国际水平的优秀研究的群聚效应。然而,这就是岌岌可危的英国社会科学的水平。国际优势缓解了社会科学家们对他们正处于威胁中的焦虑——即政府有可能正在摧毁智者的智慧。

第三章　社会科学学科面对的威胁是什么？

简　介

在这一章，我会大致介绍公立大学中现在高等教育的政策和实施、审计政策以及在英国的影响。这些有可能会推动英国的大学和社会科学学科发展，也有可能会致它们引以为傲的优点——水平高于不利境地。社会科学家们的危机感非常强烈。然而这次讨论的利实关系加剧了这种紧张气氛，使我们看不到社会科学现在的发展的不均衡性。尤其是政策相关的经济学在影响力议程下繁荣发展，而且政治学的大部分——如安全研究和恐怖主义研究在现在的环境下发展也很好。医疗研究、运动社会科学、心理学福利研究、人权法、医疗社会学、教育和出生群体研究这样一些社会科学领域恰好反映出了现在的问题。公法、国际法和环境法也发展迅速。

这里还要指出社会科学学科并没有像在20世纪80年代那样受到直接的抨击。社会科学受到的影响来自对公立大学的抨击和高等教育市场化的发展，在一些社会科学家之间隐约有一种感觉，他们的收入被用在大学内部资助项目上支持入不敷出（社会科学委员会得出的数字，2003：108）的科学和医学部门，但是，也可以看出来其他的学科领域也都差不多。然而，审计政策的发展并不是直接以社会科学为目的。所有的知识领域都有相同的困扰，并非只针对社会科学。①

---

① STEM学科（科学、技术、工程和医学）以及语言还没有失去所有它们的整体补助款——从公共国库到资助学生的金钱——虽然人文科学和社会科学2012—2013学年有补助款，STEM学科在审计政策影响下有更大的压力，因为影响力的技术意义在基础和好奇心驱使的科学上存在威胁。这强调了现在发展的不均衡性。

第三章 社会科学学科面对的威胁是什么?

的确,因为待遇低,加之审计政策的高压,英国在吸引高水平人员上的困难在自然科学学科领域更严峻,因为这些学科没有能力从国外吸引高水平的科学家,而相较之下顶尖英国科学家却流向更好更有钱的国外科学机构。在社会科学学科中,只有经济学受此影响最严重。就像我们在上一章中看到的,在一些规定措施和审计政策上的公共问责制中,社会科学学科已经可以展示它们有多好。而且,普遍影响力——我称之为社会-价值——似乎更适用于社会科学。因此,社会科学已经得到了科技部长和大学的广泛赞誉。大卫·威利茨(David Willetts)不仅把社会科学作为人类面对的未来问题的中心,也特别提到它的世界水平(见插页3)。

然而,社会科学并未处于危险境地的论断还须三思。仔细观察,威利茨的认可没有听起来那么响亮,因为在某一种实用主义方法中,它显示出了社会科学的用处。当然,因为它对解决政府政策问题有所贡献,在实用主义方面显现出社会科学的作用是所有政府的一个问题。比如,这也是大卫·布朗奇(David Blunkett)的观点,他那时还是教育司国务卿。他在2000年经济与社会研究学会年会上发言说道:"社会科学应该处于政策制定的中心。我们需要在政府和社会研究团体的关系上做出改革——我们需要社会科学家们帮助决定什么样的研究、什么样的原因以及什么样的政策主动权才有可能是最有效的。而且我们需要更好的方法来确保那些需要这种信息的人可以更快更容易地获得。"(引用自社会科学委员会,2003:70)然而,这种实用主义诊断,即使一直曲解了政府在社会科学上的看法,确实令人头疼,但是也不是特别具有威胁性。事实上,这种威胁不只在社会科学上存在,在其他学科也存在。

插页3 大卫·威利茨与社会科学

2011年11月经济和社会科学研究学会社会科学节的发言以及社会科学研究学会视频《赞颂社会科学》的发行刊载在他2011年11月8日的微博上 http://blogs.bis.gov.uk/blog/2011/11/08/celebrating-the-value-and-relevance-of-the-social-sciences/。

"上周四我有幸在由英国学术界举办的经济和社会研究学会的重要场

合赞颂社会科学上发言。这成了经济和社会科学研究学会社会科学节的部分,现在是它的第九个年头。社会科学节是对社会科学研究的广度真正的称颂,全国范围内超过100个会场,包括主要的城市诸如伦敦、贝尔法斯特、爱丁堡、加的夫和曼彻斯特。社会科学是一个全球学科,对我们在世界范围内怎样生活有很大的影响力。而且英国是一个世界参与者——经济和社会科学研究学会的国际标杆水准已经断定英国在人类学、经济学、政治科学、心理学和社会学上仅次于美国,排名第二。社会科学形成公共政策和服务,告知福利改革,增强公民自由。这在上周四经济和社会科学研究学会发行《赞颂社会科学》这样一个教育性短片中得以有效地展示。它指出我们的专业知识在这一领域是怎样使政策制定者和公众等受益。一些例子包括:在财政研究所由经济和社会科学研究学会出资建立的公共政策的微观经济分析中心解释由经济衰退引起的对公共财政的震荡,告知政府官员、所有党派的政治家以及媒体。由经济和社会科学研究学会研究方法国际中心/兰卡斯特-华威-斯特林节点所做的评估引发了一则新政策报告以及对支持基因数据库政策的科学证据的一个重要修正。千禧世代研究的数据被广泛地运用在贫困和生活改善机会的独立评估上,由英国政府2010年委托实施。布里斯托大学考察报告强调儿童成长生活的第一个五年对他们的生活改善机会影响最大,加强政府在"第一学年"服务项目的重点。今年早些时候在新出生世代设施计划上投入的3350万会让这个工作更进一步。这将会支持英国曾经进行的最大的纵向研究——包括9万名儿童——同时也提供统计数据以确保我们能够从以前所有的时代研究中分析数据。这比过去的65年在社会流动性上给我们更广大和更清晰的画面。这些研究给我们以鲜明的事例证明英国对社会科学的支持和我们在解释研究数据上的专业技术。然而展望未来,社会科学团体也面临着一系列挑战。社会科学的"硕果":我们需要展示我们在高水平研究上做得更好——经济和社会科学研究学会的证据概述都是很好的例子,比如在超市生产力和规划上的概述。数据-采集:我们必须从现存研究的更多数据中寻找方法——出生世代设施会为此提供很好的机会。透明度:我非常欢迎经济和社会科学研究学会继续与研究学会和其他机构合作解决更广泛的研究团体所面对的开放问题。基于证据的政策：我想看到我们的研究建立在社会科学在告知和形成政府政策方面已经发展得非常完善的基础上。我们应该认识到并且赞颂社会科学学科以及英国对全球知识体系所做出的巨大贡献。社会科学学科大大增进了我们对所处的世界的理解——我们的社会、我们的经济、我们生活的水平和公共医疗——最重要的是它们帮助我们改善了拥有不同背景和不同社会领域中人们的成果。我在社会科学节所听到的一切都告诉我，即便在今天我们在经济上遇到困境的状况下，英国的社会科学学科都在蓬勃发展。"

就像我们这一章中看到的，现今时代有所不同的是形成政府与高等教育机构关系的市场化和规则性的推动力和这带给在大学研究中保护学术自由和自主的霍尔丹原则（Haldane Principle）的威胁。① 公费研究项目在反映政府政策的主动性方面存在压力——就像约翰·霍姆伍德（John Holmwood，2011a：4）提出的，与其说是基于证据的政策，不如说基于政策的证据。审计政策在早前使英国在世界独树一帜的学术自由和研究自主上产生了质疑。尽管这一政策在世界高等教育中受到普遍质疑（Brown, 2010; Burawoy, 2011; Christensen and Eyring, 2011），但是鉴于英国特殊的历史和英国公共高等教育的水准，这项政策也使这段时间成为英国的公立大学的危机之一。因此，现在这个紧要关头的另一个特征就是已经严重违背了公立大学教育的原则。英国数十年在公立大学教育上来之不易的权利和权益受到重创，因为过去的计划太草率，没有深思熟虑，以至于高等教育政策对市场化的到来毫无准备，不得不改变自身以应对这种变化。市场化带来了私人投资商，催生了新的高等教育，拿着纳税人的钱（以来自政府的预付费用形式），而不提供公共福利。

然而，还是需要再警示一下这种危险。虽然公立大学在英国正在受到无法弥补的伤害，但是这就是它们作为严重受损的公立机构的地位；

---

① 霍尔丹原则是否曾经在高等教育中存在的问题上有争议，如果是这样的话，真正意味的是什么呢。霍姆伍德（Holmwood，2011c）非常认可这个原则，然而埃杰顿（Edgerton，2009）将其描述为虚构的传统。我赞同霍姆伍德的观点。

在所有这些变化中公立大学作为教育场所将会无可避免地受到威胁，但是会以何种方式或者何种程度尚不清楚。社会机构都可以适应逐渐的变化。英国的大学已经适应了之前快速的变化——尤其是20世纪60年代罗宾斯大学的建立和20世纪90年代两分法的结束——并且作为教育场所蓬勃发展起来。因此，我在这一章中的目的并不是推测作为教育场所的大学的未来，也没有推测这些大学是否能够起到它们原来的作用（参考Christensen & Eyring，2011；Collini，2012；Docherty，2011）。

而且，我认为英国的大学作为公立机构衰退的时机同时也给社会科学带来了机遇，借此来重新展望其21世纪的愿景，重申其公共价值。我在这一章的结尾处提出，新的大学要求公共社会科学的一个新形式。其他部分会详细说明这个议题。

我打算在接下来的部分继续以拼图的方式一点一点描画现在这个重要时刻的画面。在介绍市场化之前我从影响力的论述开始。

影响的影响力是什么？

社会科学针对影响力的猛烈抨击很容易被曲解为社会科学正在追求一个不用追责的许可，更糟糕的是，社会科学以这种不相干为乐。奥诺拉·奥尼尔（Onora O'Neil，2011：vii）支持人文学科的公共价值，他代表每一位学者发声，认为除非希望在某一方面有影响力，否则没有人会做研究，虽然他们不太可能会想把这仅仅当做经济收益。我曾经写过，影响力就是穿着狼皮的羊（Brewer，20011a，2011b）。在我的同行中这种观点非常不受欢迎，但是这确是我所支持的。我在这里的意思是，影响力看起来要比它自身更危险，尤其是英格兰高等教育基金管理委员会还变通了一下，采用了一种非常友好的方式，这种方式不要求每个人来展示影响力。但是，我认为这只穿着狼皮的羊会被凶狠的牧羊犬好好收拾一番（2011b：256）。这是已经发生的事。影响力真正的痛脚来自它作为市场化更危险的问题中的一部分。

我在其他地方已经说过（Brewer，2011b），影响力是一个人们横贯至少三条不同的路线的领域。第一个是政策评估传统,其中影响力是毫无疑问的。第二个是知识的哲学和社会学,除此以外,知识的社会生产会引起相关研究影响力的事件。然而,通常情况下,人们逐渐受到高等教育的审计政策影响,而这种影响力又作为审计政策自身的一部分被抵制。认为影响力是披着狼皮的羊的看法在政策评估传统中被广泛接受,却多多少少存在一些问题,但是对审计政策的批评者们来说,这样的一则比喻并未把周围的危险表现出来。

最主要和最基本的问题是在影响力是什么的问题上还没有形成共识。这是研究成果吗(这些是结果吗)?这是(使用者)参与和宣传?研究的收益?资产分派子公司和技术转让?还是行为和政策上的变革呢?所有这些以前也时不时提起过,都有不同的含义和意义。当然,发薪者已经利用他们的职位在大学中推动狭义上的影响力了,而且因为发薪者有决定权,就会期望技术意义来主导。影响力已经成为"卓越研究框架"(REF)在政府主张上的一部分,得到了英格兰高等教育基金管理委员会和"卓越研究框架"主要组织者的认可,并且吸纳成为来自研究基金会作为研究金钱奖励的标准的一部分,在社会科学上同时被社会科学经济和社会研究学会以及资助一些社会科学研究的艺术与人文研究委员会所认可。[1] 因此它们影响力的定义值得探究。

所有研究委员会的主体,即英国研究委员会(RCUK)将研究影响力定义为"可证实的贡献,即对社会和经济所做出的高水平研究"。[2] 经济和社会研究委员会的网站继续说:

> 研究影响力包括使用所有研究相关的技能使个人、团体和国家受益的方法。这些方法包括:培育全球经济表现,尤其是英国的经济竞争力;增加公共服务和政策的效力;提高生活质量、医疗和创

---

[1] 欧盟(EU),作为一个重要的资金来源,它所资助的研究必须要为欧洲和欧盟展示影响力,但是这跟英国研究委员会的理解不同,正如我在下面所指出的,欧洲研究委员会反对影响力目程。

[2] 摘自经济和社会研究委员会网站http://www.esrc.ac.uk/funding-and-guidance/tools-and-resources/impact-toolkit/what-how-and-why/what-is-research-impact.aspx,见于2011年11月11日。

造性成果。研究影响力这个定义的一个重要方面就是影响力必须是可证实的。仅仅集中在促进研究影响力的活动和成果是不够的,比如举行会议或者发行报告。你必须能够提供研究影响力的证据,比如,政策制定者和执行者已经采纳并且使用过的,这些证据已经在服务和商业上带来了改善。

这种经济和政策重心在影响力能被感受到的领域上得以增强。经济和社会研究委员会网站继续道:

> 这能够包括学术影响力、经济和社会影响力或者两者都包括。学术影响力是优秀的社会和经济研究对科学进步所做出的可证实的贡献,既有跨学科的和也有学科间的,包括在理解、方法、理论和应用上的重要进步。经济和社会影响力是优秀的社会和经济研究对社会和经济所做出的可证实的贡献,使个人、团体和国家都受益。

网站指出"社会科学研究的影响力能够被划分"成三类,"方法类:影响力政策、实践或服务条款的发展,形成立法,改变行为;概念类:有助于政策问题的理解,再组织讨论;能力构建:通过技术和个人技能发展"。因此,为了赢得研究资金,要求申请者详细说明他们"在哪些方面具有影响力"。那就是:"确定你的主要利益相关者,比如,其他研究者;公共部门;商业/工业;确定他们怎样从你的研究中受益——影响力的种类可能包括:改善社会福利/公共服务;影响公共政策;有助于运作和组织改变;确定你怎样确保他们有机会受益,比如通过组织公共事件;会议;与媒体的互动。"

"卓越研究框架"(REF)追求的定义在重要方面有所不同。高等教育基金会(HEFCE)网站关于影响力如是说:[①]

针对"卓越研究框架"(REF)的目的,影响力被定义为一种

---

① 见《评估框架和意见指南》,参考 02.2011,2011 年 7 月,高等教育基金会(HEFCE)网站 http://www.hefce.ac.uk/research/ref/pubs/2011/02_ 11/,见于 2011 年 11 月 11 日。

效果，改变或使经济、社会、文化、公共政策或服务、卫生、环境或生活质量在学术界之外受益。影响力包括但是不局限于这一种效果，改变或有益于：个人、受益人、团体支持者、组织或个人在不管是当地、地区、全国或者国际范围的。活动、态度、意识、行为、能力、机会、表现、政策、实践、过程或理解。影响力包括降低或防止伤害、风险、损失或其他负面作用。对于"卓越研究框架"（REF）下影响力的目的：不包括研究上的影响力或高等教育部门内（不管是英国还是国际上）学术知识的提升。也不包括学生、教学或其他高等教育机构相关活动上的影响力。

这是影响力的一个比较合适的广泛概念，尽管这个概念不包括学术界意义上的影响力；这是他们自己领域之外的公共影响力，被当作专业学者影响力的主要方法。研究委员会经济和政策影响力也没有类似的名人效应。"卓越研究框架"（REF）下高等教育基金会（HEFCE）使用的案例教学方法意味着并不是每一个人都需要论证影响力。这种更加自由的方法一部分原因是因为高等教育基金会（HEFCE）在学术团体中政策制定方面比研究委员会有更全面的咨询方法，也更容易招来反对影响力的声音：这样做太对了。① 毕竟"卓越研究框架"（REF）影响到每一个人，虽然研究委员会申请者中很少有人中标，申请现在还只是少数人行为，但大部分申请是不受英国研究委员会（RCUK）政策的影响的（申请会进一步受到研究委员会制计的需求政策限制，以防出现次次失败的情况）。2010—2011年间，申请经济和社会研究委员会（ESRC）项目的申请者在所有研究委员会中的中标率最低，只有16%，比去年下降得更多（虽然没有证据说明这种下降跟影响力评估有关）。这解释了貌似不公平的矛盾，即大多数人的愤怒旨在针对高等教育基金会（HEFCE）强加的影响力，但是研究委员会实施的却是影响力上大部分的不利政策。

这些影响力定义的不同之处值得强调。研究委员会对影响力的概念

---

① 史密斯等（2011）承担在第二个咨询中回答的内容分析，并且注意到人们主要反对的是影响力议程暗含对自主性的威胁。

十分狭隘。比如，经济和社会研究委员会（ESRC）将其限定在经济和社会的金钱-价值，用经济表现、竞争力、政策讨论和服务、艺术与人文研究委员会（AHRC）的"经济和社会利益"来衡量（见 http：//www.ahrc.ac.uk/fundedresearch/pages/impactassessment.aspx）。而英国研究委员会（RCUK）也承认这些影响力能够为学界内部其他专业学者所认同。"卓越研究框架"（REF）给影响力的定义一个更宽泛的理解，即社会-价值，必定限制它在学界外部向公共领域的展示。换句话说，影响力的各种定义中都充斥着审计政策，是一种无奈的选择。社会-价值在其他方面是好事，因为它使专业学者们远离使他们觉得更加自如的领域——在同行、学生上的影响力和对知识文化的影响力。因此，影响力的争议使公共价值在其对知识贡献最小化的效果上充满争议。知识本身并不会变得有价值，只有在它服务于金钱-价值或者社会-价值的时候才会产生价值。因此，影响力与公共价值中出现了一个无奈的矛盾。但是影响力的一些定义具有开放性和包容性，即便这些定义因为在公共价值的语言组织设定上还有疑问。简言之，影响力在关于高等教育公共价值的争论上并没有达到预期的效果。下一章在建议我们需要改变语言模式针对公共价值的影响力上我会回到这一点上。

除了弄清楚影响力的意义，我们需要从谁的角度上问问影响力呢？可以从利益相关者、投资者、调查者、调查对象、政府政策实施对象和其他种种分析影响力。"使用者们"在一种意义中是每个人，在另一种意义中却是无人；这需要详细说明才能变得有意义。"利益"是一个价值判断，从一个特定立场根据标准评估改变，反之"结果"如果理解起来是可衡量的，比如，出版物是根据其产量。然而，"结果"经常是影响力最无力的意义。矛盾的是，重要的是影响力的广泛意义要变得具有包容性是可以的，但是狭隘一点的意义应该可以在它们适合的特定例子中被解释清楚。意义必须是包容的，而不是排他的。

影响力能够被展示的领域同样具有广阔性和多样性，如政策构成和实施、民间团体、经济、知识转移、继承和文化产业、大众媒体等等。这些领域的其中一些领域比其他领域在推动影响力议程上更有价值，对社会科学研究的一些种类比其他种类联系更紧密。一些可以是本地的，其他一些是全国或者过渡性的。然而，不论影响力意味着什么，能够在一个尽可能广阔的空间展示影响力，这一点很重要，这样每一个领域都可以一视同仁。这一点很重要，因为可以避免影响力的功利性观点，即影响力只有正面的，经济或政策只关注重点领域。

影响力随着它的意义和领域的不同而不同。指标，比如在出版作品中引用过，体现出影响力的几个方面，在以文章为主而不是以书籍为主的社会科学领域受到青睐——因为书籍经常在引用索引上被忽略——其中在更小分支领域中彼此之间的引用也司空见惯。但是指标也没有比当地和全国的新闻篇幅重要多少。"使用者"参与和宣传、政策改变、行为改变和对当地经济的贡献并没有比对公共争议的贡献、民间团体演说、非政府组织和志愿者团体构想更重要。影响力也与其他研究者、教师、民间组织的非专业人士以及我们可以称作"受过教育的公民"的研究挂钩。如果这使影响力很难被衡量，则是因为这种复杂性就是影响力的过程的本质。这对绵羊般外表的影响力很重要，因为影响力的评估并不仅局限在可以轻易衡量的方面。要重新利用我提到的这个词语（见Donovan，2011：176），因为量化词可以轻易地计算出来，使影响力变了个样儿（这个词第一次用于布鲁尔［Brewer］，2011b：256）。

最后一点强调了影响力带来的问题延伸到定义问题之外。它并不"属于"学界但是可以看作外来者，从而挑战学术自主性的观点。在普遍意义上可能轻易地展示影响力并没有让那些对此无感的社会科学家感到更贴近影响力议程。影响力的提出是一种新的方法，即使影响力的实施（在不同的名下如"参与"、"参加"、"行动研究"）对社会科学家来说是日常惯例。而且影响力在其技术意义上还冒着限定特定种类研究的风险，在这些研究中很容易展示影响力，因此也曲解了影响力对最显而易见的事物的意义（如政策、知识转移、对经济企业和子公司的贡献），就形成了这些影响力显而易见的领域中研究活动的实质。正如霍姆伍德（Holmwood，2011c：14-15）所指出，这有重现政策导向和技术主导知识的效果，这些学科间术语大部分受到政治家、政策制定者和公务员的青睐。① 这种类型研究的贡献正是大卫·威利茨（David Willetts）在他对社会科学赞誉中所提到的，在插页 3 中引述。

这一方面最麻烦的就是研究委员会，因为研究委员会要求申请者预测在很久之后某一时间可能的影响力，以及将来的使用者以各种形式发现研究的作用。这并不是由于这是一种新要求，也并不是每一种新研究要面对的阻力，这根本毫无意义。现在这些影响力可以被期待但是并不可预知；因为这些影响力那个时候并不确定。投入（研究资金）和产出（研究发现）之间的联系不明显，则说明有一种特定的影响力（无论怎么衡量）都不可靠，但是超前预设而不是回顾评定甚至更不可信。影响力随着时间推移发生变化，在某一个时间点、随时评测即可能发生正面改变，也可能发生负面改变。因此，影响力是有条件的，甚至是偶发性的。

我们还会面临负面和隐匿影响力带来的问题，这些影响力会曲解这种随机的连锁反应。负面影响力能被描述成为被排斥的研究，并不是因为本身错误，而是因为其反直觉性或者对现在政策和政府目标等的反对。社会科学研究更有可能变得带有敏感性，其中社会科学研究的政治学更有可能出现负面影响力。当研究影响力隐藏起来无法认知的时候就成了隐匿影响力。其中一部分可以是研究者宣称或者意识到的失败，但是大部分则是政策制定者、新闻界、民间团体和其他不知其存在而导致的结果。如果研究要获得影响力，就必须被认识到研究的作用，但是这并不是说隐匿的影响力是非盈利性的；研究的作用还没有被评估过。研究本身及从事研究的时间之间存在的黑洞增加了隐匿影响力出现的几率。这些问题中还没有哪一个已经被解决了。

研究委员会使用的影响力的说法引起了研究者强烈的质问，再加上

---

① 这通常称作模式 2 知识，尤其与诺沃特尼及其同僚们进行的科学研究分析有关（见诺沃特尼等［Nowotny et al.］，2001）。模式 2 知识与模式 1 形成对比，常在单独研究者模式下由学科界限创造，更加概念化、理论化，也更接近学科核心。这种对比备受社会学家约翰·霍姆伍德（John Holmwood）青睐（比如 Holmwood，2011c），并且在经济和社会研究委员会（ESRC）由诺沃特尼引领的关于社会学的基本综述中占重要地位，也是由霍姆伍德共同组织（关于报告的详细内容参见经济和社会研究委员会网站 http：//www.esrc.ac.uk/_images/Int_benchingmarking_sociology_tcm8-4556.pdf）。欧洲研究委员会主席 Nowotny 在 2012 年 3 月委员会基金会第 15 周年大会上发言说不会支持采纳影响力议程。

第三章 社会科学学科面对的威胁是什么？

研究委员会总是按照政府对哪类研究的偏好来设定自己的研究议程，这种质问声就更响亮了。2011年早些时候公众就对艺术与人文研究委员会（AHRC）表示出强烈的不满，认为其实施规划与英国保守党在这一点上的"大社会"（Big Society）的想法太接近了。这种界限的模糊违反了学术自由，影响了学者自主性，而且将政府干预的可能带入了研究活动的独立性中。研究委员会应该给予由公共财政买单的研究以优先权，这一点合情合理，而不是把研究委员会推向舆论，指责其向出资者献媚，使用政党政治学的话语来区别哪些研究重要，哪些不重要。相对于艺术与人文研究委员会（AHRC）在其计划中使用的话语，经济和社会研究委员会（ESRC）则更加灵活一点。其现在的"优先战略性研究"就是经济表现和可持续增长，影响力行为，告知干预，和一个充满活力的公平社会。这些方面非常广泛，包含很多社会科学学科，但是却没有更细分的做法好，尤其是资金方面。"大社会"计划是一个意识形态的项目，如果观点很像它，就很难保持研究委员会的自主性，如"互联网社区"就在研究委员会中把握了研究主动权。① 正如金（King, 2011: 76）所提醒我们的那样，总是会有由经济和社会研究委员会（ESRC）支持的政策-相关的公费社会研究，但是研究委员会资金提供的现阶段，他认为，与更狭隘的研究功利性观点不同，这些观点同政府重视的广泛性研究主题相关。这也意味着由来已久的霍尔丹原则（Haldane Principle）——谈到各个大学，是指政府应该把关于资金项目的个人决定留给专业学者，然而并没有达成一致，因为显然部长们和公务人员们并没有出席给他们奖励的委员会，冒然出面有风险（见Holmwood, 2011c）。

然而，关于影响力，更大的问题仍然是怎么测评的问题。如果学者们别无选择不得不接受影响力议题，我们至少应该能够测评一下这个议题。似乎正是怎样测评的问题推动了政策的发展。测评问题迫使高等教

---

① 值得注意的是"互联网社区"首创是由新工党政府发起的，早于大卫·卡梅伦（David Cameron）发现"大社会"，尽管这并不能解释艺术与人文研究委员会（AHRC）一直想把两者联系起来。更多的细节，参见英国研究委员会（RCUK）《2008—2009年年度实施规划报告》，第4页，也可以搜寻网址 http://www.rcuk.ac.uk/documents/publications/anndeliveryplanrep2008-09.pdf。

育基金会（HEFCE）使用影响力的一个宽泛的定义来尽可能多地获取其指数；而且测评问题使得研究委员会采取预期推测长远影响力以避免不得以非要作测评之时。怎样测评的问题很难处理。尤其是在更小的分支领域，彼此著作相互引用，类似近亲繁殖的情况很常见，如政策评估传统或科学的社会研究，抑或更大的社会科学领域，是一篇文章而不是一本书，价值度量通常作为测评工具，而非与之相关的其他方面，如专利权、子公司和其他技术转移或政策影响力。采用来自卫生经济学测评手段的政策评估传统，如"投入回收框架"（Payback Framework），在社会科学其他方面是可行的（见 Donovan，2011：176）。① 这就解释了为什么经济学和熟悉研究评估方法的政策-导向性社会科学学科彼此之间对怎样测评并没有多少相悖之处。但是即使是卫生经济学中最支持"投入回收框架"的人们也指出，一段时间后又会在投入和影响力之间以及归属上出现问题。

社会影响力评定方法（SIAMPI）是另一种测评方法，其重点在"研究者和利益相关者之间的生产性关系"，已经被应用在评估一些经济和社会研究委员会资助的研究上（见 Molas-Gallart 和 Tang，2011）。但是其使用的影响力的定义比技术意义更宽泛，在随机影响力上仍然还有很多问题，比如社会影响力评定方法定义影响力为"社会价值成果"（Donovan，2011：177），将其评定仅局限于利益相关者的观点。"生产性关系"在其影响力上也是循环的，因为非生产性关系大约会排除影响力或者限定其在负面影响力上。但是也不是不能使用像这样的评定体制，马丁（Martin，2011：251）就巧妙地指出对"卓越研究框架"（REF）推行这些体制会变

---

① "投入回收框架"由多诺万（Donovan）和哈尼（Hanney）（2011）简要概述。它是描述性的而非分析性的，包括把研究过程分为几个阶段，过程中对其"投入回收"进行评定，最后评估其"卫生和经济效益"。这种方法在卫生经济学中有用，因为对这些效益是什么有更清晰的指数。其对社会科学的其他领域的适用性，现阶段受到其来自布鲁内尔大学卫生经济研究小组的创办人的拥护，还是个由多诺万《研究评估》（Research Evaluation）中特别问题部分设定来检测的问题。至今还没有有力的结论。"投入回收框架"由欧洲 RAND 研究机构使用，同艺术与人文研究委员会（AHRC）和剑桥大学合作，准备好了一则报告，即《评定艺术和人文研究在剑桥大学的影响力》（Assessing the Impact of Arts and Humanities Research at the University of Cambridge）（http：//www.rand.org/content/dam/rand/pubs/technical-report/2010/RAND-TR816.pdf），证据收集于同行评估访谈、自我报告和与外部受访者的访谈。

成劳动密集型并且要求专业知识,这样测评影响力的成本就会超过其收益。

因此,这留下了一个难题,即为什么有些像影响力(在其技术含义上)一样不透明、分散又难以衡量的东西,在审计政策中却非常明显。当然,答案就是其对商业主导模式在社会研究中的应用作为了公立大学市场化的一部分。影响力的金钱-价值的方法是市场的部分,这就是我现在要说的目前的态势。

市场进入

市场化简单来说可以归结为四种"属性"——选择性、成本性、竞争性和商品性。要了解四者之间的联系,有必要领会市场化既是方法同时也是结果。这是效果选择的方法——迫使公立团体回应人们的需求——但是同时也是目标,即用更好的方式压低满足这些需求的国家成本。市场呈现出回应人们对更大选择的要求机制,但是包含人为制造竞争作为有效满足市场成本的方式。选择的多样化巧妙地掩饰了竞争的介入。竞争的结果就是商品化:把所有的东西变为在市场买卖的产品,使它们随着供求动作变化。对四种属性来说减少奶油苏打饼干产量是一回事,大学教育、医疗保健和其他公共服务又是另一回事。①

然而,我们在英国的市场化形式并不是基于自由市场原则,如开放竞争、引入违反政策规定、需要设定价格确定物品成本以及保护消费者权利。在英国新自由主义的大环境下,市场化的意义大不相同。

新自由主义出现在20世纪80年代,是对经典自由主义的完全重述,产生了自由主义和保守主义以及自由市场形态和国家调控的奇特结合,也是新自由主义的特征。这种组合令人捉磨不透。一方面包含拒绝"大政府"计划以及一个强大的中心国家但同时又主张国家调控,包括对自

---

① 比如,来自英国社会态度调查的证据(Curtice & Health, 2009)指出,选择的修饰被公众广为接受,他们赞成磋商,也赞成在诸如教育、医疗和社会关怀的服务上做出他们自己的决定,但是如果联系竞争和私人提供者的介入接受度就大大降低了。公共供应的社会思潮非常受欢迎,低价出售了选择的支持。竞争性和商品性在四者中是不受欢迎的搭档。

由市场的管理。它主张个人对社会和国家的权利但是又涉及公民参与、本地社团和公民身份的保守观点。因此，借用甘布尔（Gamble）分析拥护撒切尔夫人的新自由主义的标题（Gamble，1998），新自由主义并不只是自由市场和强大的国家，也不仅仅是介绍一套特定的经济原则。曾经一度，新自由主义既是一种推动市场资本化的经济计划，也是一种压低国家标准的政治计划，一种增加政府管理的政策计划和一种推动自由个体的公民计划，其"自助"心态从自利转变为公民参与（在英国被称为"大社会"计划但是在实践中意思刚好相反，即独立人意识到他们的公民责任在小型社区和紧密联系的社区中的"小社会"计划）。①

英国20世纪80年代首先提出新自由主义的撒切尔政府过去常常把他们的政策称为回归"维多利亚时代的价值观"（这一方面参见塞缪尔［Samuel，1992］）。这样做一部分减少了与过去突然中断的感觉，过去新自由主义激发了英国20世纪进行政治学、社会生活和经济政策的方式。但是这么做也暗示着它们的方式是一项道德改革运动而不是功利主义的改革；新自由主义是指回归道德，而不仅仅是简单的经济方面。"维多利亚时代的价值观"把政治和经济形态变得具有文化性，使之显得高贵。没有什么能够保证更能引起社会科学家们的兴趣。

社会科学家们是新自由主义的主要分析者（文化地理范畴内的批评参见哈维［Harvey，2005］；经济学参见迪梅尼尔和利维［Dumenil & Levy，2010］；法学参见贝尔［Bell，2011］；语言学参见乔姆斯基［Chomsky，1999］；种族理论参见戈德堡［Goldberg，2008］；社会学参见克劳奇［Crouch，2011］）。有两个因素解释这一现象。第一，社会科学成为新自

---

① 在前保守党政策交换智囊团的前成员保守党国会议员杰西·诺曼（Jesse Norman，2010）的"大社会"计划的哲学大纲下，可以利用经典自由主义，尤其是迈克尔·奥克肖特（Michael Oakeshott）哲学的一套折中观点。比如，在亚当·斯密（Adam Smith）的观点中，利己主义被描述为有道德的，并且鼓励社会合作，但是对伯纳德·曼德维尔（Bernard Mandeville）来说，"私人恶习"通过其对经济进步的鼓励成为了"公共利益"。在这种经典的自由观点下，慈善和公民团体与自我利益不相融合。对奥克肖特来说，公民社会以各种联系为基础，像经常被社会机构曲解的友谊、感情和情感。因此，因为这些联系蓬勃发展，公民社会要求来自政府的最小程度的管理和干预。大社会与"大政府"计划相对，被描述为工党政府中央集权制以及疯狂增长的经济自由主义。

第三章 社会科学学科面对的威胁是什么？

由主义的一个主要批评对象，因为它不是一种"科学"，而且超过个人，具有社会对象性：谁会忘记英国第一位提出新自由主义的首相玛格丽特·撒切尔（Margaret Thatcher）说过的话呢？她说没有像社会这样的东西，只有个人和家庭。① 这种抨击引发了一连串的社会科学分析。第二，新自由主义与社会科学是相同知识背景中的一些领域之间相互竞争，其广泛区别都呈现在这些共同问题上——如家庭与婚姻、犯罪、教育和教育学识、社区衰落、失业、女性权利、工会权利、宏观经济政策、监管、公共命令、医疗供给和社会照顾等等——这样就推动了社会科学的积极参与。这种激烈的反驳仅仅只引起了新自由主义政府对社会科学的愤怒。

因此，在1979年保守党选举胜利之前的英国新自由主义的初期阶段，社会科学进入人们的视野，枪声打响了（尽管并不是所有的枪声都由社会科学新自由主义者打响）。社会科学研究委员会被迫改了名字，专门设立了右倾智囊团以提供"合适"种类的社会科学信息和分析（比如经济事务研究所及其分支社会事务单位和冲突研究所），并且选出一些社会科学家撰写广泛宣传性报告指责英国社会科学被左翼分子和疯子的替身掌控——其中社会学家朱利叶斯·古尔德（Julius Gould）的报告《抨击高等教育》就是最好的例子（一位社会学家在这篇报告上的反映，参见Platt，2003：118-122）。"黑皮书"，跟政府白皮书相对的名字，抨击先进的教育理论和基于这些教育理论的社会科学依据。② 而且，正如金

---

① 严格地说，撒切尔（Thatcher）夫人并没有真正说过没有像社会这样的东西，尽管她所说的是差不多的意思。她真正说的是："什么是社会？没有这样的东西！只有作为个体的男人和女人以及家庭，除非通过人，首先要依靠他们自己，否则没有政府能够做任何事情。"这个言论出现在《女性专属》杂志的一次访谈，可参见http：//www.margaretthatcher.org/document/106689。

② 重申这些发展中的一些方面早于1979年撒切尔夫人选举胜利，但是帮助形成社会科学后来被抨击的氛围这一点很重要。比如，经济事务研究所成立于1957年，古尔德的报告始于1977年，黑皮书出现在1969年和1977年之间，冲突研究所成立于1970年（合并于1989年）。后面的一些主导人物与中央情报局以及英国和德国的情报部门都有联系。正是主要的社会科学家们精心安排了这些（和之后的）抨击——朱利叶斯·古尔德（Julius Gould）、伦纳德·沙皮拉（Leonard Schapira）、迪格比·安德森（Digby Anderson）、大卫·马丁（David Martin）、大卫·马斯兰（David Marsland）、爱德华·希尔斯（Edward Shils）、卡洛琳·考克斯（Caroline Cox）、查尔斯·考克斯（Charles Cox）——这一事实增加了保守党政府关于社会科学学科的怀疑。卡洛琳·考克斯（Caroline Cox）在撒切尔政府下被授予终身贵族身份（Platt，2003：123 n 14）。

(King)指出的，政府部长们对于社会科学普遍存在持怀疑态度，尤其是时任教育部长的基思·约瑟夫（Keith Joseph）[值得回忆一下，撒切尔夫人在20世纪70年代早期曾任希思（Heath）保守党内阁的教育部长]。但是20世纪80年代出现的大学经费削减并没有影响到社会科学——1982年罗思柴尔德报告建议继续社会科学学科研究委员会（这一方面参见King，2011：83）——尽管如此，当时社会科学的态势并不好。

30年过去了，市场化发展迅速。① 但是如果社会科学曾是市场化的特别目标，就不再是一回事了。正是作为一个整体的公立机构的大学现在承担起了这个责任。在大学中使用市场化原则已经引发了一股洪流。其中有两个原因。一部分反映出过去大学受到保护，不受动荡的开放市场竞争的影响（使大学几乎国有化，除了国家医疗服务作为公共所有权的最后机构，但是现在也难免受到市场化的影响）。在学术界也非常怀疑市场原则是否能够被合理地运用在教育中，大学学位是否能够像奶油苏打饼干一样从超市的货架上被买来。

在这一点上有必要说点离题的话题。大学财政的削减与市场化不是一回事。各部门间大学学位课程的数目正在被削减（根据高等院校招生服务，仅2012年一年就削减了12%），② 而且人员编制在某些学科和大学中也在减少（大部分是在需要的时候，更多是通过自愿遣散计划而不是裁员）。然而，恰好人们对"削减"的担忧把他们的注意力放在了不该有的地方，因为这个词并没有充分描绘出现阶段的问题。高等教育在

---

① 这本书并没有打算提供在撒切尔夫人时代结束之后的几年里的高等教育政策的历史，如果我们跳过中间与撒切尔夫人的政策相关的几年以及联盟政府的几年，这本书就是一篇陈述。我在文章中区别的相关地方，或者指出布莱尔和卡梅伦政府的高等教育政策的连贯性。

② 2012年2月由高等院校联盟发行了一篇题为《选择削减：对高等教育的选择是怎样减少的》的报告，报告中估计全日制大学学位课程的设置在2006年和2012年间减少了27%，但是地区不同，研究主题不同，情况也不同。英格兰减少幅度最大，达到31%，苏格兰减少幅度最小，为3%。在研究主题上，报告仅记录了单个学科学位模式，但是实际上联合学位的增长指数同学科总体设置的减少差不多。同一时期在单个学科学位课程的树木上总体减少了14%，社会科学的损失最小，为12.8%，而基础学科为14.6%，艺术和人文学科14%[创意艺术学学（UCA），2012：5]。在英格兰人文地理和社会学课程是社会科学单个学科学位打击最大的，前者可能是学科设置整体减少的结果，而后者仅仅是因为与社会学作为合作者的联合荣誉课程的增加所致。

公共支出的全面削减上已经尽到了自己的一份职责,但是正如英国大学(UUK)前任主席斯蒂夫·史密斯(Steve Smith)所说,高等教育削减并不像英国大学恐惧的那样糟糕,政府仍会继续向高等教育提供资金(2011:133)。他写道:"政府期望在学费贷款上支出大约65亿英镑,生活费贷款35亿英镑,保持2014年至2015年教学拨款的基础上在助学金和奖学金上支出20亿英镑。在教学拨款和贷款之间现在的比例是2/3比1/3。截止到2014年至2015年这个比例有望达到大约80/20的贷款对教学拨款。"(Smith,2011:135)史密斯估计一名学生一年的费用收入是7500英镑,到2014年至2015年这个部门会拿到额外的1000万英镑。他说这是个"好消息"(2011:136)。"好消息"要让人们知道,他进一步估计(2011:137)学科级别C级和D级,涵盖自2012年至2013年不再从政府获得公共资金的人文学科和社会科学,将会分别有16%和41%的增长,在2010年至2011年的数字上学生费用的收入替代了整体补助款(估算费用是9000英镑,但是要考虑到被预留出给奖学金之类的一笔钱)。他把自己的观点说得很清楚:这并不是通常人们持有的看法。但是他也漏掉了这点。市场化与削减不一样。高等教育的市场化意味着两点:高等教育中人为市场的介入却像自由市场运转;高等教育向外部市场势力开放从而刺激了竞争。我们可以将一个称为内部市场介入,另一个面向外部市场。这两方面紧密相连但是在不同的政策中体现出来。两者结合引起了大学教育的商品化,随之带来了公立大学的完全衰退。这是指大学缺失公共功能而不是缺少资金。提供高等教育中的内部市场是为了达到市场区分的目的。在真正的市场中,市场区分使市场分配供求关系,评定商品的真正价值是为了能够判断其金钱-价值,既对消费者,包括现在和将来的,同时也对商品的提供者,是为了评定其供应品的效率和质量。这要求为商品定价,这样供应者能够测算生产商品的成本,消费者也知道获得商品的成本。因此,大学的市场化要求在每个大学中区分,因为各个单位争抢资源,其金钱-价值由大学管理者根据使用资源的效率和产品的质量来评定。大学的市场化还要求整个行业的大学之间的区别,因为大学彼此之间在其各自商品的价值中和其供应品的效率和质量上互相竞争。大学之间在价格上的竞争对真正的市场运作至关重要。这能使消费者（学生、父母、职业教师以及在这种情况下学生的雇佣者）从不同的提供者（大学）做出对从出售中的商品上获得的价值的理智判断（对学生来说，说小一点是指获得的学位和证书，说大一点是"教育经历"，对雇佣者来说就是带有这件商品的人的价值）。

因此，市场区分要求消除普通——无差别的——大学部门引入差别定价。这给"教育经历"和学位授予以不同的价值，目的是在价格上引发大学之间进行区分的供求机制。先前大学的资金筹集规划并没有这么做。教学的整体补助款仅仅由广泛学科级别之间供应品的成本来区分，而不是大学之间，因此所有的大学在每一名学生上接受相关学科级别同样的资金。大学之间不同的学术名声在部分上有所区别，但是对知名度高的大学来说针对学生不同价格的区分就没有市场来做到这点了。工党政府1998年所增加的附加学费并没有——也没有意愿——引入市场区分。这种情况已经发生了变化。

这时候有必要在工党和联合政府政策之间在市场化上进行区分。新工党政策分为两个阶段。第一个阶段，政策设定标准水平的前期费用，然后用本应偿还的研究生可变费用替换前期费用，所有的大学收费大致相同，避免了价格竞争。但是当时时任工党教育部长，提出附加费用的查尔斯·克拉克（Charles Clarke），支持对大学进行私人投资，他很小心，不想让大学的功能私有化。然而联合政府依据价格进行了市场区分，在人文和社会科学学科上（C级和D级）完全废除了教学整体补助款，自2012年至2013年开始生效，用可变费用（每年达到9000英镑）替换附加费用进行市场区分。高等教育入学时一直是免费，但是国家-保障贷款系统要求通过扣除收入税偿还超过收入门槛的费用。[①] 知名大学都赞同这项政策，因为这项政策使这些大学因其"产品"的高额费用收取更

[①] 收入门槛是21 000英镑，现在为15 000英镑。比较英国和其他欧洲国家在学生上的教育成本很有意思。在欧盟国家中，英国为9000英镑，折合为10 360欧元，但是德国为1000欧元，法国169欧元，西班牙的9欧元至16欧元之间，荷兰1627欧元，意大利850欧元，斯洛文尼亚30欧元，丹麦0欧元（引用自《泰晤士高等教育》2011年6月2日）。

高的价格——意味着大学在其帮助创立的公立大学系统的衰退中串通一气——而且政府也介入市场以阻止大学形成垄断联盟征收同样的费用。所谓"核心和边缘"政策已经产生了市场区分，一段时间好像大部分大学都选择最高的9000英镑。大学在继续教育学院中开放竞争，到2011年11月，尤其向削减价格的学院提供了2000名学生名额（其中一半是继续教育学院申请的）。① 经济刺激手段也被很快应用到说服大学收取少于最大额度费用上（通过允许这些大学招收更多的学生），让精英大学自由招收达到AAB成绩的最优质学生。已经提出这将会在2013年至2014年适用在ABB成绩的学生身上，意味着大约1/3的学生名额会超过招收人数，增加了大学之间的竞争，因为多余的人数可以用来鼓励一些大学降低费用以增加它们的机会。政府通过操纵某一所大学招收学生人数的能力进行市场干预，因此当可变费用不确定的时候就造成了市场区分。

废除整体补助款并不是把公共财政上的花销作为应对财政限制的成本-削减策略转移到消费者身上，我们已经看到，公共财政的负担并不轻松：学术批评家们是对的，他们指出这项政策实际已经在中短期增加了成本。大卫·威利茨（David Willetts, 2012: 31）已经承认费用比补偿整体补助款损失更高。可变费用并不是减少政府花销而是接受高等教育的市场化——依据价格、价值和花费进行大学划分，因此学习经历成为一种供求关系的商品而不是国家规划。简言之，费用就是新自由主义的构想。

因此，要使市场划分顺利进行，大学需要有表现指标（譬如教学质量评估、学生满意度调查、科研质量评估、影响力测评政策、成绩排名册、世界排名、女王周年奖和《泰晤士高等教育》奖，包括"年度大学"评选），也要遵从选择性和聚集性的政策（依据调控研究委员会资金，以及高质量研究资金的收入——比如质量和可靠性（QR）——和研

---

① 2012年12月政府宣布这些名额中有9547个被分配给继续教育学院，分散到大约申请的167个学院的其中143个。

究生奖学金)。① 这告诉"消费者们"要做出价值判断，不同大学征收不同价格。对于大学质量的判断源自这些大学收取多少费用，会提供什么样的"商品"。因此，金钱-价值估算可以由消费者、出资者和政府做出。以这些方式，政府已经给大学提供了教育管理者急切期望使用的市场和产品区分。

产品区分影响着大学作为"供应者""卖出""商品"的多少。商业行话指管理者确定其学位的"教育属性"——阿伯丁大学定义为"阿伯丁毕业生属性"（见 http：//www. abdn. ac. uk/graduatea-ttributes）——大学学位的不同属性、"创新课程"以及特定学位的价值附加和大学"独特的""学习经历"所提供的东西。因此，除此以外，大学还强调新图书馆和24小时的图书馆配套设施、大学信息技术配置的规模、新的体育设施、豪华的住宿条件和城市中夜生活的吸引力。所谓"新一代课程"的墨尔本模式，或者像阿伯丁大学称这些课程为"6世纪课程"，采用了产品区分以便以"宽度"而不是狭窄的专门研究来找到市场定位。产品区分曾经只依据质量；现在则由管理的商业导向模式在市场上出售给我们。

大学所采用的管理的商业导向模式只强调对高等教育的金钱-价值的方法，其中市场化寻找机会以一个整体存在于部门中。管理的商业导向模式以很多方式展示自身。教育管理者忙于定义每一位职员级别的角色属性、我们课程的目的和目标、职员因其对价值和价格的贡献被评估的表现测评。教育管理者愿意在每一所大学中使用市场区分，因为大学的各个"部门"是由它们的质量贡献来评估，根据其效率和花费来评定，用金钱-价值的资源分配计算选择关闭或者因为财政不足而削减。学术标准似乎被放在财政标准之后：因此一些大学关闭了它们的书店——不用

---

① 经济和社会研究委员会（ESRC）颁发的研究生奖学金集中在一些已经被认可的博士培训中心。苏格兰政府已经宣布政府将会只给苏格兰博士培训中心提供奖学金。罗素大学集团中的大学会成为这一决策的主要受益者。这从根本上背离了2008年科研质量评估的相关情况，后来工党政府承诺不论基于何种局部优势都会资助质量和可靠性（QR）。集中性政策与研究活动应该是跨机构甚至跨国家的趋势背道而驰。机构层面上对资源的竞争使得仅在有限环境下才能进行合作。

再与亚马逊网站竞争市场——而换成了比如肯德基快餐店窗口①,其他一些大学"除非强调经济上的技能差距"则都被换成了研究生课程。②

商业导向的大学管理的另一个方面就是使用商业话语解释其市场划分。就像奖学金一样,大学通过如 USPs（独特卖点）、企业品牌、"品牌承诺"、"品牌口号"③、宗旨、"市场投资组合"、"价值定位"以及商标寻求"市场和产品划分"——根据一位专门研究大学企业品牌管理咨询者的说法,目的是让大学"火起来"（见插页4）。莫利调查机构首席执行官本·佩奇（Ben Page）在2012年2月教育服务大会上的发言就建议大学采用超市的品牌策略（即大学想学生所想,就像消费者从货架上购买奶油饼干一样）。④

插页4　大学部门的企业品牌

科罗拉多州丹佛市的品牌顾问集团（http://www.brandEDus.net）,其"品牌口号"是"从里到外品牌化",致力于帮助有企业品牌需求的大学。在网上可以查到一份由校长和首席战略家雷克斯·威斯曼（Rex Whisman）刊载的文章,名为"内在品牌：一所大学最有价值的有形资产"（http://www.brand channel.com/images/papers/460_Internal_Branding_final.pdf）。公司为大学合理地利用市场策略找到了理由。文章开篇写道：

---

① 谢菲尔德大学突然关闭其书店后,在学生中做的一项民意调查发现人文学科和社会科学专业的学生支持大学用书店来帮助人们研究,但是科学、技术和商业研究专业的学生并不这样认为。图书文化中学科研究的人应该会珍视书店；遗憾的是他们的需求得让步于财政问题。

② 后者是伦敦城市大学的一个参照,其2011年在研究生教育和研究回顾的期中报告提出为了"避免市场份额的进一步损失",所有研究生课程在未来必须来自"学生、雇佣者和其他利益相关者的明显要求,致力于经济中的技能差别以及展示良好职业和收入成果"（引用自《泰晤士高等教育》,2011年12月15日第11页）。

③ 由英国各大学设计的品牌口号包括"庆贺50年的卓越"、"卓越的成就"、"我们是特别的"、"没有成为精英者的精英"、"形成在过去,创造在未来"、"知识、创新和进取精神"、"重视卓越,继续投入"、"让你自己与众不同"、"引领道路"、"超越传统"、"有用学习的地方"和"充满可能性的地方"。

④ 引自《泰晤士高等教育》,2012年3月8日第12页。

大学现在发现自己在为生源相互竞争，在因为许多因素而变得越来越复杂的市场中维持其运转。首先，大学的目标受众受到各式各样的市场信息和消费者信息的狂轰滥炸——始于"最好"学校和"顶级"课程的排名系统。受众也比其上一代更加推崇品牌效应。实际上，今天的学生广泛接触到各种不同的消费者品牌，不管是苹果、诺基亚、美国潮牌 Urban Outfitters 或者英国品牌维珍（Virgin）。任何想要在这个集团中脱颖而出的机构都要记住人们对真实信息具有敏感性，而市场信息又具有复杂性。使事情变得甚至更加复杂的是人口统计变化在世界很多地区正在改变市场。比如，在很多欧洲国家，人口老龄化问题凸显，甚至在美国这样生育高峰期出生的儿童入学达到创记录人数的国家也一样，据调查大学申请者人数今年会开始减少。所有这些刚好发生在全球许多政府正在减少投入高等教育资源的时候。换句话说，大学之间的竞争正在变得越来越严峻。结果就是高等院校明白了对申请的学生必须担负更大的责任。它们意识到，就像企业界以盈利为目的的实体，它们也必须有持续性策略。许多大学已经转向用品牌打开出路。实际上，在20世纪的最后几年，品牌化成为了高等教育词典中的一部分，而现在，世界大部分高等院校都有一套品牌策略——商标的重新设计、吸引人的标题和流行广告活动——引人注目而且活力四射。

来自品牌咨询集团 Lloyd Northover 的吉姆·诺斯欧瓦（Jim Northover）使用2012年《泰晤士高等教育》刊载的世界排名推动高等教育部门中的品牌化来"把小麦从谷粒中剥出来"（Northover，2012：26）。

品牌专家对于"帮助大学做产品划分"的呼吁与市场化相关，正如诺斯欧瓦（Northover）写道，"在市场环境中，品牌化很重要"（2012：26）。坦普尔（Temple，2011）在最近的大学品牌化综述中给出的评定不怎么乐观，他认为大学知名度是由学术能力而非品牌来衡量。他对品牌咨询者颇有微词，认为他们浪费了大学的时间和金钱。然而，市场划分说动了对立面的教育管理者：《泰晤士高等教育》在信息自由下发布的

第三章 社会科学学科面对的威胁是什么？

数字指出，兰卡斯特大学2010年至2011年在"品牌管理"上花费了135 000英镑，巴斯斯巴大学花费了80256英镑。①

为了确保不同的指标上的表现看起来好看，教育管理者压力重重，把大学变成了监控的监狱，大学的财务主管就是其中的狱卒。要区分这种新式大学，金斯伯格（Ginsberg, 2011）所指的是他所称的"行政型大学"的大学，在这种大学中行政管理将大学商业化，教育管理者因为专业学者的反对而质疑他们，竭尽所能削除学术自主性，运营大学以增加他们自己的薪金、声誉和学生数量。那些反对的人成了过时的"老派学者"。我认为，目标搞错了。行政人员的人数大大增加，仅仅是因为他们实施市场化而不是坚决致力于夸大他们自身就在大学中占据了主导地位。行政人员只是典狱长，监狱系统给予他们的权力就是市场化。②

现代大学中绩效问责的多层属性催生出很多监狱看守，员工必须参加"培训"来撰写"怎样获得影响力"，提交日常科研和教学反思，提交"发展导向"的评价和年终科研综述，完成无止境的材料汇报他们的活动，现在还要告知管理人员他们全年的行踪，不然就是在校园中某段特定的时间他们去哪儿了。工作分配模式可以量化指标，依据员工的贡献进行量化分析，忘记了一些重要的东西是不能仅仅被量化的（因此无法被承认）。

大学中商业化术语的使用已经产生了深远影响。教务主任是现在的首席营运官，资深专业学者也把"知识转移"和"国际化"加在他们的办公室头衔上。员工被要求"挑战极限"和"解放思想"，要"向外"，进行"开阔思维"并且"迎接变革"。我曾经听过一位资深教育管理者

---

① 报道于2012年1月5日第13页。所有这些聪明的手段都来自教育管理者的论断，即大学在排名表中的位置与品牌有关，与排名表有关而没有反映出知名度。

② 英国高等教育统计局（HESA）2009年至2010年发布的数字指出大学所聘用的人员总数在过去的前两年下降了2%，助理职员受重击最大，下降了14%，学术职员下降了1%。相反，学生后勤和人力资源部门职员却增长了14%，公关部和市场部职员增加了5%（《泰晤士高等教育》2012年1月26日第13页）。用来比较的时间越长，结果越糟糕。2004年4月和2009年10月的比较指出相较于学术人员19.2%的增幅，"管理者"的人数上升了40%，即每9名学者中就有一名行政人员，而2003年至2004年度每11名学者中才有1名行政人员（《泰晤士高等教育》2012年3月8日第12页）。

说过，学生是"顾客"或者"消费者"，但是大学管理处和大学理事会也经常叫做商业领导和实业家。由斯汤顿（Stautson）和莫里什（Morrish）（2010）所做的大学任务综述的话语研究指出，他们采用了大概25个名词中的一个词汇，用12个不同的形容词修饰，其中最主要的是"卓越"、"质量"、"影响力"、"顶尖"、"前沿"和"国际重要性"，但是他们确实没怎么提出"学术自由"和"知识人才"。然而，似乎没有人会为罗宾斯勋爵在其1963年在高等教育上的报告中具有深刻影响的观点辩护，即"反身性研究"——"花时间考虑"——对大学生活至关重要。

然而，这种话语转换仅仅是更广阔的文化转向的征兆。随着市场化的深入，大学的姿态已经开始衰落。我的意思是不仅仅是随着不满意程度的增加而怨声载道；我怀疑专业学者一直是一群易怒的人。我的观点是关于在标志着大学文化的话语实践中做出改变。爱尔兰皇家研究院将其人文和社会科学学科称为"文雅的文献和文字"，这是一种对学术文化的回忆，不仅仅是这其中一个学科主题被细分，而且也曾以一种特别的无序方式实施下去。

既然学术价值已经让步于市场价值，而且商业就是价值的交易，大学的姿态已经随之消失了。市场化已经在很多方面改变了大学的标志和文化：大学文化的人种志研究仍然呼吁被记载下来（尽管 Watson 在2011年差不多做到了）。来自迪恩森林地区的一位名不见经传的小说家约翰·摩尔（John Moore，1907—1967）于1965年发行了一部不怎么出名的作品《地面下的水源》（*The Waters Under the Earth*），唤起了对这一地区的乡村生活的回忆，他使用红松鼠的减少作为农业快速工业化的比喻，这种工业化极大改变了二战后的英国乡村。大学学术交流室的消失在现代大学中也差不多有同样的意义。

这样的学术交流室现在已不复存在，除非是在一些大学当作纪念品保留下来，更不必说它所象征的"文雅的"叙述文化了。即使是对那些员工，使用钢笔仍然是他们的一项技能，他们也要做研究，现在仍在办公桌前吃午餐，在紧闭的大门后工作，对花时间满足大学管理者最新的调查要求也不再抱有幻想。技能已经在一定程度上造成了大学市民文化

第三章 社会科学学科面对的威胁是什么？

的缺失；太向工会化发展，正如工作已经从技艺性职业转向了许多从业者意识中的交易——这样，现在学者无法变成管理者和员工就是他们把彼此当作了同行。但是市场化已经成为价值改变的主要来源；高姿态要给市场的专制让位。①

然而，大学能够通过国内市场划分自己以满足供求关系，利用国内市场仅仅是市场化的一部分。第二个特点就是使大学面向国外市场。这包括两种形式：对大学的个人投资和盈利性大学的出现。前者为了与其他公立机构和慈善事业竞争而从赞助人、上市公司和个人捐助者那里获得资金，在大学进行企业式运作，出卖股权用以命名董事会，科研机构、建筑物和图书馆，有时甚至是大学本身的名字，目的是让个人捐助者花钱来补贴微薄的公共资源。② 值得注意的是企业化的大学副教授总是在新建筑物而不是科研能力上留下他们的功绩，他们更注重图书馆而不是使用的人，因为这样他们的影响力似乎留存得更久。新建筑物——经常以赞助人的名字而不是以学者的名字命名——确实重要，但是使用这些新建筑的科研人员和教师也同样重要。

请允许我转移一下话题，谈谈哈利法克斯市的足球俱乐部。这家俱乐部有一个令人印象深刻的足球体育场，证明了其过去的辉煌岁月——他们曾经击败过曼彻斯特联队，以2∶1的比分赢得了欧洲杯冠军——但是球员的实力日渐下降，不仅再没打入过联赛，还从联赛中退出了。球员纷纷破产，被归入下面三个部门。现在他们都为其他球队效力，赛前在简易棚换衣服，赛后也只能使用简陋的浴室。如果人们在其中所做的都不是一流的，那么拥有一流的建筑物也就没有意义了。如果对待专业学者就好像他们所做的就是生产奶油饼干这样的事，绝不可能培养出卓

---

① 许多专业学者害怕大学教育的商品化也会降低标准（Furedi, 2012）。无论什么地方顾客都是上帝，学生评价成了重中之重，除非严格管理，否则很容易出现填鸭式灌输、低能化和分数造假。西摩·马丁·利普塞特（Seymour Martin Lipset）曾经指出选举是阶级斗争的民主化解释。同样，关于降低标准的争论就是担心教育商品化所带来负面影响力的一个缩影。

② 一些牛津大学和剑桥大学的学院为了向捐助者表示敬意，已经改了自己的名字，如剑桥大学罗宾逊学院、牛津大学凯洛格学院和格林学院，以前的利物浦科技学院也被改成了利物浦约翰·摩尔学院，尽管这并不是因为赞助的原因。

越的人和事。这个故事的寓意告诉我们,大学中是专业学者而不是管理大学的商业化市场营销者造就了优秀的大学。当然,教育管理者很自然地会反驳这一观点。英国研究委员会(RCUK)的里克·赖兰斯(Rick Rylance)教授在 2012 年 1 月 19 日的《英国独立报》针对研究生的活页部分上写道,他认为"在每一个突破背后都有一座一流的建筑"。说我太天真也好,但是一流的思想也对其有所帮助。

然而,面对来自其他出资者的市场竞争也许是国外市场中最危险的因素。其中有两种方式说明。第一,一些英国的大学把自己塑造为出资者候选人,为了从国际学生市场中受益,在公开市场中与当地出资人合作在海外建立分校区。① 作为回报,一些国外非盈利性的私立大学在英国也有校区来吸引英国的学生。比如,印度的友好私立大学有 6 个"国际"校区,其中一所商学院在伦敦。美国的大学现在已经在英国进行了一段时间的合作,但是主要针对想要出国念书的美国学生。2011 年,在英国的美国留学协会项目有 118 家分支机构。美国盈利机构赞助人在英国也有项目,如美国外交研究所仅针对在英国学习的美国学生。

更危险的是第二种发展,盈利机构出资者已经被允许在英国设立机构,与针对本地学生的英国大学相互竞争;越来越多的出资者正在尝试这样做。大学 1992 年后设立的部门在与私立机构的竞争中尤其不堪一击。偏右翼智囊团的政策交流研究会将自己描述为独立的中立教育慈善团体,但是得到了保守党的强烈支持(其首脑人物引自其网站的照片都一脸微笑),于 2010 年发布了一篇为私立机构所写的报告《财政紧缩中的高等教育:私立机构的角色》(http://www.policyexchange.org.uj/publications/publication.cgi? id = 212),随之产生了一些想象中的恐惧(比如,害怕会出现私人资助的"大社会大学")。然而迈克杰提根

---

① 其中有诺丁汉大学(在马来西亚和中国)、米德尔塞克斯大学(在迪拜和毛里求斯)以及纽卡斯尔大学(在马来西亚)。无国界高等教育中心自 2002 年开始就已经在海外校区的发展上发布了报告。最近的一份报告指出 2009 年 9 月有 162 个国际分校区,三年后增长了 43%.在这些国际分校区中,美国 78 所,澳大利亚 14 所,英国 13 所,法国 11 所,印度 11 所。最近几年也关闭了 14 所国际分校区。(见《泰晤士高等教育》2011 年 2 月 3 日 http://www.timeshighereducation.co.uk/story.asp? storycode = 415018。)

(McGettigan，2011)在另一方面说的非常正确，有一点值得引起注意，即政府一直通过其在市场供应一方上的操控来压低价格，误导了高等教育的市场。学生贷款公司（SLC）已经承诺在盈利性出资者领域为学生提供贷款，① 包括在还没有学位授予权的机构。这也可以在联合商业、创新和技能部门关于削减全日制学生人数的建议书中看到，法律规定组成一所大学的人数是从 1000 人到 4000 人，其中仅有 750 人对学位有需求，这样就有可能与许多更小的盈利性机构和公司展开竞争。

此刻，唯一一家具备学位授予权的盈利性企业 BBP，已经被大卫·威利茨（David Willetts）在其上任的同时就给予了"高校"的头衔，但是 BBP 将自己限定在商业和法律领域，尽管蒙塔古（Montague）私人股本 2012 年以两亿英镑获得了法学院，这是另一家具有学位授予权的私立机构，但是至今仍是非盈利性的（见 Thornton，2011；从法学教学的角度研究私有化影响力）。有一些本科类教学机构不注重科研，与大学的观念相悖。② 然而，众所周知，政府已经在与其他对以下 BBP 盈利性企业有兴趣的公司商议，2012 年 1 月，经营大学的商业、创新和技能部门

---

① 大卫·威利茨（David Willetts）在 2011 年 12 月 22 日的《泰晤士高等教育》上给出了议会回答，指出 5900 名学生获得了贷款出席"可选赞助者"，在去年达到了 40%。2012 年 6 月指示出 2011 年至 2012 年的人数增加到了 9366 人。2010 年至 2011 年度英国 BPP 大学从学生贷款公司（SLC）获得了 200 万英镑的学费和生活费贷款，大卫·威利茨（David Willetts）宣称学生在 2012 年至 2013 年度纳税人贴息贷款上每年最多可以贷款 6000 英镑，而 2011 年至 2012 年度为 3375 英镑（《泰晤士高等教育》2012 年 3 月 1 日第 9 页）。2012 年至 2011 年度 7 所私立机构的学生从学生贷款公司（SLC）获得了超过 100 万英镑的贷款，尽管其中只有 5 所机构有学位授予权。但是并不是所有这些机构都是盈利性赞助者。摩根（Morgan，2012：39）引用英国高等教育统计局（HESA）的数字，指出 2009 年至 2010 年度的 65 家私立机构有 37 738 名学生，大部分涉及商业、管理和法律。一开始这些私立机构中只有 11 家接受高等教育质量保障局（QAA）的机构审查。因此，私立机构可以获得学位授予权，吸引有纳税人贴息补助的学生，但是可以免除已有公平准入政策，逃避使公共高等教育机构受限的监管体系（Morgan，2012：41）。然而，这个问题引起的争议使政府将其纳入相同的监管，在招生人数上也做了限定。

② 美国主要的盈利性机构科研成果非常少，人们关心这些机构是否有资格被称为"大学"。昆廷·汉利（Quentin Hanley）大学在 2012 年 2 月 16 日的《泰晤士高等教育》中对汤森路透公司数据库由那里的主要盈利性赞助机构的员工所做的科研报告的引用次数进行了研究，并没有找到很好的引用文章。凤凰城大学的不到 200 篇论文中，自 1993 年总共引用了 700 次，卡普兰大学 100 篇论文，引用次数刚刚超过 500 次，阿尔格西大学情况好一点，200 篇论文引用超过 1000 次。昆廷·汉利（Quentin Hanley）大学被引用来指出其是"本质上就不侧重科研的机构"，不应该被称作大学（第 7 页）。

对科研做出了一种补偿，为科研提供一幅"私人和其他出资者高等教育设施的全景图"。有人怀疑政府担心美国的例子，在美国盈利性赞助机构中低收入学生的人数和贷款拖欠率不成比例。

拥有 BPP 大学的阿波罗集团是一家美国企业，旗下运营的凤凰城大学，也是美国最大的盈利性机构。《泰晤士高等教育》在 2011 年 6 月 2 日报道，其一直到 2011 年 3 月的年度报表指出，由于预期学生人数减少，BPP 大学的价值下跌了 1 亿 7 千零 40 万美元。盈利性高等教育机构在美国更常见，入学学生超过 300 万人，大约是美国高校人数的 10%，其中大部分都是低收入、非传统学生，他们付不起非盈利私立或者公立高等院校的费用（引用自马库斯［Marcus］，2011：40-43）。然而英国政府已经开始与诸如卡普兰高等教育集团和阿波罗集团这样的公司商议在英国降低价格，具有讽刺意味的是，在美国这些盈利性赞助机构正在其运行中努力抵制州政府和联邦政府的管束。马库斯（Marcus，2011：40）在报告中指出，美国 11 个州都在调查盈利性机构的商业运作，包括计划虚报和成果造假。卡普兰高等教育集团近期也在否认有关伪造记录掩盖高退学率的做法。英国大学部门国家管控力度有效地阻止了美国盈利性私立机构进入英国的汹涌势头（在公众揭露缺乏高等教育质量保障局监管后，截止至 2012 年 6 月政府被迫将私立机构纳入各州政府管控）。

关于这些市场化政策有一些值得我们注意的地方：国内市场和国外市场都不是真正的市场。首先这不是良好的竞争，因为"价格"并非由市场本身设定，而是由政府设定。各个大学已经被告知它们所能收取的费用参照；而且政府也在干预市场以压低价格。高等教育机构想收取超过 6000 英镑的费用必须要得到许可（来自公平入学办公室，一个国有机构）。有时候英国权力下放导致甚至更加不良的竞争，各个大学被告知对谁它们不能收取商品费用。比如，在苏格兰，对苏格兰本地的学生实行免费，而对那些来自威尔士和北爱尔兰的学生收取费用。因此，不管是价格还是买方都受操控，不是根据供求关系而定，而是由市场环境下的外围管理者制定。根据他们的生活地，英国学生在购买"商品"上要么免费，要么得付一大笔费用：意思是高等教育中有好几个市场，而不是仅有一个。换句话说，价格并不是由市场决定的。

　　需求也是固定的。政府调控需求更进一步说明市场的人为性。它可以管控允许进入英国的外国留学生的人数（通过实行更严格的签证管控收紧留学政策），操控"本地"市场提供 2000 个减免名额，其中一些在继续教育部门，以刺激底端需求压低价格，为那些成绩优异的资优生取消最大学生人数限额，如果大学多招了成绩不优异的学生就会处罚高等教育机构。2011 年至 2012 年度，英格兰的 40 所大学因在学年扩招一共被罚了 2100 万英镑，数据显示一共只有 5750 名学生，前一年 14 所大学罚款数也有 800 万英镑。其中一所大学在 2009 年至 2010 年度被扣掉 340 万英镑，因为多招了 913 名学生（《泰晤士高等教育》2011 年 4 月 7 日）。① 正如《泰晤士高等教育》述评中写到，这是一个很滑稽的老式市场机制，其中国家可以干预热门大学招生。这种情况在 2011—2012 年愈演愈烈，因为各个高校害怕因为出台 2012—2013 年度的费用支付和扩招补偿而致使申请人数减少。2011—2012 年度仅伦敦城市大学一所大学就因为扩招被罚了 590 万英镑。值得注意的是，私立大学以前都不受招生人数限制，可以招收提前经政府许可的纳税人支持的学生，不限定名额和课程，但是这个市场优势在 2012 年就被取消了。

　　价值在这种市场中也不是透明的，这与自由市场的主要特点相悖，即要求商品的价值应该立即被购买者知晓以确保合理化交易。从学位和更广泛的"学习经历"中获得的好处只有随时间的推移展现出来，而且决定从哪位卖家那里购买哪样商品，进入哪所大学所依据的信息都不完善。在 2011 年 5 月 26 日的《泰晤士高等教育》上，大卫·威利茨（David Willetts）为其政府提议辩护，认为这些提议能够让学生成为预期买家，在进入市场前发问："我在为什么付钱？"他们不知道这些，也无法知道。为了帮助"消费者们"获得必须的信息做出"最好的"市场抉择，各个大学必须要提供 2012—2013 年度的关键信息整合（KIS）（见http：//www.hefece.ac.uk/learning/infohe/kis.htm），包括学生满意度数

---

① 这项政策尤其会影响到那些通过补录招生的大学，因为这使它们更难计划学生人数，尽管至少有一所罗素大学联盟中的高校在 2011 年至 2012 年度也被处罚了。

据、课程信息、就业和薪资数据、住宿费用、财政信息比如费用、学生会信息。高等教育基金会（HEFCE）在其网站上给大学提供了一个展示这个数据的模板。这个信息是否需要学生来做出价值判断已经无关紧要了；当信息被提供出来，价值就不可能被估算出来，因为商品的价值并不是透明的。①

所有这些使得高等教育市场人为化程度很高。经济学告诉我们完美的"真实"市场少之又少，因为总是会有一些法律条规的约束。然而，大部分时间这个法律框架通过消除垄断竞争、非法市场和垄断联盟等手段确保竞争更加公平。因为是固定模式，高等教育的市场化以不公平竞争结束。高等教育中竞争的荒谬做法并没有比大学部长大卫·威利茨（David Willetts）和负责运行大学的商业、创新和技能的国务卿文斯·凯布尔（Vince Cable）的抱怨展示得更好，他们认为大学通过修订其模式安排正在试图把继续教育学院挤出"商业"学位授予的队伍，这是一种"反竞争行为"，现在受操控的竞争正是整个高等教育市场的基础原则。当然，联合政府所关心的问题是应该由它们而不是大学来操控这一原则。它们所提供的2000个入学名额要被拍卖给各个机构，收取少于7500英镑学费的费用，让继续教育学院来竞标，这样的做法正是人为操控市场。2011年8月纽卡斯尔学院和达勒姆新学院是第一批被给予基础学位授予的继续教育学院，2012年2月政府宣布这些可投标名额的一半都给了提出申请的167所继续教育学院中的143所，比如，纽卡斯尔学院获得了更多的名额（260个名额），超过了与其相邻的诺森比亚大学（235个名额）。

引入竞争定位，然后又责难大学之间的竞争，这显然是非常可笑的——没有什么能够更好地解释高等教育的市场是多么的人为化这一指责。大学认证委员会的职责就是监督大学设置，认证继续教育学院的学位课程，主席是詹姆斯·温特（James Winter）先生，他应大学"被告知表现得像在自由市场中"（《泰晤士高等教育》2012年2月16日第17

---

① 给价值估算带来困难的是这种信息中的一部分众所周知非常难收集，而且在任何可靠方式中也很难核实，尤其是学生的目的调查、平均薪资水平和研究生层次的就业。

页）这一论断做出了评论，联合政府完全知道这不是一个自由市场——它们正以每一种可能的手段操纵这一市场。

市场的政府操控说明现在的市场化政策上还有其他非常重要的方面：市场化包括通过整体补助款和撤回公共资金，但这并不是说没有政府管控了。乍一看，这种管控在进入市场的目的上似乎完全是相反的。在真实的市场中，有许多供应商本来是卖同一种商品，竞争激烈，价格下跌。这就是政府想在高等教育中（顺便提一下国家卫生系统）获得的状态。但是在政府严格管控下的市场，竞争性都比较低，因为市场分化被法律和规则缩小了。在这种情况下，竞争就成了一种幻觉，以一种美化的要求存在而并不是一种真实的市场行为。以经济术语来说，高等教育市场形成了一种买方垄断（一个强大的消费者可以控制市场需求，就像一个本地农户在超级市场链中的位置）——与垄断相反（只有一个供应商）——政府表现得就像一个强大的消费者，能够操控市场需求。因此，对于所有它们找到市场定位的商业说法，英国大学所提供的东西仍然是大同小异。

在高度管控的大学体系中，英国高等教育保留了其中之一（Burawoy，2011）。在欧洲，法国和希腊的大学更集权化，在那里专业学者是公务员，但是传统意义上，英国的大学有自主权：它们仍可以做一些事情，像职员的任命（包括大学副教授和大学理事会人员）、课程的设置、课程的资料和教授的薪资（本地还可以协商，对所有职员都可以这样）。以前的整体补助款在确保机构自主化上有重要作用，因为在这方面没有多少监控。但是高等教育的市场化正在侵蚀这种自主性。确实，我们在英国经历的市场化的人为操控要求管控。① 高等教育的商品化并

---

① 西蒙·贝克（Simon Baker，2011：33）认为曾经存在于英国大学的官僚风气不过是一块橡皮膏，但是他警告我们大学正在面临着一种处境，即几乎大学生活的每一个方面都将会被基金委员会管控。这来自于给高等教育基金会（HEFCE）的建议，要承担起高等教育质量保障局的质量保障作用，赋予其监督教学质量和保护学生权益的职责，扮演好资助教学和科研、监督大学财政状况的角色，即从资产的管理到内部账目和管理的审查。这会使高等教育基金会（HEFCE）变成像监察人一样在水资源市场和能源市场中协调竞争。他提到前景，认为一些大学可能会更愿意私有化以逃避这种管控。

不是使其变成"商品"的供需关系，与规划很完善的社会下大学教育的管控系统相比是不同的模式。市场化既要求商品化也要求管控。是政府来调控市场，设定市场条件，决定价格和买主。是政府利用业绩指标来调控市场分化机制，在市场中进行价值的不定分配。是政府调控供方，允许盈利性供应商进入市场，也是政府发展了方便衡量市场行为业绩的审计政策。① 自从英国的大学越来越被说服——要求——遵守博洛尼亚协定，使全欧洲的高等教育标准化，管控现在在欧洲和英国政府差不多。当然，管控还没有改变大学中的方方面面的行为。大学现在可能是商业行为，但是有时候也不总是那么商业化。在教学、博士学位管理和科研上还是有一些软肋，但是这是因为避开了管控而不是没有管控。②

结　论

好的社会科学要求好的大学。但是宣称社会科学学科因为审计政策饱受诟病是不可信的，至少不再可信，相较于其他学科领域，随着公立大学的消亡，英国正在见证百年传统的终结；这些传统使英国的大学闻名于世，为国家赢得了声誉和尊重，有助于市民文化的弘扬，以及不得不提的经济和科学的大发展。政府，作为传统的守护者，必须为未来几代人守护传统中珍贵的东西，并且调控不可避免的现代化进程和变革，确保所有的传统将过去有价值的东西珍藏下来，不受任何破坏。传统的守护者使他们自己面对异乎寻常的激烈抨击，因为只要他们疏忽了传统主义者在惯例上认为是好的东西，或者随心所欲地改变重要的传统，这种改变很快，也没有经过精密计划，看起来似乎完全没有道理。正如斯蒂芬·科里尼（Stefan Collini）为一所大学的观点辩护而在结语中写道："我们仅仅是现在这一代的管理人，守护这些丰富的知识遗产，并非由我

---

① 鲍尔（Power, 1997）是一位会计学教授，他很巧妙地说最近的现代社会是一个"审计社会"，因为公共问责和控制是现在我们称为"新自由主义市场化"的必要属性。
② 科里尼（Collini, 2012：134-135）认为管控反而降低了效率，因为管控只放在人们在审计系统中被报道的问题上而不是在需要做的事情上。

们创造——也不该由我们来毁灭"。①

反对市场化的声音很多。有一些值得深思。公立大学的运动（http://publicuniversity.org.uk/）轰轰烈烈；众多会议、工作室和公开讲座都在维护这个准则，即大学教育是一件公共物品。一些老旧的学术社团似乎存在就是为了方便其成员集体聚餐，已经与生活分不开了。不仅学术团体参与进来，工会、大学职员、学生和报刊也都参与进来——但是也许听起来很奇怪——并没有多少资深大学管理者参与。大部分大学的领导对公立大学的破坏置若罔闻，他们只想为自己的机构窃取些市场优势，这也是这些对百年传统的破坏中最糟糕的一点。怯懦、功利、愚钝：有太多词可以加在我们的四种"属性"中了。

我不会再蔑视这一行为，也不会再去揭丑。在这种诉求中，需要一种新的声音。我会在下一章中展示，公立大学现在的衰落可以看作是一次契机，重新构建21世纪社会科学学科的公共价值能够使它们重新崛起。

---

① 这句话中的讽刺意味得好好琢磨一下，因为这种抱怨，即对未来几代人的教育遗产毁坏的是什么，正是针对一位政府部长在一本著作中提出的关于两代间的正义（Willetts, 2010）。

第四章 社会科学的公共价值是什么?

简 介

影响力是一个领域,社会科学学科能够与英国其他的学术文化竞争,甚至胜过它们,前提是能够正确理解影响力,也正是社会科学家们想要做的。但是在影响力的技术意义上在一种更普遍的方法上出现了一个显著变化——尽管怎么测评影响力的问题依旧存在——社会科学家们之间对它的态度因为其与市场化进程的关系并没有得到缓和。因此,我在这一章提出四点要求:(1)英国社会科学发展很好,可以很容易展示其研究的影响力;(2)然而,影响力是研究社会科学的公共价值的一种带有很大缺陷的方法;(3)有必要从社会科学对其公共价值的公共影响中移除有争议的条款;(4)价值可以被解构为几种类型,说明社会科学学科在不同的方法中有其价值。

关注点的这种改变,我认为有四点优势。公共价值组成了一个更好的词使得普遍探讨得以继续;这个词词义丰富,彼此相互融合而不是对立的,这样可以帮助社会科学家们从影响力争议的负面情绪中走出来继续前进;这个词超越了关于影响力争议的本土化形式,即觉得只限于英国,将公共价值的国际论述联系起来;而且这个词勾画了最好的未来以重申 21 世纪原则,即社会科学证明自己在这一原则上在新自由主义推动下使用经济影响力作为效力的唯一测评。我想以探讨影响力议程如何适用于英国社会科学开始这一章内容。

第四章 社会科学的公共价值是什么？

影响力在社会科学研究中的可行性

在 2011 年 10 月 19 日由英国皇家医学会举办的第三届纪念加雷思·罗伯特（Gareth Robert）的科学政策讲座上，大卫·威利茨（David Willetts）在 400 多个领域中挑出三个学科领域，他认为这三个领域是英国在国际水平上"特别具有优势"，即脑部研究、医疗科学和社会科学——这一次公共演讲是为了纪念一位分子电子学科学家。这次机会被用来表明世界级研究者在这些——或者其他——领域上对影响力议程的广泛担忧和怀疑。谈到"卓越研究框架"（REF），威利茨说，"简单一点说，专业学者们会被要求，在超过 15 年时间的卓越研究的基础上，展示他们怎样在其机构之外做出贡献"（见 http：//www. bis. gov. uk/news/speeches/david-willetts-gareth-roberts-science-policy-lecture-2011）。

"在他们工作机构之外的贡献"可以指任何事情，在某种意义上是指每一样事情。高等教育基金会（HEFCE）关于影响力的定义支持一种论断，至少它在"卓越研究框架"（REF）下已经经历过从货币-价值方式到社会-价值方式的转变。正如我们在上一章已经提到过的，高等教育基金会（HEFCE）2011 年 7 月发布的文章《评估框架和提交指南》中 140 和 141 部分（http：//www. hefce. ac. uk/research/ref/pubs/2011/02_11/02_ 11. pdf）提出了影响力的一个非常宽泛的概念。这使一些自然科学家们安下心来，对这个概念十分满意。比如，一位来自帝国理工学院的结构生物学家斯蒂芬·库里（Stephan Curry，2011：31）赞同这一定义，他认为——"它"不再是"仅关于金钱"了。而且回忆一下"卓越研究框架"（REF）中使用的案例研究方法意味着并不是所有回归的人都需要证明影响力。

对社会科学来说，因为其技术意义已经结合了普遍意义，再加上影响力议程这个定义尤为可行（在另一个问题上是否令人满意会马上在后面谈到）。而且这样也不会产生困惑或者很难着手。为了清楚地说明影响力的两个方面我们可以做一个划分，即影响力的进程和影响力的评定。

· 111 ·

进程是指传递影响力的方法，评定是指对影响力的测评。影响力的进程可以被简化成三个问题，也是所有社会科学家在研究中会问他们自己的问题，即使在文化、市场和政府方面的观察和解释只是理论层面的：谁会用到我们的研究？我怎么让他们参与进来？这种参与的效果是/可能是什么？影响力的评定反复出现一个问题。用什么来证明这些效果？这部分以图表形式标注在表 4.1 上，使用了文化、市场和政府来表现社会的广泛特性，第一章中社会科学的一般定义也可以勾画出来。

影响力的这两个方面有三点非常明显。第一，对于给传递影响力的进程下定义这个问题有很多可能的答案。第二，虽然很多并不直接与研究本身或其研究水平相关，但反映出研究者的沟通和宣传技能以及他们和使用者的紧密联系。第三，对于第四个问题，即给其评定下定义这样的问题，更难想象，特别是证明效果必须独立于效果本身，而不是复制效果。要准确地将研究、研究的效果和证明这些效果连接起来得费一番周章。这点重复了第三章中的观察，即测评影响力是影响力中最麻烦的一部分，这个问题已经应用到了"卓越研究框架"（REF）政策，尤其是对这样包容性很广的定义，以便能够缓解由于评定影响力所产生的困惑上的焦虑。

这使得在现在的影响力争议上出现了一个悖论。高等教育基金会（HEFCE）因其意义不宽泛已经放弃了对影响力的货币-价值方法，竭尽全力让影响力看起来似乎可行。影响力进程以及对影响力的评定之间互为对立面，其意义的包容性并不意味着解决了复杂的测评影响力的问题。因此，社会科学社团——我认为这对英国其他的学术文化来说很普通——被拖入了完全不同的方向，理解影响力的进程但是却不能真正测评影响力。因此，坚持影响力评定的一个系统往往都饱受诟病，研究者们也看不到解决影响力进程的可能了。

一些社会科学学科在回答这些问题上比其他同行做得好，回答问题时总是采用特定种类的方式，因为这些学科更倾向"应用型"，也更接近研究的使用者，但是即便有很大影响的政策导向型社会科学学科，像经济领域、商业领域、社会政策和公法都不会以知识转移的形式轻易地加入他们下面的技术衍生公司；

第四章 社会科学的公共价值是什么?

表 4.1 影响力的两面

影响力的进程
谁是我的研究的使用者?
文化 非政府组织、市民社会(全国性和全球性)、受过教育的公民、文化消费者、图书管理员、档案保管员、学校、媒体、公立机构、私立机构、慈善组织、个人、家庭等 **政府** 政府(本地、移交、全国和地区)、政党、政治家、政策制定者、公务员、全国和国际策略等 **市场** 商业、工业、工会、消费者、工人等
我怎样参与其中?
文化 邮件列表、通讯录、网站、社会媒体、公共发言、研讨会、出版物、通俗文体和报刊杂志、收音机、电视、海报、小册子、会议和演示等 **政府** 出版物、简报和报告、工作室、研讨会、通俗文体、演示等 **市场** 与上述相同
什么是/可能是这种参与的效果?
文化 行为和追求、理解、公民和人文价值、公开辩论、公共利益、共同信念、卫生和福利、养生保健、在校表现、家庭关系等 **政府** 基于证据的政策、管理和使用公共资源、决策制定、战略思维等 **市场** 知识转移、子公司、产品发展、基于证据的市场行为和策略、决策制定、经济和人文资源管理、产业关系、消费者行为和选择、争议管理等

续表

影响力的评定
怎样证明这些效果
文化 研究申请、在行为、信念、价值和公民实践上的影响等
政府 政策、实践、评估、改进的公共选举制和问责制等
市场 知识转移、商业和产业中的政策和实践、战略思维、产业关系、冲突规避和争议管理，消费者评估等

而且非政策导向的社会科学学科并不缺少以某种形式展示影响力的机会。没有哪一个"应用型"和"纯粹的"社会科学领域认为容易。政策影响力通常最难被归属到某一特定的研究中，但是影响力的其他形式，比如行为、价值或信念改变很难为其找到具体的证据。有些基于社会科学的衍生公司，如部分隶属于莱斯特大学永久性研究和国际咨询的公司，就是由彼得·吉尔从其中犯罪学研究中发展起来的（见 http：//www.perpetuitygroup.com），致力于安全管理、风险管理和犯罪规避，除此以外，进行与商业犯罪相关的评估研究。经济学、商业和管理上的风险分析以及安全研究已经在其他地方催生出类似的衍生公司。然而，这些都是少数企业。更常见的是效果难以说清，却硬说具有影响力。

专业协会、学术社团和融资机构已经非常肯定开展案例研究以证明具有影响力的社会科学，其中一些很明显带着迎合的意图。在英国国家学术院给女王的两封信件中，一封署名是蒂姆·贝斯利（Tim Besley）（经济学家）和彼得·亨尼斯（Peter Hennessy）（文化历史学家），日期是 2009 年 7 月 22 日，以此来回应 2008 年 11 月女王在伦敦大学政治经济学院（LSE）指责经济学家们没有预料到信贷危机的出现，将她的注意力转向七个月后由英国国家学术院举办的研讨会上提出的话题。前几年尽出现一些不常见的类似事例。①

2009 年由高等教育基金会（HEFCE）和确保英国大学一流研究的英国大学联合会（UUK）（见 http：//wwe. hefce. ac. uk/research/funding/refund/QR. pdf）共同撰写了一份报告，考虑到两个机构在学费上采取相同的政策，这份报告现在看起来有点讽刺，报告试图指出以前的整体补助款给英国的大学带来了什么样的积极影响。报告最大的特点是借用了社会科学的两个案例研究（大部分情况下都是自然科学和医学）：罗汉普顿大学在广泛地由政府和公民社会组织进行的"荣誉处决"上的研究，以及埃克塞特大学在英国出生的年轻人中对伊斯兰教极端化的研究。2010 年英国研究委员会（RCUK）在其发表的《影响力：人和技能》（*Impact：People and Skills*）(http：//www. rcuk. ac. uk/documents/framework/impacts-peopleandshills. pdf) 一书中描绘出了许多来自不同学科的研究者，他们的研究已经以很多方式"在经济和社会产生了影响"，源自他们的"知识、技能和丰富经验在研究中的应用"。这些例子集中在科学和医学上，其中只有三个来自社会科学：可持续发展委员会经济学理事蒂姆·杰克逊（Tim Jackson）教授，经济和社会研究委员会（ESRC）中心有关财政研究院公共政策的微观经济研究处主任理查德·布伦德尔（Richard Blundell）教授，以及艺术与人文研究委员会（AHRC）研究中心有关知识产权和技术法案研究的主任格雷姆·劳里（Graeme Laurie）教授。

人文科学和社会科学的研究主题在这种大众调查中很容易被忽视，因为在医学和科学上很容易证明影响力。因此，服务于人文科学和社会科学的机构都以对它们自身的影响力来回应。英国国家学术院已经行动起来，于 2009 年建立了一个政策中心来开展运动。2004 年，学院发布了一份报告《满载财富》（*That Full Complement of Riches*）（http：//www. britac. ac. uk/policy/full-complement-riches. cfm），旨在展现艺术、人文科

---

① 想要证明影响力的热潮并不仅仅发生在英国，因为它已经传遍整个爱尔兰海。高等教育局和爱尔兰人文和社会科学研究委员会（IRCHSS）于 2009 年发表了《对艺术、人文科学和社会科学的预测》一书来展示它们研究的公共联系。然而，爱尔兰的成本削减措施使爱尔兰人文和社会科学研究委员会（IRCHSS）在 2012 年与其自然科学研究委员会合并，至此不复存在，这样爱尔兰政府所有的研究领域就只有一所研究委员会了。

学和社会科学对财富的贡献，刚好借用了亚当·斯密（Adam Smith）的《国富论》作为报告的标题。2008年，学院又在《挑战极限》(*Punching Our Weight*) 中证实了这一点（http：//www.britac.ac.uk/policy/wilson），审视这些研究领域在政策制定中的角色。艺术与人文研究委员会（AHRC）在2009年发布的报告《引领世界：英国艺术和人文科学研究的经济影响力》(*Leading World：The Economic Impact of UK Arts and Humanities Research*)（http：//www.ahrc.ac.uk/about/policy/documents/leadingtheworld.pdf）中指出艺术和人文学科对英国社会、经济和生活质量的重要性，认为应该继续以各种方式资助这些研究，以期在国际竞争中占有一席之地。RAND欧洲研究会与艺术与人文研究委员会（AHRC）和剑桥大学合作，利用投入回收框架做出评估（见http：//www.rand.org/content/dam/rand/pubs/technical-report/2010/RAND-TR816.pdf）。除此以外，影响力可以通过发生在知识、理解、态度、信念和行为上的变化来测评，也可以通过同行评审、自我报告和对外围受访者的访问来评估。

两个例子可以进一步强调影响力在社会科学上的可行性。英国国家学术院2010年的报告《过去、现在和未来：人文科学和社会科学的公共价值》(*Past, Present and Future：The Public Value of the Humanities and Social Science*)（可见于http：//www.britac.ac.uk/news/news.cfm/newsid/364）把注意力放在了加强政策制定、产生经济影响、解决社会问题、文化价值的认知、面对全球挑战和促进国际了解这些方面的贡献上，借用了这些领域中的10个个案研究。案例研究包含社会边缘化、商业中的人文科学、知识产权和技术法案、战争罪行、多文化主义、博物馆、气候变化、彩礼、贫穷和家庭暴力。每一个个案中宣称的影响力都被详细说明了。这里仅举第一个例子，关于社会边缘化，报告中强调了要改进对社会边缘化的认知，将工党政府和立法的初始保障项目与政策联系起来，并且与内阁政府自己的社会边缘化单位建立合作关系。简单提一下最后这个个案研究，即在乌干达地区彩礼习俗上的人类学研究，影响力来自在彩礼习俗上的宪法夙愿，期望改变乌干达的宪法，在当地社区中与委员会、警察、文化领袖、宗教领袖和其他相关人士举行圆桌会议，更改

第四章 社会科学的公共价值是什么？

立法使彩礼不可退、媒体参与进来、举行与公民团体的各种会议。

英国国家学术院的报告中有 50 多页有关影响力指标的例子。经济和社会研究委员会（ESRC）做了一本口袋大小的卡片册，供政府和商界查阅，标题为《社会科学：因为影响力而卓越》（Social Science：Excellence with Impact）（见 http：//www.esrc.ac.uk/_images/Excellence_with_impact_flyer_tcm8-4599.pdf），其中个案研究可分为三个主题，即硕果累累的经济、健康的社会和持续发展的世界。影响力指标并没有作详细说明，但是在硕果累累的经济这一主题下，还是有一些引人注意的研究，如市场和公共组织中心对青年失业问题上在工资的影响力上所做的研究，对长期失业人群培训的效果研究，由财政研究所在税收和福利模式上的研究，这一模式使政府废除了 10% 的税阶，以及由经济发展中心实施的旨在说服政府最低工资的实行不会导致失业的研究。在健康的社会这一主题下，引起注意的研究包括英国家庭专门调查在次年 12 个月中失业人口再次待业增加的可能性的影响，出生群体调查父母肥胖导致儿童肥胖上的影响，埃文亲子纵向研究，即证明母亲的压力和孩子今后人生中心理和医学疾病的关联，以及足球比赛中的群体管控研究，可以帮助警察以一种不那么对立的方式处理与球迷的冲突。

关于持续性的主题，手册上强调了由经济和社会发展研究委员会（ESRC）资助的研究，如有助于立法的废物处理研究，正在被环保署应用的环境研究，苏塞克斯能源研究小组有助于使用低碳技术的研究，气候变化经济学和政策中心在影响到财政预算的绿色经济政策上的研究，除此以外还有全球不确定因素研究项目，集中在对全球安全的危害和网络犯罪。时任经济和社会发展研究委员会（ESRC）首席长官的伊恩·戴蒙德（Ian Diamond）说过："社会科学研究对英国的核心需求至关重要；经济复苏和技能、安全和恐怖主义、环境可持续发展、帮助我们的儿童在学校成功以及应对老龄化人口问题。"

在我们谈论评定影响力指标前，有必要指出影响力怎样以另一种方式改变实践。大影响力就是大事件。以这些方式展现影响力，现在这样的关注是对那些研究者来说怎样做出有影响力的社会科学。2011 年，英

· 117 ·

国研究委员会（RCUK）在使用者参与的论题上举办了一次会议，并且发布了一个网站（研究成果系统），在这个网站上获得资助的研究者必须详细介绍他们被资助的研究（2006年4月1日后适用于奖励津贴），旨在帮助那些潜在的申请者们构建他们自己研究的影响力。我已经在伦敦政治经济学院（LSE）公共政策小组手册上提到过怎样变得具有影响力（http：//blog.lse.ac.uk/impactofsocialscience/the-handbook），在致力于相同问题的期刊上我也提过。针对知识转移，有培训课程和研究，也有由前任学者组成的咨询小组，会告诉我们怎样获得更多关注。要强调这一点，以剑桥大学的商业研究中心（http：//www.cbr.cam.ac.uk/）举个例子，研究中心已经承担了一系列咨询工作，也发布了几篇以影响力作为研究主题的报告（见 http：//www.cbr.cam.ac.uk/publications/Special_Reports.htm），其中一些与公共与企业经济顾问公司合作，这是一家私人经济顾问公司，在剑桥市和伦敦市都设有办事处，其核心成员都与剑桥大学有关系（其中几个是剑桥大学前任经济学系职员）。

比如，这项研究中的一些是为高等教育基金会（HEFCE）所做，因为他们急需了解谁参与了知识转移并且产生影响。一份发布于2010年的报告《知识交流和公民及社区影响力的产生》（*Knowledge Exchange and the Generation of Civic and Community Impacts*）（见 http：//www.oacec.co.uk/publications/Knowledge_Exchange_and_the_Genera-tion_of_Civic_and_Community_Impacts.pdf），揭示了与公民社团小组共事的女性学者人数可能是男性学者的两倍，其参与的最普遍形式就是为慈善团体提供顾问服务。毋庸置疑，社会科学家们最有可能与慈善组织共事，而自然科学家则最不可能。报告还包括在带有私营企业和公共事业的艺术和人文科学之间建立联系，如美国的知识转移，知识转移和教学之间可能的协同作用，除此以外，还有作为商业信息交流的媒介的大学。甚至还为高等教育基金会（HEFCE）在其产生经济影响的政策上做了一份评估。

用这么多方式，我希望我已经证明了影响力是可行的，是可论证的，而且影响力也是证明我们的研究超越了自身，有实用性的其中一个好的方法。不难想象,社会科学家们具备了解和证明他们影响力的能力,对他们的关注度越高,他们越能得心应手地继续研究。毕竟,社会科学的很多部分已经很适应影响力的说法和内涵。①

像对待公共物品一样建立社会科学的目的和原则也是错误的方式。影响力在研究社会科学的公共价值上本来就是一个漏洞百出的方法。我想用两个阶段继续证明这一论断。在下一个部分,我继续探讨为什么影响力有诟病,接下来我要开始从讨论社会科学的公共影响转到讨论它的公共价值。

社会科学学科中影响力的诟病

在目前为止的讨论中,我提到的关于影响力的方面存在许多实际困难——其多变的意义,测评上的不确定性和不透明性——但是这些都是技术问题,可以想象最终会有有识之士来解决,特别是影响力的技能训练已经出现了一点苗头。② 然而,在影响力的原理上还是有一些问题存在。关于影响力究其核心存在四个无法解决的问题:(1)影响力本来就偏向经济和政策效益;(2)影响力的非线性属性确保其必然没有质量评判;(3)忽略负面和隐匿影响力的讨论只是在绕圈圈;(4)无可避免地与市场化和作为代表新自由主义思潮的审计文化紧密联系。我会轮流一一讨论。

影响力是具有偏向性的。无可避免——几乎是固有的——偏向有利的研究,其影响力更容易证明,主要是由于研究所带来的直接政策效益或者使用者参与。可以从前一部分引用的例子明显看出。这些例子正是学术社团、专业机构和研究委员会用来突出它们的研究的案例——那是他们的做法,不是我的做法。他们自己使用了一个新的词语——"行为

---

① 皇家地理学会的网站上刊登了一套非常有趣的影响个案研究(见 http://www.rgs.org/OurWork/Advocacy+and+Policy/making+the+case+for+geography.htm)。

② 2011年和2012年整年经济和社会研究委员会(ESRC)出资举办了一系列名为"影响之新先锋"的研讨班,旨在找出"不同类型的知识创造和应用是怎样形成影响议程的,包括验证这些知识进程和成果怎样被不同种类的使用者(以及共同制造者)利用而进一步形成和发展的"。

改变政策制定"和"选择环境的改变",也成了新兴词语。这种说法适合联合政府的腔调,其刚刚成立的行为研究小组,也可称为"推动小组"被指责利用行为经济学来说服——或者说刺激——个人在他们的日常生活中做出更好的选择,尤其是在医疗、营养、财富和福利上。这些例子揭示出影响力的偏向,不经意地自然指向指标很少的小范围研究,这些指标对他们的政策效果无疑是有影响力的,也与一小部分有影响力的使用者建立了良好的联系(一些例子一直随着这些使用者反复出现,都是同一名目下的研究者)。我们从过去对科研利用的分析得知无论何时将成果直接应用在政策讨论,科研利用率都会提高,这时候研究者与使用者关系密切,身份也被媒体抬高,尤其把科研人员称为"专家"(见Bechhofer等,2001: 4.3)。然而,有的时候,专家身份只是借来的,被骂一骂也能获得"影响力",只不过头顶的是恶名。

如果成本和报酬依附于影响力,偏向性问题就凸显出来了,因为偏向性使得社会科学很多有影响力的方面要么被忽视,要么因其影响力指标极力想获得更多关注。应用型研究和基础研究的区别并不像想象中的那么明显。贝苛郝佛等人(Bechhofer,2001)分析了爱丁堡大学40个由经济和社会研究委员会(ESRC)资助的项目的成果利用,指出研究大部分并不完全适用于这些分类。并非所有的应用型研究都是仪器类、短时间的有限研究;而基础研究也很少不牵涉一些长期政策。然而,影响力的其中一个负面效果就是影响力在这两种研究之间设置了更严格的界限,将科研人员推向应用项目,因为比较容易看到效益。简言之,影响力将基础研究区分出来。

影响力也是非线性的。高等教育基金会(HEFCE)认识到了这一点,但是却不接受其带来的结果。影响力可以简化为未直接关系研究质量的活动,因为调节影响力的许多进程独立于其成果和成果质量,比如社交网络研究者为了交流他们的成果,与使用者,尤其是有实力的社团联系,使自己深入了解研究者的交际技能和他们之前与那些做结论的人的联系,如政策制定者、媒体和其他使用者,了解这个领域中政策讨论已经敲定或者仍然悬而未决的程度,也要了解使用者如何敏锐地看出研究成果的潜在效益。影响力是偶发的，具有条件性的，带有很多机会和运气的因素。因此，影响力并不能做质量判断，因为有强大影响力的社会科学依靠这些中间因素，而这些因素本身并不指示质量。研究具有影响力仅仅是因为研究受到权威组织重视——或者被他们无视，这样的质量评判标准很不好（正如麦格雷戈［MacGregor，2011：41］在英国药物政策上的观点）。高质量研究的影响力不显著，而低质量研究的影响力却很大。"卓越研究框架"（REF）中使用的同行评审可以用来消除影响力大而质量低的研究。可以想象一下质量不高却又具有影响力的研究是怎样被鉴别出来的，但是测评影响力的问题让与之相反的研究问题更大了——即对于没有明显影响力的高质量研究的鉴别指标。这个难题的答案也许就是并不是所有提交申请的人被要求在"卓越研究框架"（REF）中展示其研究的影响力，但是得排除来自影响力个案中高质量低影响力的研究在一开始就断定其没有什么影响力。

这一点让我在不经意间想到另一点。影响力是循环性的。当研究影响到政策并带来明显的收益时，就会产生影响力，这些政策效果和明显的收益就证明了研究的影响力。如果使用影响力测评，影响力就被简化为研究的效果，没有单独的证据证明影响力是与这些效果区别开来的。影响力就是对它自身的测评。我已经说过很多次，这就是为什么测评影响力的问题引发了影响力议程。"卓越研究框架"（REF）在影响力上的观点可以作为证据说明研究加强了现在的实践、政策和行为，但是过程的循环性使人们看不到影响力的指标。如果影响力是对其自身的测评和证实，即使所有事情保持不变，也会因为研究而变得很难被发现。

循环性会导致另一些问题。如果以一种不太明显的方式而不是展现变化来揭示研究效果，我们就会碰到负面影响和隐匿影响的问题，这点已经在第三章中提到过。负面影响可以被描述为被使用者、政策制定者和政府拒绝的研究，原因是违反意志或者反对现行政策目的等等，而不是因为其质量差或者效果不好。质量低效果差的研究，尽管已经在新闻界造成了影响力，但是这样的研究很明显还是错误的，如宣称混合疫苗和孤独症之间有关联的医学研究。在社会科学中，有人想到科学种族主义，宣称种族和智商之间有关联。负面影响力不只是固执己见坚持错误观点而造成危害。因为负面影响力，科研人员的研究即使质量高、收益好，也不会被政策制定者和其他使用者鼓励去完成，因为政策制定者和其他人可能需要停止争论或者把争论限定在更加有限的政策选择范围内。政策制定者也许正在寻找使现行实践合理化的研究，但是研究者们正在试图挑战现在的思维方式。既然这样，研究的潜在影响力就被压制了。当然，这样研究被说成不具有影响力，因为看不出其效果，但是这是因为研究效果被认为是负面的、不好的，有损或者破坏了现行政策的倾向性和实践性，挑战权威是不可能的。其中一个近几年最备受瞩目的负面影响力的例子就是大卫·纳特（David Nutt）教授的例子，他本来是滥用药物顾问委员会的主席，因为指出政府政策有误而遭解雇（见插页5）。

隐匿性影响力是指研究影响力是隐藏的，还未被凸显出来。一部分也许是研究人员没有及时宣布或者没有意识到，大部分则是由政策制定者、新闻媒体、公民社会以及其他不知道有影响力的使用者造成的结果。英国国家学术学会2008年的报告《挑战极限：公共政策制定中的人文科学和社会科学》（*Punching our Weight*：*The Humanities and Social Science in Public Policy Making*）（http：//www.britac.ac.uk/policy/wilson）反过来从政策收益方面鼓吹潜在影响力，但是对研究人员和政策制定者之间的分歧也看得很现实，这个分歧使公共政策制定者不能更好地了解人文科学和社会科学研究。比如，政策制定者的短期视野使他们看不到研究人员的长期视野，政府没有花时间了解最新的研究，也没有多少机会处理隐匿性影响力所附带的问题。政策争论已经开始了，也许只需要一段时间就会更清楚地看到先前研究的社会联系。

这些问题没有一个能解决（因为不可能扩大对社会科学研究的宣传，在很多《挑战极限》建议的方面，宣传并不能确保能够利用研究，见贝克霍弗［Bechhofer］等，2001）。然而，下一个问题也不是根本就不能解决。但是实际上，仅仅这一个问题就可以证明争论已经从公共影响力到公共价值了。

影响力的最后一点异议就是它已经深入到审计文化中。影响力不必非成为市场化的一部分,因为我在第二章讲得很清楚,是影响力的普遍意义而不是技术意义在审计文化出现之前就已经存在了,而且对影响力普遍意义的关注似乎特别适合社会科学,因为社会-价值的关注点与研究主题是社会的各学科之间相得益彰。然而,现在影响力并没有被看作是一个赋予社会科学家的机会——一个可以赞颂他们对社会的贡献的机会;马丁(Martin,2011)提出这可能是一个科学怪人,而史密斯(Smith)等人(2011)认为这是在学术自主性上的约束和限制。自主性是一个研究人员十分推崇和珍视原则。我在书中被说成"含糊不清"(Smith et al, 2011),在自己的博客上也很不乐意鼓励英国社会学协会(BSA)参与影响力争论。正如比顿夫人(Mrs. Beeton)食谱上做兔子派的第一步,即首先得抓住兔子,那么任何对影响力的讨论都必须得以对影响力的冷眼旁观作为开端。因此,由于与市场化的这种联系,是时候转向一个更加适合的知识领域和科学论述了。

插页5 影响力、负面影响力和英国药物政策

药物和成瘾研究是一个结合了医学、药理学和社会科学学科的研究主题,包括后来的社会学、社会政策学、心理学、犯罪学和经济学。应该注意到心理学家和经济学家通过回答诸如"什么研究"和"研究花费多少"的问题(MacGregor,2011:53 n 1),在减少先前社会学和社会政策学的主导优势上正在扮演越来越重要的角色。在一篇对英国药物政策研究影响力的评论中,苏珊娜·麦格雷戈(Susanne MacGregor,2011)利用她在社会政策学学科上的经验和她自己在这一领域的研究,针对研究人员在影响政府药物政策上的困难做出了一个现实的评价。有时,研究在政策中会做出合理的改变,但是其他研究,因其挑战已经达成一致的共识而被拒绝,后来却因为发展多样化的政策而变得有影响起来。影响力随时间变化,如果可以利用研究,短暂的"机会之窗"就能打开,却会随着政治紧急状态发生变化、政策争论已经解决,公众和媒体在药

物政策上的注意力转移并且放缓政策中变化的态势而再次关起来。一段时间吃香的研究在另一段时间就可能被忽略。正如她指出（2011：41），不符合主流范式的研究会像例行公事一般被筛除掉并且被迫退出，尽管其中一些研究只要时间成熟就可能会证明其更有用。她认为特意为政策制定者"包装"的研究增加了其今后具有影响力的机会，并且她提出了以下建议（2011：42）：提供准确的信息、选取好的研究中的例子、简短而清晰的陈述、以及注意研究的财政和政策意义，注意挖掘积极性的潜力。政府首席社会科学顾问保罗·怀尔斯（Paul Wiles）的建议也一样：给那些真正感兴趣的人提交一份一页纸的摘要、三页纸的总结和一篇不超过25页纸的报告。"研究成果转化为对政策制定者和实施者有用的形式"（2011：43）增加了获得影响力的机会。她继续建议影响力应该有一批善于接受的受众，他们了解数据，了解允许证据转化的交流渠道，有时间或者有机会关注这一研究，以及了解支持这项研究的行动者（2011：51）。另一方面，她挑出了一些在政策上没有影响力的高水平研究，其中一些在媒体上也被给予了公众关注。鉴于高等教育基金会（HEFCE）认为仅宣传这一点并不是影响力的指标，在是否具有影响力这一点上，坦白说，仍然存在争论。英国药物政策研究的效果，而不是媒体对结果的关注才是最重要的。那么，按照这一标准，负面影响力，一个麦格雷戈（MacGregor）并未使用的术语，显然可以证明一些研究是因为其政治立场而不是其研究水平被有意不予批准。她引用的在政策上没有多少影响力的研究就是大卫·纳特（David Nutt）在药物特定类型的相关危害上的研究（接下来的部分可见于麦格雷戈，2011：47-49）。药物滥用顾问委员会旨在给政府在其药物政策上给出建议，自2000年就提出重新分类大麻至低风险C类药物，这一提议一开始就获得了工党政府的支持。但是政治环境风云变幻，戈登·布朗（Gordon Brown）出任首相后，迫于政治压力又改变了重新分类，将大麻归为以前的危险类别A类和B类。纳特在2008年晚些时候撰写了一篇学术论文，并发表了一次公开演说，指出其他药物和活动的相关危害没有被禁止，支持把大麻划分为C类药物。于是他被解雇了。英国内政大臣在议会中宣布，纳特之所以被解雇是因为他的角色是给政府提供建议而不是批评政府的政策。要在这样的情况下有影响力，正如以政策的效果而不是仅仅宣传来衡量，纳特被期望去提交基于政策的证据，而不是制定基于证据的政策。纳特因此后来建立了药物独立科学委员会。

从社会科学的公共影响力到公共价值

影响力和公共价值是完全不同的，尽管英国国家学术院将两者一起写入其另一份重要报告《过去、现在和未来：人文科学和社会科学的公共价值》（Past, Present and Future: The Public Value of the Humanities and Social Science）（英国国家学术院，2010）。其关于公共价值的报告的标题就可以被认为是对其影响力的表述。影响力仅被用作指主要针对政策的社会科学和人文科学研究所得到的收益，其中只有少数主要使用者参与，大部分指政府。即使影响力在"卓越研究框架"（REF）中的定义从狭窄的技术意义拓展至影响力的普遍意义，社会-价值判断仍然可以根据其附加价值来评估社会科学。然而，公共价值是关于社会科学的内部价值，是其自身中好的东西。因此，我接下来要提出的是把社会科学当作其自身的一个公共物品。

正如我前面所写过的，这种转变有很多优点。公共价值组成了一个更好的词，使普遍讨论得以继续发展下去；这个词描述的是一致而不是分歧，因此可以帮助使社会科学家们继续前进，从影响力争论已经陷入低谷的悲观情绪中走出来；超越了有关影响争论的本土化限定，即只在英国，使之与公共价值的国际论述接轨；而且在新自由主义推动使用经济影响力作为衡量其效力的唯一标准的背景下，这个词为社会科学正名，重申21世纪原则，描绘出了最好的愿景。

在我转到社会科学公共价值的问题上之前，还要强调一下其中一个优势的意义。影响力是英国提出来的议题，并非一个国际议题。影响力议题引发了国外学者的质疑，对于在小组会谈上使用"REF-收益"作为质量控制的标准，他们觉得很可笑；当他们听说我们要写关于"影响力方式"的论述和我们的 REF 收益有定期监管时,则对我们表示十分同情。尽管市场化是一种全球现象,即便美国学者,他们似乎在目前最不受公共问责制管束的高等教育系统中工作,也隐隐感到想要参与社会契约的一股冲动。比如,美国社会科学研究委员会主席克雷格·卡尔霍恩(Craig Calhoun)在其 2004 年主席报告中的一章"主席之所言"(见 http://www.ssrc.org/workspace/images/crm/new_ publication_ 3/%7B0e949a73-f451-dell-afac-001cc477ec70%7D.pdf)中点出美国社会科学的公共职责。他引用了迈克尔·布洛维(Michael Burowoy)的例子,布洛维曾于 2004 年任美国社会学协会主席,现为国际社会学协会主席,他把这两个协会都归于"公共社会学"。卡尔霍恩指出,美国人类学协会于同年建立了一个部门,致力于"公共人类学"(在欧洲见 Eriksen, 2006)。美国政治科学协会在 2004 年做了相同的举动,现在甚至出现了一个"公共国际关系"学(见 Lawson, 2008)。这些主题出现在好几个美国和英国期刊中讨论公共参与的特刊中,如《社会力量》(*Social Forces*)、《美国社会学家》(*American Sociologist*)、《批判社会学》(*Critical Sociology*)和《英国社会学期刊》(*British Journal of Sociology*)。因此,市场化的影响无处不在,而这一论述却称公共价值没有影响力。欧盟没有把影响力当作一种评估标准,而且欧洲研究委员也明显很排斥这种做法。

英国的影响力争议把英国社会科学从国际关于公共价值的讨论中区分开来。影响力是一个耶利米(Jeremiah)深井,正如旧约中的耶利米之书中所描述的,一个越挖越深的井,如果没有外部援助是不可能被解救出来的。[①] 换句话说,影响力是一个黑洞,看不出前面有什么。如果没有其他原因,从争论社会科学的公共影响力到其公共价值的转化必然使英国社会科学从被孤立和被边缘化的状态中走出来。

在"主席之所言"中,卡尔霍恩(2004)通过提出一系列关于"公共"意味着什么人、什么事的问题解构了"公共"的意义,但是他并没有

---

① 这并不是对无止尽的任务的比喻——如像西西弗斯一样永无休止的苦役或者粉刷福斯路大桥这样反反复复总也做不完的工作(顺带提一下,2011 年 12 月在 20 年后终于完工了,再不希望重新开始又刷 20 年了)——尽管影响力争议有点类似。这是一个关于自我毁灭的比喻。

第四章 社会科学的公共价值是什么？

给出答案，因为他只是提出问题并不是得出结论。然而，这些问题是我将要谈到的地方，因为这对新的公共社会科学至关重要，新的公共社会科学要与各种公共事务打交道，还要找出能融入每一种事务的最适合的方式。然而，我首先想解构价值的意义。这是我们认识新的社会科学的一个先导，因为它建立了价值的不同种类以及社会科学在其中展示其价值的多种方式。在下一个部分，我提出价值的问题，在这之后，我们就会弄清楚社会科学的公共价值了。下一章讲述要勾画出新的公共社会科学时所要面临的挑战。

价值是什么？

新自由主义给每一件事物定价，对新自由主义者来说，价格就是一切。没有什么不能被简化为其价格。这里仅举几例，比如它给宗教信仰定价（称为"精神资本"），给大学定价（我曾经看到过称之为"学术资本主义"），给气候定价，给亲子关系和儿童的社会化定价：确实，无论你指什么都有一个价格，因为，毕竟价格使市场运作起来。

然而，用价格来衡量价值并不好。要想知道费尽心力抚养一个孩子要花费多少（在英国一直到18岁之前据说要花费20万英镑），与一位深爱的伴侣结婚要花费多少（在英国婚礼的平均花费据说是1.85万英镑），经历一次令人恐惧的极端天气现象要花费多少（冰岛的火山灰造成的破坏据说让欧洲商界花掉了20.15亿英镑），对相关的人"产品"的意义有多大，并没有一个公正的评判。确实，价格来表现价值并不好，有时还适得其反：指出婚姻对于一个人的新伴侣的价格，或者养育一个都不怎么管的孩子的价格，这样的价格本身就没有意义，再用价格来衡量它们的价值就显得有些牵强了。

万幸的是，价格并不代表评定价值的唯一方法。如果我们解构价值，这个词至少会有三种不同的意义：价值的实用和实效，价值的品质和价格以及价值的判断和评估。第一种意义我们可以称之为"使用价值"，第二种为"价格价值"，第三种为"规范价值"。它们需要进一步被解构。使用价值可分为直接的或者间接的，价格价值可以是固有的或者附加的，而规范价值是个人的还是公共的，如图 4.2 所示。

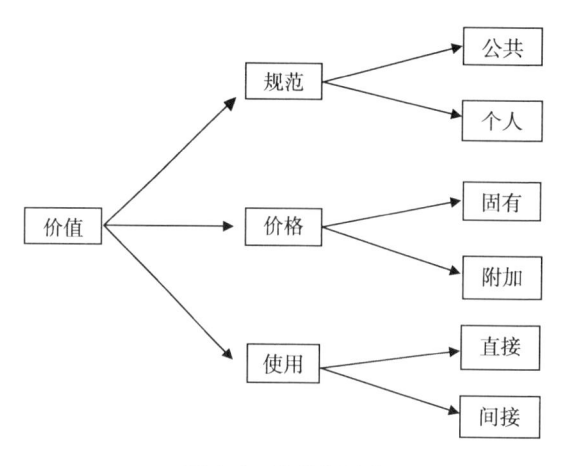

```
                    ┌──→ 公共
        ┌──→ 规范 ──┤
        │           └──→ 个人
        │
        │           ┌──→ 固有
价值 ───┼──→ 价格 ──┤
        │           └──→ 附加
        │
        │           ┌──→ 直接
        └──→ 使用 ──┤
                    └──→ 间接
```

图 4.2　价值的种类

直接使用价值描述一件物品的使用水平，不能同其他物品进行搭配使用，间接使用价值是指与其他物品共用时的效用。使用价值间接使用时其价值并不一定会减少。一把椅子有直接使用价值（可以使我们坐下来），但是如果把它放在与其他椅子和桌子的联系中，就增加了这把椅子的间接使用价值（可以让我们用餐）：坐下来和坐下来用餐给予这把椅子不同的使用价值。固有价格价值是这件物品本身值多少钱，即组成物品的成本价格，如做一把椅子的价格或者一套桌椅的原材料价格和劳动力价格。而附加价格价值描述了间接使用时物品值多少钱，如餐馆中使用桌椅吃饭的价格价值，其价格涵盖一小部分直接费用包括准备餐点和参与准备餐点的费用。① 个人规范价值是指由个人依据拥有这件物品后

---

① 我一直抗拒使用大众社会科学的术语"交换价值"来替代价格价值，原因有两点。第一，严格来说，在马克思的原著中，一件商品的交换价值和它的价格是不同的，但是代表了如果发生交易行为，用其他商品来进行交换所得。第二点是因为交换价值不需要用金钱价格的方式来表述。我相信保持价格的语言很重要，因为新自由主义相信一切都可以被简化为其价格，而且这个价格在一次交换到另一次交换中变动非常大，因为所有的因素都会影响那次特定的交换。这正是为什么政府在不同的大学中作为一个整体把大学学位的价格解释为商品。市场区分是指价格区分，目的就是减少价格。完全不同的事物能够用于交换，不同的学位也能在所有部门"购买"，在生活机会、就业机会、医疗卫生等方面，这就是附加价格价值而不是交换价值，目的是在业余读者中保持与价格概念上的联系。

所带来的愉悦程度对这件物品做出的评估，如在哪个具体的地方吃了一顿特别的餐点所带来的规范价值。公共规范价值是指更广泛地评估这件物品，如它的社会地位和文化意义，如在一对上流社会夫妇举办的婚宴上用餐。个人情感也能够把巨大的规范价值加入一件物品，即使这件物品对其他个人或群体来说没有多少意义和地位，反之亦然。然而，公共规范价值与道德情操有关系。

使用价值、价格价值和规范价值的要素在现在的讨论中融在了一起，因此讨论者在说公共价值的时候实际意思是完全不同的。比如，影响力经常被缩小为使用价值以及由使用价值产生的经济实用性。计算大学对整个社会或者对大学所在地区所做的经济贡献就是价格价值。在给特定学科的目的下定义时，正面的观点经常专指这些学科的公共规范价值，如它们对民主价值和文明礼貌的贡献，这也是最近由玛莎·努斯鲍姆（Martha Nussbaum，2010）对于人文科学所提出的一个论断。这些例子中的一些可以提出来，以此来回答在价值的意义以及价值的使用面过窄的问题上存在的困惑，最常见的做法就是把市场化的货币集中在价格和使用价值上。

价格价值是指一件物品值多少钱，要么是本身要么附加在其他物品上。价格价值的估算是提出大学的市场划分政策的核心，因此也是政府估算的一部分。价格价值的估算在那些试图保护大学的人所制定的大学保卫战中也有重要作用。在前者中，估算价格是为了通过竞争压低成本；在后者中，估算价格是为了计算使用价值，即英国从对大学的投资上所获得的货币-价值（换一个更好的词，价格-价值）。当然，花费很难计算出来，因为对每一个大学毕业生来说，大学教育是无形"物品"，但是如果把大学作为机构来估算花销就比较简单了。

值得注意的是，这些估算大大超过了对像大学的附属企业这样带有明显经济收益的直接经济使用价值进行的计算。这通常是从大学的价格价值中获得的最小的直接经济使用价值。比如，马修斯（Mathews，2011：36）的报告中指出，曼彻斯特大学2004年和2008年间有37个附属企业，但是这仅代表曼彻斯特这一时期新兴企业的0.1%。甚至拥有最多附属企业的牛津大学，所属企业的数量也只占牛津市新兴企业的1.3%。2000年至2012年间源于大学研究所创办的附属企业只有890个。使用价值的计算现在确实延伸得很广，甚至超过了直接经济使用价值，包括来自当地社区通过大学志愿者工作、社区服务和文化活动所得的社会和医疗收益。比如，学习医学、社会工作和教学法的学生经常在物质匮乏的社区工作，学习期间给当地社区带来了巨大的效益，即便毕业后，他们不太可能会留在他们曾经接受培训的城市。一些计算现在试图把数据放在这种使用价值上。

比如，提到其报告标题中的公共价值，英国国家学术院2010年发布的报告《过去、现在和未来：人文科学和社会科学的公共价值》指出，英国大学每年的开销据估算是230亿英镑，纳税人支付了其中的120亿英镑，余下由私立部门支付。但是价格价值和使用价值融合在一起，以期在这个价格上指出货币-价值。报告估计"大学在工作、出口、创新和附加价值上的经济比重"为600亿英镑（英国国家学术院，2010：3）。正如我提过的，这种间接使用价值据估算占2009年英国GDP的5%。具有讽刺意味的是，这些计算都是基于洛德·曼德尔森2010年（Lord Mandelson）在诺丁汉大学的讲座（Dearing Lecture）中所提到的数据，而那次之后他很快就不再负责大学对联合政府的政策了。

人们希望在价格价值和使用价值上进行相类似的计算，这种希望，不管基于哪些数据，带有多少可靠性，都突显出试图保卫公立大学的人已经对市场化做出了反应，他们要把公共价值简化为使用价值和价格价值。为了响应新政府加强市场化的号召，英国大学联合会（UUK）委任了一个新经济学基金会（NEF），建立于1986年，是一家独立但是左倾的机构，就像其网站中描述的，专门研究"经济福利"（http://www.neweconomics.org/about），以此来衡量在英国大学投资上的"社会收益"。2011年发布了一份标题为《价值的等级：大学怎样给社会带来效益》（Degrees of Value: How Universities Benefit Society）（见http://www.neweconomics.org/publications/degrees-of-value）的报告，通过计算这里称之为大学"间接的使用价值"超过其直接经济使用价值，引发了公共价

第四章 社会科学的公共价值是什么？

值的观点。

报告区分出了三种间接使用收益：更大的政治利益、更高的人际信任和更好的医疗状况，与此同时还有许多社区成果，源自社区在曼彻斯特城市大学和沃里克大学所做的宣传活动。这些结论使人们产生了兴趣，高等教育机构部门在多大程度上把价格价值和使用价值作为其价值的衡量呢？（要了解论述中在计算中提到的方法论参见插页6）。

相对于英国190万在校生的花费，由这三种社会收益产生的间接使用价值据估计有2.12亿英镑，所有1180万毕业生的花费为13.1亿英镑。比如，沃里克大学在小学的志愿者项目，旨在改善阅读流利性，提高阅读兴趣和小学生的阅读愿望，带来了29万英镑的间接使用价值。沃里克大学国际学生的志愿者活动带来的文化和社区凝聚力收益为4.8万英镑。活动还会继续下去。沃里克艺术中心只一家单位据说通过直播剧场、音乐和舞蹈表演就获得了2770万英镑的收益。报告以这两所大学做了一个结论："完全有理由相信大学部门作为一个整体正在产生收益，通过促进社会流动性、社区联系和文化丰富，达到每年数十亿英镑的价值。"比如，仅在南汉普顿这一个城市，当地两所大学据说带动了5亿英镑的消费力（Mathews，2011），来自校内员工和在校学生，还有100万英镑来自于学生志愿活动：如果关闭两所大学会给南汉普顿市的经济造成每年6.1亿英镑的损失。

另一个例子来自国家公众参与事务协调中心，一家2007年由高等教育基金委员会、英国研究委员会和惠康基金会建立的机构，获得了被称作"V"的青年志愿者慈善组织的支持（见 http://www.publicengagement.ac.uk/about/our-vision），旨在促进"高等教育部门通过其公共参与活动为21世纪的社会做出有战略意义和有价值的重要贡献"。该机构与布里斯托尔市两所大学合作（布里斯托尔大学和西英格兰大学）。

插页6 计算社会投资收益

新经济基金会（NEF）的研究《价值的等级》采用了规范的社会

投资收益（SROI）方法。报告对这种方法的描述如下（http：//www.neweconomics.org/sites/neweconomics.org/file/Degrees_Of_Value.pdf，第5页）：

> 社会投资收益（SROI）是一种衡量和报告由一个活动或干预产生的社会、环境和经济价值。尽管其基础是如成本-收益分析这样的传统财政和经济方法，社会投资收益（SROI）依赖于这些方法，但是也会质疑这些方法。它包括一种正式的方法来鉴别和衡量关乎利益相关人的事务。这些通常是没有市场价值存在的结果，比如改善生活的质量。因为这些结果很难被量化，它们很容易被排除在更加传统的分析之外，使人们无法充分了解为社会创造或者丢失的价值。
>
> 进行社会投资收益（SROI）分析包括六个阶段：
>
> 1. 建立范围，鉴别主要利益相关者。我们同曼彻斯特城市大学和沃里克大学的教职员工、学生和当地社区代表对话。
>
> 2. 制定成果计划。我们使用来自访谈和工作室的信息，连同学术文献来制定一个影响力计划，或者变化的理论，指示出投入、产出和成果之间的关系。
>
> 3. 证明成果并给予其价值。这个阶段包含发现数据展示成果是否产出，然后评估这些成果的价值。
>
> 4. 建立影响力。收集了成果上的证据并将这些成果转化为经济收益后，本来可以出现或者作为其他因素的一个结果变化的那些方面就不再纳入考虑范围了。
>
> 5. 计算社会投资收益（SROI）。这一阶段经常包含给成果推论一个投入比例。然而，因为这项研究仅能够评估出一小部分项目中成果的一个独立数据，我们仅集中在成果的总共价值。
>
> 6. 汇报，使用和深入。这一步很容易忘记，这关键的最后一步包含与利益相关者分享成果并对他们作出回应，深入好的成果过程和报告的审查过程。

第四章 社会科学的公共价值是什么？

要举例说明这个方法，我们可以把重点放在沃里克艺术中心的例子上（见20页）。报告对中心的社会收益描述如下：

> 沃里克艺术中心是一家向所有人开放的高水平文化中心，每年有超过250 000名参观者到来。除了伦敦的巴比肯艺术中心，它就是最大的一家艺术中心，集合了现场演奏会、喜剧制作和戏剧表演。但是中心本身承担很多社区参与项目，我们集中在那些参加演出的人在文化内涵上的价值。尤其是，中心各种各样的表演扩大了这一地区文化氛围。我们从三个成果来评价中心的收益：文化氛围更浓的社区。要解释社会在由沃里克艺术中心（WAC）举办的表演上的价值，最重要的是个人感受，我们使用艺术委员会一年拨给中心的资金作为代理货币价值。文化更加丰富的当地社区：作为所有参观者在中心受到丰富文化内涵的一个价值，我们取一个平均票价。除此以外，连同为参观者预留的旅游费用和艺术委员会的补贴，给当地社区带来898万英镑的文化收益的总价值。提高地方的声誉：最后，从那些高技能人才那里还有一个附加价值。文化舒适性已经反复证明了是一个因素，高技能人才选择迁徙地的时候会考虑到这个因素。一个地区如果高技能人才增多了，会给当地社区带来很多收益，如增加当地经济的收入流通速度。如果加上了这个经济收益，我们估计艺术中心对当地社区的公共价值达到了2770万英镑。

2011年由凯利（Kelly）和麦克尼考（McNicoll）撰写的报告《在黑暗中穿过镜子：衡量大学的社会价值》（*Through a Glass Darkly*：*Measuring the Social Value of Universities*），采用一种类似企业称之为"企业社会责任"[①]定价的方式，力图对大学展现社会责任的各种途径进行定量分析。他们

[①] 2011年夏季新建立了一家慈善组织，叫做UKHE（英国高等教育），它强烈呼吁大学在第三世界国家的企业社会责任应该被纳入大学排名表中，这样可以激励各大学在这样的议题上的相互竞争。

使用"社会改良的经济评价"方法（SMEV），这种方法与社会投资收益（SROI）分析不同，因为它对由大学提供的所有公共服务的经济价值进行定量分析，从公益讲座到学生志愿者服务，从生活的质量到政治的稳定。尽管两位作者认为一种价格就可以附加到所有这些服务上，但是报告这样说仅仅是为了更多的有形价格。比如，公益讲座的定价实现了356.80英镑的经济价值（基于政府的计算，即讲座有80人参加，一个小时业余时间价值就是4.46英镑）。因此进一步提出其中一些服务根据使用价值与其价格价值相联系，本应该具有一种"社会力量"，指社会应该优先，使大学的公开讲座对更加贫穷的人群开放，以实现405英镑到442英镑的经济价值。

"社会改良的经济评价"方法（SMEV）得益于人力资本方法，相对比总共投资成本，计算高等教育的非市场化个人收益和社会收益（见McMahon，2009）。这种方法评价了毕业生在业余时间里在家和在社区的人力资本使用和其相对于价格的使用价值。正如麦克马洪（McMahon，2009：5）解释说，花费在家里的时间使用人力资本会产生非市场化个人满意度，如更健康的身体、更大的幸福感和更好的家庭福利，而花费在社区或帮助他人的时间使用人力资本会产生为他人和后代的社会收益，包括毕业生的孩子被某位受过高等教育的人抚养所带来的收益。这些包括运作公民社会、政治民主甚至司法正义的贡献。利用很久以前的经济学构想，麦克马洪（McMahon）十分自信地断言2007年对每个美国毕业生在大学的非市场化收益为每年8462英镑，获得学士学位毕业后为38 080英镑（2009：173）。这种教育也影响到其他人，包括后代，其社会收益被算出在毕业生的后期教育生活中每年为27 726英镑（2009：254）。这些包括在生活质量上的直接收益，来自高等教育对民主价值、人力价值、政治稳定、低犯罪率、机会平等和较低不平等率等所做的贡献。

这些计算是为了证明大学的价值比对经济的贡献大得多——这是值得赞赏的——但是希望把大学变成金融术语中的"真正价值"的想法却实施得不顺利。这些计算说明大学的公共价值可能以各种方式存在，但

第四章 社会科学的公共价值是什么？

是因为他们计算中所做的假设存在疑问，所属的价格价值和使用价值都是对于所有的意图和目的。

随着市场化的深入，公共价值的这类计算变多了，但是主要集中在计算使用价值和价格价值上，因为这就是市场化的货币，而且这样做计算是把大学当作机构，因为价格价值在机构层面上比较容易计算出来。对研究主题上的价格价值和使用价值更难计算出来，因为在评估费用上存在困难。但是，英国公立大学面临的当前紧要态势已经使一些公立大学的保卫者尝试这种计算，包括之前的政府。比如，工党政府的科学部长洛德·塞恩思伯里（Lord Sainsbury）于 2007 年做了一份名为《力争上游》（*The Race to the Top*）的报告（见 http：//www.rsc.org/images/sainsbury_ review051007_ tcm18-103116.pdf），他在报告中回顾了工党政府的科学政策，即相对于其使用价值，对科学上投资费用的价格价值做了估计。他宣称经济中有一种净收益是通过科学对经济增长的贡献获得的。人文科学和社会科学已经着手对其自身的价格价值和使用价值做类似的计算。

比如，创意产业特别适合这种计算。从事文化、媒体和体育的政府部门一直想在英国政府机府（白厅）中在公共价值这块蛋糕的分割中建立起自己的货币价值，它发表了一份《创意产业经济评估统计公告》（*Creative Industries Economic Estimates Statistical Bulletin*）。其 2009 年 1 月刊为那些"在个人创造力、技能和才能上有它们原创和通过形成和利用知识产权在财富创造和提供就业机会方面有潜力的"产业汇报了以下数据。这些产业对 2016 年英国总附加值（简单来说就是在一个经济部门中减去中间的消费所产生的商品和服务的价值）的贡献占 6.4%,；它们在服务上出口额为 160 亿英镑，约占英国 2006 年总出口商品和服务的 4.3%；2007 年它们为超过 200 万人提供了就业机会（见 http：//www.culture.gov.uk/images/research/creative_ industries_ economic_ estimates_ bulletin_ jan_ 09.pdf）。文化遗产也卖得很好，其直接和间接经济使用价值是可以计算出来的。除此以外，到展览馆付费参观的人数、在展览馆工作的人数和来自两者消费能力的经济收益使博物馆、考古学、历史和艺术的

· 135 ·

使用价值可以被估算出来。比如，2006—2007 年在维多利亚和阿尔伯特博物馆举办的《了解意大利文艺复兴时期》展览，据估计分别为伦敦经济带来 285 万英镑的收益，为英国经济带来 133 万英镑的收益（引用自英国国家学术院，2010：38）。艺术与人文研究委员会（AHRC）2009 年的报告《引领世界：英国艺术和人文研究的经济影响力》(*Leading the World: The Economic Impact of UK Arts and Humanities Research*)（http://www.ahrc.ac.uk/about/policy/documents/leadingtheworld.pdf）中都是这样的例子。

经济和社会研究委员会（ESRC）这方面做得不多，只是有时候会强调其研究的经济使用价值，比如强调经济表现研究中心在最低工资上所做的研究对英国经济做出了 12 亿英镑的贡献（http://www.esrc.ac.uk/_images/excellnce_with_impact_flyer_tcm8-4599.pdf）。社会科学学会的手册《推动社会科学发展》(*Making the Case for Social Science*) 也是这样，并没有提出这些货币收益。经济和社会研究委员会（ESRC）和社会科学学会对计算价格价值和使用价值并没有多关注，这一点也许反映出来，由于像博物馆参观者、艺术展览和创意产业产值这样的有形对等物不多，尽管人文科学大部分也不合适，对于社会科学来说，需要更直接的手段展示出其影响力，比如政策效果，同时也反映出在做这类计算时来自社会科学家们的质疑。在人文科学和社会科学上评估使用价值和价格价值的困难使一些力图讨论公共价值的人去强调其他方面，也就是我现在说的规范价值。

规范价值是对社会价值的评估，包含判断和评估拥有某物的自豪，这种自豪感完全独立于其价格价值和使用价值。规范价值可以非常高，尽管这种"物品"只有很少或者没有使用价值，但是却有很高的价格价值（如一张坐不稳的原版安娜皇后椅）或者有很低的价格价值（如一张破旧的摇椅，但是刚好是从深爱的祖母那里传下来的，可以想起她坐在摇椅上的时候你就坐在她的膝盖上）。个人规范价值可以在高价值上附上一系列不能跟其他人分享的情绪、情感和个人原因。公共规范价值与个人规范价值不一样，自豪感广为人知并且通过文化传播出去，依附于拥有自豪感的群体。换句话说，即个人情感被道德情操替换。

公共规范价值是指公共赞美，代表社会价值而不是个人价值（尽管个人可以把很大的个人规范价值归因于刚好拥有某物，因为这件物品有很大的公共规范价值，如在自己的私人收藏品中拥有一件知名艺术品的快乐）。换句话说，公共规范价值可以形成个人规范，增加拥有一件物品的个人动机，因此扩大这件物品的公共价值。这似乎可以说，公共规范价值与价格价值有关，但是彼此又都是独立的。

公共规范价值并不是价格。价格价值可以增加一个物品的费用，那么拥有这件物品就不常见了，象征着社会地位。单单价格就可以给予自豪感。如果不是这样，炫耀性消费就不会是一种社会过程，没有它，品牌推销作为一种经济过程也不会引起市场区分。然而，公共规范价值是指不管其价格多高都广泛认为值得买的物品，即使在某些方面这些物品并没有价格，比如在宗教社团中秉持特殊宗教信仰的社会价值，或者参加公共仪式纪念逝者的社会价值。因此，公共规范价值更像是普遍规范和文化行为，重现不只是看得见的具有象征意义的宏大叙述，是抽象的而不是具体的，引发与价格价值不相符的主题。很多像这样的宏大叙述就是为了使人们看到作为机构和整个学科领域的大学的规范公共价值。比如，像"科学带来文明"、"人文科学保证了民主"、"知识是真理，真理让你自由"或者"大学培养品格和智力"这样的宏大叙述引发了完全不同的道德情操，而不像一些观念，如"知识经济"、"基于政策的证据"和"行为改变政策制定"（这里指使用价值）。

这里可以引用两个例子，一个来自人文科学，另一个来自社会科学，用宏大叙述来指代公共规范价值，通过呼吁广泛的道德情操，避免提及使用价值和价格价值。第一个例子是由玛莎·努斯鲍姆（Martha Nussbaum）所写的《并不是为了利益：为什么民主需要人文科学》（2010）（*Not for Profit：Why Democracies Need the Humanities*）一书。本书主要有两层意思：人文科学创造了优秀的民主公民，他们具有同情心、价值规范、礼仪和了解民主的知识；以及如果用对国家经济增长的贡献来评估大学教育，这种民主情感（正如我提到的）就会受到威胁。在这样的情况中，"传递"而不是"教育"成为了大学的传输过程，具备经济活力的公民，而不是民主公民，才是大学教育的成果。对民主情感很重要的是让学生们学会批判性思维，包括培养有思想性和交际性的知识性技能来批评权威，被边缘化、被排挤和被剥夺权力时也能有包容的精神，并且积极参与公民活动和社会行动以解决复杂的全球问题。如果大学教育被简化成只相关经济收益和国家生产力的工具性主题，民主情感就变成庸俗不堪的了，而民主就如同一个政治系统一样会被破坏。努斯鲍姆尤其把人文科学看作最不具备工具性的大学学科，这些学科最关心的是教育培养，为生活而不是为工作，更好地帮助人们展开讨论、寻找议题和激发好奇心。同时它们也最能鼓励学生从另一个人或团队的角度进行思考和培养设身处地为别人着想的品德。

关于人文科学的衰落，这不是一个讨论。人文科学作为学科越来越受人欢迎，正如我们在第二章中看到的，英国学习人文科学的学生人数已经超过了国家平均人数，尽管努斯鲍姆的重心主要放在美国，她还是认识到了英国的文科教育正在扩大。她不关注数字，她关注的是人文科学学生正在接受的教育经历成为了高等教育市场化的一个结果。当然，宏大叙述可能因为其高谈阔论的形式令人生厌，气愤的是没多少用，又很抽象。一位博主在阅读这本为 The Monkey Cage 所写的书时非常生气，The Monkey Cage 是一个哲学和政治理论网站（见 http://themonkeycage.org/blog/2011/06/07/roundtable-on-martha-nussbaums-not-for-profit-why-democracy-needs-the-humanities/）。"这本书，总在激怒我。我读了一些篇章，听起来就像流行语拼凑起来的，听起来像群情激昂的小型演讲，听起来像不知道是什么的学术叽里呱啦（引用其原话），我感觉眼花缭乱。我想被触动，想被燃起斗志，想被鼓舞，我想其他人也被鼓舞。我想这本书做不到。这让我很难过。"然而，许多轻蔑的语言证实了她的观点。市场化使理解宏大叙述变得困难：使用价值和价格价值是其货币而不是公共规范价值。

努斯鲍姆也许被认为未必是学科性的，因为她把民主情感和同情联

第四章 社会科学的公共价值是什么？

想仅与人文科学学科联系在一起。医学、自然科学和社会科学也可以联系起来。确实查尔斯·莱特·米尔（Charles Wright Mills）的《社会学的想象》（1959）（*Sociological Imagination*），现在已经出版了超过半个世纪，指出一种对社会科学的态度——他将其称作"承诺"——与其宏大叙述和道德情操相似。我们从他的文字中得知这本书必须得命名为"社会研究"，在对于第一章有启示作用的第二个注脚中，他称之为"承诺"，米尔斯解释说他正在描述的是一种社会科学想象，这种想象被指做作为一名社会科学家自身的结果仅仅是一个学科（1959：18-19，n 2）。承诺，这样被命名，是指在社会科学学科中培养一种想象，即帮助普通的男男女女了解他们自己生活的复杂模式和知晓这些怎么与更宽泛的结构和他们不理解和不受控制的过程连接起来。这是为了帮助他们应对"个人的麻烦"。在研究者之间，社会科学想象应该说服我们让公共问题脱离这些麻烦而通过指出紧急的社会问题和持久的人文关怀进行改善普通人生活的社会科学。这包含我称之为对社会科学研究由研究者和学生们表现出的一种道德情操，即从努斯鲍姆60年后所指的被边缘化的其他人那里获得相同类型的同情联想。

这种在社会科学上的道德情操并不始于米尔斯，也不由他终结，相对于玛莎·努斯鲍姆在人文科学上提出公共规范价值的宏大叙述，我想指出迈克尔·布洛维（Michael Buraway）在公共社会学上的著作作为我的社会科学例子。①

当2004年第一次提出公共社会学，布洛维承认是受米尔斯启发（但是自己也跟他划清界限，见布洛维，2008），也受到其他人的启发，因为那段时间他已经扩大了他的研究主题，并且将其同对市场化、商品化和公立大学衰落的充分分析联系起来（最早的陈述参见布洛维，2005；至

---

① 我本可以选择社会科学委员会，其报告中有一段非常短的部分讲述"社会科学是为了什么"，在这段叙述中，他们总结了委员会的观点（2003：30-31）。社会科学提高了生活质量，他们提到这其中有三种收益：更好的理解；获得更文明、更具有全局意识和更宽容的大众；以及在社区讨论价值上的批判性评论。他们还提到社会科学就是它自身的终结，尽管有些社会科学研究没有实用价值，还是应该被认为是有价值的。他们没有进一步发展这些观点。这些论述中的一些预示了我自己关于社会科学的公共价值的观点，会在这章的稍后部分做详细解释。

今为止完整的陈述参见布洛维，2011）。① 布洛维提出了"为公立大学的宣言"，并用其发展了公共社会学的地位，这我已经在术语中展开过，除此以外还命名了一个定义社会科学的规范公共价值的宏大叙述。努斯鲍姆说，人们明显反对大学教育正在被重新想象为一种工具性物品的做法，这一过程正在破坏公立大学的观点；米尔斯说，他认识到社会科学研究的一些形式是技术中掺杂了政治，旨在满足国家经济和政策目标。他看到了这种研究所扮演的角色：这刚好不是社会科学的整体目的。

他的宣言设想了公立大学以知识种类和其所联系的受众为特点的四种功能。第一个功能是产生专业知识，即由研究项目产生的知识，这些研究项目由学术界设定，由同行学者评估，用来在他们之间进行交流。这是为专家产生的知识。这种知识可以被应用在政策领域，但是缺乏目的性限制了其发展，又爱用术语，而且相比短期的政治需求，更多的是其长期视野。政策知识对政策制定者来说更有意义，并且使用适合他们的方式来书写，因为它把委托人和他们的问题连接起来，还加上了自己的主张。相反批判性知识植根于学者圈，并保持专业知识的特性，但是知识内部并不是只限于学者们，又不为外界所知。它并不是面向政策的第二类知识，即技术中掺杂了政治，但却是全球都参与的。与此相反，公共知识旨在建立社会科学家和广大公众在关于社会的广阔定义和社会的价值上的对话。② 公共知识反对知识价值的政策定义，详细描述了长期视野和更广泛的利益，但是仍需要公众参与。

布洛维写道，公共知识指在大学中建立社会，把大学置于社会中（2011：33），但是创造公共知识并不是新的公立大学的唯一目的。他设想公立大学加强所有四种类型的知识，不偏不倚。它们可以相互融合。

---

① 布洛维在公共社会学上是一位不凡的作者，他对网站上这种观点在公共社会学座谈会上做了很多贡献，见 http://buraway.berkeley.edu/PS.Webpage/ps.mainpage.htm。
② 他依靠公共参与的种类（2011：36ff）区分了"传统的"和"根本的"公共知识。而且布洛维偏向后者，因为其包含了本地以社区为基础具有批判性精神的公众。这种区分与这一点上论述没有联系，但是在下一章中会出现。

第四章 社会科学的公共价值是什么？

因此，公共知识要求在批判性知识和专业人员的科学研究工作启示下进行价值讨论，但是也要利用政策环境。专业知识，如果没有进入与政策界的对话，如果基础不受来自批判性知识的拷问，如果把自己转化为相关社会方向的公共讨论，它就会萎缩。如果政策知识不与公共讨论联系起来，就会受制于自己的委托人，因此其在研究项目中的知识积累和来自批判性参与的群体质疑更加具有意识形态导向而不是科学导向。批判性知识，自身依靠拥有专业圈和政策圈来进行考核，但是也从它所参与的公共讨论中汲取力量。(2011：33)

布洛维认为知识的这些类型之间的平衡，各学校之间大不相同。自然科学学科转向其重心在专业知识，而不是政策知识，尽管它们也通过各种形式的公共科学参与讨论它们在更广大社会中的学科意义。人文科学学科提供公共知识和批判性知识，但是也探讨政策。然而，布洛维宣称社会科学学科形成了一个中心，围绕这个核心有知识的四种类型，因为社会科学的核心任务就是学术讨论和学术外的知识。社会科学在大学之间起到了协调的作用，把大学与更广大的社会连接起来。在我的术语中，这成了布洛维为社会科学的规范公共价值所做的宏大叙述：社会科学重塑了公立大学的意义和行为。[①]

前面对价值意义的解构为我们提供了一个新的用来描述价值的概念词。这个词意味着我们要从价值的不同方面评定社会科学学科的价值，也意味着这些学科的价值评估也会相应改变。只关注社会科学学科的规范公共价值是片面的，就像只关注它们的价格价值或者使用价值那样受

---

① 2011年1月15日我们一起出现在爱尔兰皇家研究院的同一平台，前一周在与作者的私下交流中，迈克尔·布洛维非常好心地对我的贡献做了评述，并且回顾了我对价值意义的解构与他的知识类型说之间的对称性。他认为使用价值和价格价值（他更喜欢用交换价值这个术语）都与政策知识相关，但是公共价值属于公共知识（他更喜欢用社会价值这个术语）。他注意到这种左倾的专业知识没有相对应的价值观点，认为也许可以在为了科学本身的科学价值中发现。很快我就会提到专业知识是一种公共价值形式，有助于使社会科学独立成为一种公共物品。换句话说，公共价值超过了公共知识。

限。这意味着对市场化的批评者来说，使用价值和价格价值不能被忽略，对市场化的拥护者来说，则不能不考虑规范公共价值。

比如，对于政府政策制定者和教育管理者，他们推动市场化和商品化的发展，造成公立大学的衰退，这种概念解构可以使我们讨论社会科学学科的价值不会只存在于直接使用价值（例如，经济实用性），好像也可以在独立于间接使用价值（例如，在与其他方面联系起来评估社会科学的经济实用性上，如社会科学学科毕业生在他们工作生活中的经济实用性）被评定。而且，应该在与其他科学研究的联系中评估社会科学研究的间接使用价值（以医学-社会科学研究、生物学和社会科学研究、气候变化科学和气候变化的社会学等等的形式）。

而且，我们可以认为社会科学学科的价格价值（它们对公共财政的花费相对于它们通过其直接使用价值实现的）非常不适合衡量价值。如果要设定价格价值，正如市场商人所坚持的，价格价值应该合理计算社会科学学科的间接使用价值和它们"附加价值"的价格价值——衡量它们加在其他物品上的使用价值、价格价值和规范价值时社会科学各学科的价格价值。比如，社会科学学科的价格价值应该被设定在一种范围内，即它们加在来自学生交流、文化旅游、社会和文化大事件，或者社会科学研究在交通政策、住房、国家福利、"种族"关系、对临终者的安乐护理、犯罪率等方面的收益上，以及附加价格价值从使学生学习社会科学（例如，在关注社会信息的公民、劳动力和社区方面等等）所获得的。社会科学学科作为一个规则，并没有直接与产业和市场联系起来，社会科学学科中的知识转移也不会反映在附属企业之上，但是在不同文化和不同种族间的联系、老龄化和年龄划分、体育、文化遗产等方面的社会科学研究可以被认为是它们附加价格价值的一部分。

对于公立大学教育原则的支持者们，他们批评市场化，表达了对市场化的不满（他们能想到的描述这种不满情绪的其他类似的词，诸如愚蠢、谋杀、重伤），这个新的概念词帮助我们认识了社会科学的规范公共价值，也迫使我们接受使用价值和价格价值作为捍卫社会科学学科的合适方法，通过使用价值和价格价值我们可以为社会科学学科的价值提出充分的理由。

然而，强调社会科学的使用价值和价格价值并不是我在这里的目的。其中的一些计算价值的方法已经在上面提出并且讨论过了；而其中更多的价值计算应该在可以进行可靠估算的方面进行。我想在这里提出的是我解释性论文的主题——社会科学的公共价值；但是首先，是一个请求。

一个重要警示

莎士比亚让哈尔王子评论福斯塔夫的酒费，说："哦！太荒谬了！吃的面包太少，喝的汤汤水水太多。"读者们也许认为我用所有的时间和精力做的这一点点面包才让他们认识到这一点：我们现在才能清晰地说出社会科学的规范公共价值以及隐藏在下面的道德情操是什么。然而，这首先需要回忆一下社会科学是什么，我想回过头想想，让读者们回到第一章的论述，在第一章中我定义了一般社会科学，因为社会科学的规范公共价值就基于这一定义。

我写到过，社会科学的学科主题就是社会的社会属性，需要在其存在于时空中的文化、市场和政府的包容意义中理解社会。我接下去详细地指出了一般社会科学是为了解释文化、市场和政府对人、团体和机构的意义，解释他们如何在时空中理解、搞清楚和再生文化、市场和政府以及解释人、团体和机构相信什么，在本地、国家和国际环境下他们怎样在文化、市场和政府中行动和相互联系，通过经验和理论调查对社会的社会属性进行观察、描述和识别。更简洁地说，我认为社会科学就是对社会跨越时空在文化、市场和政府中生产和再生产的科学研究。我现在转向的正是这种一般活动中的公共价值。

那么社会科学的公共价值是什么呢？

社会科学的公共价值的简明描述如下：

社会科学的公共价值

　　　　社会科学的规范公共价值就是其在我们生产和再生产社会的社会属性中培养的一种道德情操，使我们作为社会存在认识到彼此，通过理解、解释、分析和改善我们堆积起来的根本社会问题，产生一种对人类未来的共同责任。因此社会科学自身成为一个公共物品，通过其研究主题、教学、研究和公民参与培养这种道德情操和同情联想。

因此，我自己的宏大叙述简明扼要：社会科学有规范的公共价值，使人们意识到他们自己组成了社会，帮助发展和传播使社会存在的核心社会价值——社会情感，如信任、同感、利他、宽容、让步、同情、社会团结和归属感——推动社会不断进步，使其变得更加美好。社会科学帮助我们了解提升和破坏这些价值的条件，识别在文化、市场和政府中改善缺少这些价值而需要重建和修复这些价值的公共政策、行为和关系。简言之，社会科学本身就是一个公共物品，仅仅是一种让社会知晓其社会属性的道德情操和同情联想。①

因此，我再一次重申自己不同意科利尼（Collini，2012：98）的观点，他认为他对人文科学的偏向与努斯鲍姆（2010）不同，他说人文科学学科的奖学金主要提供给认知成就而不是直接的道德成就。他说，人文科学不必非要把研究者变成"更好的人"，研究者的个人品德可以不端正，他们的政治观点也可以不正确（2012：98-99）。对其他人的宽容也许并不总是社会科学教育和培训的结果，但是这是一种衡量人们个人道德失败的方法。尽管丧失了个人道德，没有个人道德社会也不能有效地运行，但是我在这里提到的却是我在社会范畴中使社会情感存在的道德情操和同情联想。因此，提到是什么使社会存在的问题，社会科学解决比其公共价值更重要的内在道德问题，超过了它们许多认知上和学术上的成就。

社会科学的公共规范价值在于有社会因子的直接参与——个人、团

---

① 2011年我在由利兹大学举办的BSA大会上的主席报告就是关于社会学的公共价值，听到有人评论说我所说的可以应用在其他社会科学学科。太对了：这里是我的全部观点。

体、社会关系、社会机构、公民社会、文化、市场和政府。社会科学是一种为了理解而产生的思维模式——帮助普通的男男女女通过社会科学知识的常规化了解我们生活的社会机制。就本身来说，社会科学对社会的社会属性的生产和再生产很重要。用医学上的基因作类比，这一点值得强调一下，尤其是因为一种有机类比对起源于19世纪和20世纪早期的社会科学的公共理解非常重要。基因不仅对帮助我们了解生物很重要，知道基因是怎样运作的可以帮助我们改进生物的质量。比如，基因组图谱，在疾病治疗和预防上，已经完全革新了医疗领域，可以毫不夸张地说基因的发现同芯片制造一样，在近现代史上标志着人类进步的程度。同样，社会科学剖析了社会的因子（在其广泛意义上），这些因子揭示的信息可以帮助他们改进社会生活的质量。

同样地，社会科学学科作为科学存在，有一个规范的框架，同时以每个人作为社会存在的情感巩固这个框架。这是社会科学学科的道德情操和同情联想，使我们作为社会存在在彼此之间产生情感，包括我们当中的陌生人以及全球范围内被边缘化和被驱逐的外来人。人类学家马克·奥格（Marc Auge，1998）巧妙地捕捉到了这一点，他提出培养他者的情感和对他者的情感度（想要探究社会科学怎样分析这些人道主义的情感并且怎样受其影响的读者可参见插页7）。

插页7 社会科学和人道主义

在这一对社会科学公共价值的描绘上，有一个非常有意思的问题，即支持这一点的社会科学的证据。对他人的责任感由其他几组情感构成，尤其是共同归属感和自我认同感。这就是为什么我们对邻居、对我们社交网络和社会团体中其他亲近的成员会感到有义务。在这些情感中，互惠感——我们对自己所做的与对他人所做的相同——支撑和支持共同归属感。然而，公共价值这种观点的关键是人道主义的发展和对陌生人和他们"远距离痛苦"（Boltanski，1999）的责任感。正如道德哲学家们所说，这可能是因为同情是最基本的社会情感（Nussbaum，1996），但是这种情感也被深埋在社会科学家解释的社会进程中。全球化已经缩小了时间和空间，这样把久远的他人也带入了近现代生活每天的体验中。电视机把远距离痛苦带入了人们的卧室，社交网络技术的新形式，如 Twitter 和 YouTube，打破了时间和空间，使远距离痛苦直接以远距离痛苦的影像方式充斥着近现代社会。全球数字化媒体从视觉上展示了引起远距离痛苦和激发人道主义反应的政治经济上的物质条件。近现代的道德经济和政治经济的联系是塞耶（Sayer，2000）研究中的重要主题。我们所有人生活的"地球村"现在增强了我们对遥远他人的情感。当然，邻里之间仍会相互帮助，这从 2011 年英国暴乱中人们的公共精神就可以看出来，亲人之间的关系仍是社会情感的强大来源，但是道德意识已经被扩展，反映出一种更加宽泛的人道主义。一部分原因是因为一种人类共有的脆弱感，影响着我们在人权上的观点（Turner，2006b）以及我们对公民责任的理解（Alexander，2006），这反映在米斯兹塔尔（Misztal）想要描绘出社会学脆弱性的尝试上，反映在德拉尼（Delanty）对近现代"世界想象"（2009）的勾画上，以及司法正义的观点上，即人的尊严高于社会经济的重新分配（比如，Margalit，2009；Wolterstorff，2010）。它通过人道主义法律的形式（Hirth，2003）和一个旨在监控有害行为的国际法律和制度管理系统的发展得到加强。人们对远距离他人的道德付出常常超越这种痛苦背后的环境，也许可以将其与教区政府的政策或者在其痛苦中受害者自己的罪责联系起来，代表一种脱离情境的人道主义责任，对于他们就如在唤起的怜悯心的情景下被逮捕的"无罪之人"。这种道德普遍论不会延伸到对"犯罪者"的痛苦，因为对他们的痛苦我们常常发现很难引起共鸣。既然对痛苦的认同可以引发道德普遍论，那么犯罪者与受害者之间的道德界线可以被灵活地归类为允许认同有些犯罪者，如阿拉伯之春运动中战斗的战士（要想知道近现代人道主义责任对痛苦的全面分析参见威尔金森［Wilkinson］，2005）。排外情绪和具有强烈的仇外主义显而易见，与道德世界主义共存，也是同一个原因的结果，即全球化（例如，关于全球化和世界主义可参见贝克［Beck］，2006）。正如贝克（Beck，2012）所说，这个世界正在世界化的进程中，正在朝那个方向前进，但是还没有达到世界主义。皮克勒尔（Pichler，2012）在人际层面（而不是通常对世界主义的宏观层面关注）的世界主义上所做的跨国比较研究指出，世界主义在其不同方面上是不均衡的（也可以参见诺里斯和英格勒哈特［Norris & Inglehart，2009］），如在政治上（全球管理）、身份认同上（全球公民身份的观点）以及道德标准上（对他人的同情和信任）。皮克勒尔（Pichler，2012：28-31）利用 2005—2008 年间来自 49 个国家的世界价值调查数据指出，道德世界主义要比政治世界主义更广泛，尤其在全球第一世界国家和城市居民、受过高等教育的人和专业人员之间。有大学学位的人就承认全球公民身份而言，最有可能具有世界身份认同感，尽管他注意到在非洲和亚洲一些落后国家的年轻人有很强的全球公民身份感，以此作为认同弱势国家的作法（2012：38）。结果就是正是社会科学家们在大学中教育的人，本国学生或者留学生，最倾向道德世界主义。

我们对作为社会科学结果的全球化的理解帮助我们获得人道主义和世界主义情感，知晓在本地——或者在全球层面上——是怎样加强或削弱这些情感的。因此，社会科学缩小时间和空间和使社会意识到从全球角度对地方议题和人类未来累积的一堆危险问题的方式放大了社会科学研究的公共价值。使用价值和价格价值就存在于现在时空中的此时此地；而公共规范价值则关注的是人道主义的未来。因此，社会科学中道德情操和同情联想的部分就是其警示人类面对未来潜在危险的能力。这就是使社会科学的公共价值与 21 世纪联系起来的纽带。

因此，社会科学学科的规范公共价值一部分来自其参与 21 世纪未来工业、科学和经济变化中的"重大议题"——经济可持续发展、劳动力迁移、气候变化、有组织的暴力和和平进程，心理健康、污染、人口老龄化和福利诉求等等。如果我们用来判断社会科学学科研究目的的传统标准已经被作为市场化结果的经济功用所取代，那么新的公共价值陈述就不应该忽视这点，而是应该强调未来科学、经济、政治、工业、气候和社会的变化会由社会科学学科使文化、市场和政府了解这些变化的能力来协调。①

这一为理解 21 世纪社会科学的公共价值而出现的新词提供了一个非常宽泛的社会科学规范公共价值的观点。公共价值不仅仅是社会科学研究的社会和文化联系,有着同等重要的意义;也不仅仅是其政策参与,有同样深远的影响;公共价值比许多来自于社会科学教育的认知成就和学习技能都要重要。对社会科学学科的哪一种规范公共价值应该被评估有两种特性:它们不只生产关于社会的信息,它们是社会再生产的媒介。换句话说,它们是社会可以发现本身的方式,通过这种方式生成社会本身的观点。

这并没有把社会科学变成神学,或者将其变成宗教末世论。② 就像一位朋友认为阅读这部手稿,它并不是"从道德上"或者"从宗教上"想要培养力图把世界变得更好的有社会意识的毕业生。它也不是反科学的:社会科学在我的公共价值的观点上保持着科学性。让我来利用亚当·斯密(Adam Smith)的观点,新自由主义者的最爱,来解释一下。

我意识到通过使我们意识到我们自身的社会存在而把社会科学当作培养道德情操和同情联想,我就是在宣称我借用了 18 世纪苏格兰道德家的观点,尤其是史密斯和弗格森(Ferguson)的观点,他们把人类属性描述为天生的社交性,因为人们与他人的财富联系紧密而且也非常有兴趣,这其中同情的情感和更广泛的社会道德结合在了一起。③ 史密斯的《道德情操理论》(*The Theory of Moral Sentiments*)(写于 1759 年)和弗雷泽(Frazer)的《公民社会的历史随笔》(*An Essay on the History of Civil Society*)(写于

---

① 由乔纳·森贝特(Jonathan Bate, 2011a)编辑的布鲁姆斯伯里作品选辑中在这一问题上的姊妹篇,讨论人文科学的公共价值,整理了很多专家在他们各自学科上的价值讨论,与我这里所做的完全不同,贝特在其介绍中证明了一个论点,即只有人文科学教育才可能理解"人文科学中研究的价值是什么"(2011 b:3)这个问题的意义。我在这一点的论述反映出相似的诡辩:如果未来的社会要弄清楚本身的意义,就有必要进行社会科学研究。也就是说,人文学和社会科学都是对关于价值被合理回答的问题非常敏感的学科领域。

② 然而,参见克洛克(Cloke, 2002),其中,是谁引用了基督教无条件的爱这一观点作为人文地理学中伦理规范的基础。社会科学再次焕发魔力是现代趋势。参见布鲁尔(Brewer)和海耶斯(Hayes, 2011)在社会科学论述的基督教化关于后冲突社会的情感管理学的研究。

③ 在 18 世纪从各种学科都对同情性和社交性的观点进行了大量的研究。可以选择参阅福尔热(Forget, 2003)、弗雷泽(Frazer, 2010)和马伦(Mullan, 1988)。

1767年)是两本很重要的著作,因为他们把英国社会科学的起源与他们的科学想要揭示的道德情操上的论述联系起来。通过从科学的角度研究文化、市场和政府,社会科学揭示了道德情操科学。因为这个原因,"两个斯密"之间的观点并不一致(Cam,2008;Smith,1998),亚当·斯密《道德情操论》(Moral Sentiments)和《国富论》(The Wealth of Nations),因为是从科学的角度研究经济学(史密斯)或社会学(弗格森)——仅采用社会科学的两个例子——研究本身发现了社会的社会属性,因而把我们共有的未来展现为社会存在。也就是说,在社会科学作为科学和社会科学的规范公共价值作为道德情操之间并不一致,通过其论述,文化、市场和政府——广泛意义上的社会——是基于我们作为社会存在的道德属性的社会实体。对普通读者来说,先不管道德情操的培养,这一点我会在下一章继续探讨,了解社会科学仍然是科学这一点是非常重要的。

市场商人和新自由主义者会对社会科学的公共价值这一描述提出另一个反对:它不可估算。对这一论断的一个回答就是公共价值的这种观点不会比社会科学学科的使用价值和价格价值的有效例举那样更无法估算。然而,我的第二个回答是这种论断从根本上误解了我的论述。我已经尽力强调了价值意义的解构,即公共价值(与价格价值和使用价值不同)不能简化为货币估算,只能依据宏大叙述来解释。我并不是说社会科学没有使用价值和价格价值——很显然它有——尽管区分价格价值和使用价值并且完整把它们计算出来要比现在的计算难,即使合理地计算出来,也会展现出社会科学比现在的列举出的计算有更大的价格价值和使用价值。我所说的是规范价值是一种形式,其本质上是不可计算的。这就是为什么社会投资收益方法(SROI)、"社会改良的经济评价"方法(SMEV)和人力资本方法,虽然本意是好的,但是都误导了我们,让我们以为公共价值可以依靠一种货币计算。

正是因为这个原因,对新自由主义来说,规范公共价值作为一种观点是存在疑问的:它反对价格。因此,新自由主义的价格货币换成了使用价值。比如,公共价值在大卫·威利茨(David Willetts)称赞社会科学的词语中并不是一个术语；或者至少，他提到这个术语时，跟价格价值弄混了。① 规范公共价值对市场化把所有事物都简化成为使用和价格的这一原则发起了挑战。正是因为这个原因，探讨从社会科学的公共影响力到其公共价值的转变变得尤为重要。公共价值是反市场化的语言利器。因此，建立社会科学的规范公共价值对使这一争论回到我们这一边而不是市场商人那一边，以及对使用我们的语言而不是政府的语言上来说非常重要。

结　论

影响力是一个越来越深的洞，看不到尽头，像一条耶利米深井。另一方面，公共价值使社会科学融入了我们的人道主义未来。我在这里论述的价值的多维度观点很有用，能够使我们看到社会科学的规范价值和其使用价值和价格价值同样重要。这并不仅仅是意味着在其狭义意义上，社会科学附加在生活质量以及在社会科学学科中受教育的个人地位或者在受社会科学研究影响的人们的生活上的东西，与这些作为衡量私人规范价值的一种方法同样重要；也指社会科学学科的规范价值可以被社会科学对其在文化、市场和政府中帮助获得和传播的社会情操的贡献来评定，这源自人们对自身组成的一个不管是本地的、全国范围还是全球范围的社会的意识。

社会科学有助于价值的所有形式，使用价值、价格价值和规范价值，一种总结社会科学的规范公共价值的方法就是通过分条列举社会科学为实现其标准公共价值所做的以下范围的贡献：

- 社会科学在文化、市场和政府中融入了社会本身的社会属性。

---

① 在2012年3月1日《泰晤士高等教育》中，大卫·威利茨（David Willetts）写到：（主张即）我们缺乏对大学公共价值的理解，这从撤回公共资金就可以看出来。公共资金会继续以多种形式在大学发挥作用：如助学贷款；对高成本学科的资助；更高额的学生生活费用以及卓越研究基金。所有这些支出都反映出大学所做的公共价值（Willetts, 2012：31）。当然，这些"支出"指的是使用价值和价格价值，而并非规范价值。他必然会否认公共资金正在被撤回，也不认可公共资金没有显示出公共价值可能的意义。

- 社会科学产生关于社会、市场和政府的信息，而这些信息则可以让社会、市场和政府知晓它们自己。
- 社会科学提高了道德情操和同情联想，这种道德情操和同情联想使大量公民具备了社会意识，产生对远距离的被边缘化的陌生他人的同情。
- 社会科学教学和学习有使人变得文明、变得富有人性和文化修养的效果。
- 社会科学有助于在社会、市场和政府上的社会改善和进步，远远超过了短期的政策影响。

然而，也得承认社会科学可以或将要满足所有这些条件来实现其规范公共价值。为了完成这个目标，我们需要一种特殊的公共社会科学。因此，仅仅建立社会科学的规范价值并不是我阐述性论述的最终目的。哈尔王子对那一点点的面包抱怨太早了，后面还多着呢。我认为对社会科学公共价值的这种描述需要一种新的公共导向的社会科学，使自身意识到其对教育道德情操和同情联想的责任，面向社会改善和指向面对我们的可能具有毁灭性的人道主义未来。我在下一章来勾画这种新的公共社会科学。

第五章 新公共社会科学是什么？

简 介

  我提出社会科学的规范公共价值就是它培养了一种道德情操，这其中我们生产和再生产出社会的社会属性，通过理解、解释、分析和改善为我们累积下来的根本的社会问题使我们认识到彼此作为社会的存在，肩负起共同的职责以此来结束这最后一章。因此，社会科学本身在其研究主题、教学和研究上通过教育这种道德情操和一种同情联想成为了一种公共物品。我指出通过研究社会本身在文化、市场和政府中的社会属性，社会科学产生关于社会、市场和政府的信息，而这些信息则可以让社会、市场和政府知晓它们自己，提高了道德情操和一种同情联想，这种道德情操和同情联想使大量公民具备了社会意识而对远距离的被边缘化的陌生他人产生同情，这样社会科学的教学和学习有使人变得文明、变得富有人性和文化修养的效果。

  我也说过社会科学家们在实践社会科学的这种形式上没有什么不可避免，在这一章中，我会通过概述我称为新公共社会科学的事物在社会科学的行为和实践上描绘出社会科学的规范公共价值的意义。我会在三个方面思考其潜能：研究、教学和公民参与。我认为，社会科学的公共价值在这三个方面包含了社会科学的一些新实践，加强了许多现有实践的意义，并且向其他实践模式提出了严峻的挑战。在下一章，我会建议利用社会科学的这种形式，研究者们会让他们自己与 21 世纪的重要问题联系起来。

第五章 新公共社会科学是什么？

但是，应该在开始就提出三个警示。公共社会科学的呼声现在还不大，我论述中的一些观点已经在一些单个社会科学学科中被反复提到过——有时在一些名不见经传的著作和期刊中或者在不为人熟知的网站上——尽管这些观点还没有被任何一个学科的绑架或者被应用到一般社会科学中去。而且这些观点也没有被带入21世纪的公共社会科学的宣言中去。但是情况是我为了支撑我的观点在传统知识库中读到的东西越多，就越意识到这些观点前人都已经提到过了。更让我受挫的是，并没有多少人听过或者使用过这些观点。正如我在本书介绍中对我的这篇解释性论述类型的描述，这种写作类型的目的是给现有观点以新的诠释，而不是创造新的观点，这就是为什么我在这一章强调我关于社会科学的公共价值构想既指一些新的研究同时也加强一些做过的研究。因此，我发现自己正在着手和代表一种新兴氛围，在一些同行中已经很明显地出现了一种新的社会科学，并且通过将这种新的社会科学与关于价值的大众探讨相联系以给予其巨大的公共影响力。

但是如果变化已经开始在我们构想社会科学的方式中出现，我的第二个警示就针对那些持完全相反观点的人。如果不是大势所趋，英国社会科学在很多领域和很多方面都具有世界级水平，在现在这个发展态势下它们完全没有必要改变；停滞是抵御外部攻击的一种自然趋势。然而，社会科学学科的这种过度的自我防御却妨碍了对于自身的反思。如果确实深井是躲藏起来的好地方，那么这些深井仅仅只是暂时躲避，对继续前进的引领者并不是个好去处。我认为，作为使自身与21世纪人类面对的问题联系起来的结果，英国社会学科无法避免变化。正如我曾说过，我们可以通过自信地重申我们的公共价值来应对定义市场化和规则化引起的现在这种发展态势中的机遇和威胁，但是这种我们内在价值和好处的概念化也带来了其自身的需求和挑战。因此，有必要完成对社会科学的公共价值的描述，也由此在研究、教学和公民参与中来描述随之而来的新的公共社会价值。

第三，我觉得我需要解释一下我在这一问题上的动机，这样才不至于被误解。大多数社会科学家更愿意与布洛维（2005，2011）所称的

"有组织的公众群体"合作,即本地基于社区的非市场团队,没有多少正式权力,或者与在这些正式权力系统中的人合作,比如政府和政策制定者。很多技术统治论和政策导向的社会科学基于后者,而大部分其他的社会科学基于前者。我的公共观点同时包含两者。① 近现代政治经济中肩负起应对"可恶的问题"的责任的参与人既要往上走也要向下走,既有强权者也有无权者。新公共社会科学要求在"可恶的问题"中仔细判断哪一方公众才是主要的利益相关者,不吝惜无论哪一方公众参与都必须理解、分析和改善它。但是我并不是说社会科学是为了让我们的批评家——以及政府财政人员和教育管理者——更喜欢我们(或者给我们更多资金)。公立大学的新自由主义市场化可能已经激发了对参与价值的兴趣,但是这是我们拥有的作为一个学科领域必须的价值,由我们的规范公共价值概括,也是改变的真正诱因,因为我们价值的这种观念要求我们要与判断、分析、理解和改善 21 世纪的文化、市场和政府相联系。实现我们行为和实践中延续性和改变之间的平衡会成为未来社会科学所面临的挑战,也会形成随之发展而来的新公共社会科学的意义。

我为什么不把这块领域拱手让给政府和我们广大的批评家还有另一个原因。因为公共价值的这种概念化,很显然这些人太想改变他们对价值本身的功利性观点和社会科学的价值。我们不是他们的仆人,只有为他们提供让他们回答政策问题和满足政策需要的第二类知识(Type 2 Knowledge)时对他们才有价值。这就是社会科学与人类未来相关的一种方式,但是还有更多,都同样有价值,应该一一认识。因此,新公共社会科学有其活力,即使我们的批评家们和政府财政人员扩大他们对社会科学的理解和联系,增进他们与社会科学家们的关系,使用一些我们对公共价值的描述而不是影响力,因为他们面临着和社会学科一样的变革动力——使他们自己有能力判断、分析、理解和改善 21 世纪的文化、市场和政府。

2009 年 11 月在英国国家学术院召开的关于影响力的一次会议上,我

---

① 伯恩(Byrne,2011:38)批评布洛维的观点,即认为通过向下融入公民社会才能发现唯一有用的参与,这丑化了政府,以及他指出公民社会和政府之间相互渗透的观点。

第五章 新公共社会科学是什么？

听到 21 世纪面临的问题，因为其预示的毁坏范围和复杂性，被描述为"可恶的问题"，这些 21 世纪累积起来的复杂问题范围巨大，威力可怕，似乎有点怪——却非常贴切——让人们想起了中世纪的制图者。当指到在地球上无人知晓和地图上没有标注的地区时，他们习惯标注"此处有龙"。用以实现社会科学的公共价值和应对 21 世纪的文化、市场和政府中的问题而需要被呵护的新关系则要求我们都要面对我们前面未知的"龙"。这是我们作为社会科学家的使命，也是政府、自然科学家、医学工作者、公立大学和大学管理者、艺术和人文学科学者以及每一个心系人类未来的人的使命。

这个使命对社会科学来说是非常矛盾的：继承未来对每一个人都很难，尤其是社会科学。这要求社会科学尽力增进它与现在抨击公立大学以及削减大学经费的人的关系；在大家全都伏蹲在深井中以自保的情况下迫使社会科学家们在某一刻从学科深井中走出来；新公共社会科学要求我们具有后学科主义而不是拥护特定的某一社会科学学科作为"我们独有"，与我们在其他社会科学学科和更深远领域的"陌生人"合作，包括自然科学家和医学家；并且向过去把标榜社会科学为科学的传统观念发起挑战。

比如，关于公共价值，我认为社会科学家特别需要重新思考一下两个重要的科学传统观点：道德相对论和价值中立论。正是有了这种对抗才意味着在回答下述这个问题时什么是社会科学家，这个问题有一个道德维度，会使我们作为社会科学家在我们的实践中，正如奥雷（Orlie, 1997）这样描述，以道德准则生活，依政治政策行动。我提到这个的意思是在我们的教学、研究和公民参与中，作为社会科学家我们有责任分清善与恶、公平与偏颇、自尊与受辱、社会许可与禁止、政治和经济的授权与限制等等；并不是作为哲学家、伦理学家或神学家，而是作为社会科学家。我们现在继承的复杂问题使社会科学在未来成为最具洞察力的学科领域，但是同时这些"可恶的问题"给我们作为科学家的实践带来了最严重的威胁。这些复杂问题与道德和伦理问题紧密联系在一起，需要我们作为社会科学家所具备的技能来分析和改善，冒着打破学科的本质属性的风险，把我们的贡献当作是特别的贡献。公共社会科学的必要角色就存在于这个悖论中，因为我们要解决的"大问题"的范围要求"大学科"。① 这就是我现在要说的作为社会科学家对我们所从事的事业的看法。

传统社会科学是什么？

为了对称，我想把第一次提到的新公共社会科学同我们可能称作"旧的"或者传统社会科学做一个对比。② 社会科学中的很多现在的实践都是具有学科性的，在彼此的深井中进行，研究者习以为常都相信"我们自己独有"，因此对改变来说最常见的就是跨学科性（比如，用另一种社会科学委员会所做的声明，2003：116-118）。因此，通常都反对跨越传统知识界线进行研究（比如，由古尔本基安［Gulbenkian］委员会所做的评论，1996），只专注于传统问题，早已把单独学科的知识领域以他们的专业化定义而不是以关键的社会问题来定义（比如，正如劳德［Lauder］等人所提到的，2004；鲁宾顿［Rubington］和温伯格［Weinberg］，2003也提到过）。也局限于与公众的参与，确实，经常受限于怎样定义公众这样的观念而倾向使用"有组织的公众群体"，大多用一种与专家交流而不是非专业人士的方式书写，结果仅供其他专业人士阅读（这就是布洛维所称的"专业"社会科学，2005）。大多在与政府合作中都很谨慎，也不愿意这样做，对政策研究持有一种谦卑的态度，隐约感觉所谓的第二类知识（Type 2 Knowledge）比有很强学科性的理论

---

① 当然，解决"大问题"的"大学科"也需要"大资源"但是我并不希望我的论述变了味，使它似乎变成了对更多资金的特别请求。但是我觉得我必须要指出大学科，有其大问题，也会产生大期望。放在社会学科上大期望在资源减少的情况下就会很能难被满足。这会给社会科学家和各种对他们充满期待的公众带来很多问题。还有一点值得一提，米勒（Miller）和萨巴帕西（Sabapathy, 2011：53）认为从 RAE（研究评估考核）/REF（"研究卓越框架"）所获得的短期资助使人们迟迟不愿研究"大问题"，因为它们需要投入"大段时间"来进行合理分析，这将通过研究评估的短期调查时间的研究成果不利。我发现这一点比前一点关于资源的说法更缺乏说服力。

② 这并不是一个贬义词。

驱动的知识略逊一筹。马克斯·施托伊尔（Max Steuer）是一位经济学领域狂热的学科追随者，作为一名"伟大的学科捍卫者"，他曾经写到（2004：132），跨学科研究只有在强大的学科间才能进行。第二类知识（Type 2 Knowledge）本身就具有跨学科性，会因为它而感到困惑。这种自我优越感常常会延伸至与媒体发展合作关系上，导致所谓常见的"传播和理解差距"（比如，见社会科学委员会，2003：87），由此引发的批评也成为2008年英国国家学术院威尔逊的报告《挑战极限》（*Punching Our Weight*）（http：//www.britac.ac.uk/policy/wilson）中的一个明显的特点。

政府的这种质疑也表现了出来（见插页8）。它们经常对社会科学研究表示出不满，尽管名义上要制定"证据导向的政策"，但却很少用其报告政策，对其发现也不认可或者干脆忽视一些重要的研究发现。1997年虽然在社会科学这一边仍然与当时新工党政府有大多原则上的分歧，在学术自由、知识自主和研究独立的思潮下也受到来自政府的指责，但是当时同政府的关系有了明显的改善。公立大学秉持支持专业驱动社会科学的学术自由和学术自主的原则大部分自成一格，成了不受管控的象牙塔。就政府而言，这给了我们"消极的影响力"（社会科学研究被政府忽视是因为政府不喜欢其研究发现，或者因为研究指出政策不当和毫无根据）。就社会科学而言，自由、自主和独立经常为毫无关联和脱离主题的研究做掩护，不顾社区关注、人们的"私人问题"和公共问题，正如莱特·米尔斯（Wright Mills，1959）曾经提过，用一种公众无法理解的方式书写出来。

插页8　政府和社会科学

在英国政治和社会历史中，很多时候政府与社会科学家们都形成了良好的合作关系。消除贫困、新城镇规划或住房需求以及贫民区清拆、人口迁移变化、教育改革和学校教育、移民、"种族"关系改善、性别歧视和工资差别、失业、产业重组——一系列纵观21世纪政府想要社会科学政策投入的问题数不胜数。1945 年后的一段时期和 20 世纪 60 年代到 70 年代是这一积极合作的鼎盛时期。社会科学家的技术专业知识被应用在为政府提供建议、帮助制定政策和进行很多受访调查等等的方面；而且几乎没有哪一个政府部门不这么做。政府雇佣的社会研究员的出现反映出了这种需求。现在，有 1000 人致力于政府社会研究（引用自 BSA《网络》，第 109 期，2011 年冬，第 24 页），政府经济服务部门是经济类毕业生最大的接收单位（Johnson，2004：27）。这种对社会科学信息需求的增长甚至出现在 20 世纪 80 年的撒切尔政府。但是政府对社会科学一直是矛盾的态度。政府想要一个与政策相关的特别社会科学，经常找寻解决方案中的简单途径，但是所有社会科学家似乎提供的是在他们对问题的理解中的复杂方案。政府只要答案，而社会科学家寻找问题。他们寻找的是深层结构，而政府寻找的是政策解决方案。一大波引领社会科学的改良主义新思潮和乌托邦式精神，吸引了有雄心壮志的研究者们想要改变世界，很多年来一直将社会科学重心放在所有文化、市场和政府领域中的阶级和不平等，使政府认为这使社会科学变得太过批判性，也太过政治化。因此，另一方面，政府想要一个特殊的社会科学，规划和撰写都能按直接满足它们的政策需要的方式，但是很多社会科学家在他们的研究中反对这种功利性方式，更愿意对政府保持挑剔的态度。1997 年的工党选举改善了这种关系。在政府工作中的经济学家和社会研究者的数量在 1997 年和 2004 年之间分别增长了 50% 和 80%（Johnson，2004：23）。作为优秀的研究者已经声名在外的社会科学家被引进成为顾问——吉登斯（Giddens）、斯特恩（Stern）、比尤（Bew）（在北爱尔兰和平进程中）、普兰特（Plant）、罗格朗（Le Grand）、霍尔（Hall），前四位在英国上议院最后被授予爵位，后面几位都被授予爵士称号。然而，罗格朗对他的经历如此评述：如果你是一位学者，在政策领域工作、为政府效力，或者某种程度上非常热衷参与政府政策，你就会有风险被贴上谄媚者或者天真的人的标签（受访于 BSA《网络》，第 109 期，2011 年冬，第 24 页）。公务员们仍然会抱怨使用社会科学研究中出现的问题，抱怨政策制定者的行事方式以及社会科学家的研究方式（Johnson，

2004：25），结果造成被直接应用在政府认为是重要的问题上的社会科学研究太少（Johnson，2004：25）。比如，保罗·维尔斯（Paul Wiles）从社会学家转型出任临时顾问，后来成为首席科学顾问和英国内政部研究主任，也是一位受过培训有专业背景的犯罪学家，对这种情况就不再乐观，他指责用于社会科学研究的专业用语，没有能够为更广大的公众所知（Wiles，2004：32）。然而，因为联合政府的出现，政策导向的证据而不是证据导向的政策增多，联合政府又把政府政策目标施加到基金委员会的科研议程上，政府和社会科学的关系已经进一步恶化。要想了解这种紧张的态势就得看清楚各党派在任何关系上的不同侧重，结果形成了一个在我们可以称作"合约人"和"批评家"之间的社会科学研究模式对比。前者把社会科学看作一种对政府政策需求的工具性服务，倾向强调消除存在于社会科学实践中的障碍的重要性以更好地为这些需求服务，比如改进交流方式、把研究议程转向政府政策以及发展一个更短期的重点议题。影响力讨论已经鼓励一些社会科学家想恰恰以这些方式增进与政府的合作，因为政府是社会科学研究的一个重要"使用者"。那些已经与有权有势的精英建立联系的社会科学家成为影响力的这些形式中最热烈的拥护者，这一点也不出人意料。对比中批评家模式把社会科学看作对政府问责，举办范围更大的价值讨论，这样各种政策选择是为了它们的公民目的探讨而不是为政府倾向的选择提供有效力的证据，通常会开启民主对话。这里，重心放在来自为禁止接受社会科学研究，政府设置的阻力，比如，其应急定位、拒绝复杂建议和短期主义。在这种模式下的影响力观点在关于价值的讨论中，融合了需要被加入的公众的更广泛的观点，要么被拒绝，要么被替换。

旧的社会科学常常只供那些志同道合者阅读，公众和政策制定者之类都无法接触到。就社会科学家来说，旧的社会科学反对政策和大众参与，另一方面，政府对社会科学不管不顾或者使用不当。政策导向的社会科学也有很多，但是它们都会被主流社会科学边缘化和嘲讽，非常具有讽刺意味的是，这些主流社会科学却大都又被政策制定者无视。因此

"隐匿的影响力"是真实存在的，是指社会科学研究有收益，但是其收益却被政策制定者、政府和媒体完全忽视。隐匿性影响力填补了存在于研究投入和研究最终成果之间的黑洞。

在社会科学家自身之间对传统社会科学都有很多批评，这一事实对向新公共社会科学转型很重要。这些批评在很多方面都可以看见：在对新式大学的需求，走出象牙塔，更能应对社会需求和21世纪的问题，比如米勒（Miller）和萨巴帕西（Sabapathy）（2011）的"开放式大学"观点（2011），克里斯滕森（Christenson）和吕英（Eyring）（2011）的"创新型大学"观点或者布洛维（Burawoy，2011）的新"公立大学"观点；在对学科的要求，能够加大它们的公民责任和道德责任，比如，以"公共社会学"（Burawoy，2005）、"公共国家关系"（Lawson，2008）、公共社会人类学（Eriksen，2006）以及新道德导向的人文地理学（比如，Proctor & Smith，1999；Sack，1997）的方式；在适合解决大问题的"政策学科"新形式的前瞻性大纲中（Lauder et al.，2004）或者在应用社会研究的政治关系大纲中（Byrne，2011：195）；通过呼吁社会科学与自然学科建立更好的联系（古尔本基安［Gulbenkian］委员会，1996），其中已经建立起来的尤其是医学社会科学和科学传统的社会研究；[①] 在给予社会科学区分应该增加与其参与的"公众"类别的很多各种各样的鼓励中（Calhoun，2007）；在对社会科学家的要求中，要求他们更多地进行应对公民社会需求的研究，除此之外，他们也要参与研究的设计和实施，就是常说的参与式行动研究等等。这里只是简要的提及，并没有评判这股对传统社会科学的高涨的批评浪潮，也没有评判一些人对改变的迫切要求或者很多为其实现而做的研究提案。

---

① 值得注意的是，2012年7月由牛津大学圣圣凯萨琳学院举办的第五届经济和社会研究委员会（ESRC）研究方法节有作为其五个主题之一"社会学科和自然学科之间的交流"。20世纪70年代早期在那时社会科学研究委员会为自然科学家和一些学科的大众社会研究学位建立了转型奖金，比如巴斯大学史蒂文·科斯格罗夫（Steven Cotgrove）教授的社会学硕士学位对这类人很有吸引力。资助并不针对反向转型，很快就一起停止了。在这一点上我要感谢里克·威尔福德（Rick Wilford）。英国研究委员会（RCUK）跨学会的博士学位奖学金就是现在对这一传统的回归。

然而，延续性和改变是一对双生子。现在的发展态势强调要加强传统社会科学。看起来似乎相反的压力实际上加了在同一方向上，即巩固社会科学的传统观点。社会科学知识的市场化（通过"影响力"、"使用"、"知识转移"和"收益"的观点），与公立大学教育的私有化（通过撤回对社会科学的公共资助，并且通过审计政策加强政府对大学的管控）结合，增加了相互之间的猜疑，也增加了政府和社会科学之间的彼此轻视，使政府对社会科学的方法都是意识形态上的。这吹响了解决妨碍社会科学发展这一困境的号角。社会科学研究冒着被政府和审计文化的拥护者变为只有遵从狭隘的政府政策目标才能具有影响力的风险，像大社会计划，但是，尝试参与影响力的社会科学研究者们被影响力议程的批评家们消极地看作进行的是狭隘而"专业化的"政策研究。然而，正如我一直在这篇解释性论述中强调的，现在的情势可以转化为社会科学的优势，现在的迫切可以被当作一种授权的形式。一个新的公共社会科学可以从现在的危机中破茧而出。

那么什么是新公共社会科学？

新公共社会科学可以涵盖在这整本书中关于一般社会科学的性质以及其公共规范价值的讨论中来描述，如下：

> 新的社会科学研究社会的社会属性——通过产生关于社会、市场和政府的信息，社会在文化、市场和政府中进行生产和再生产的方式——告知了社会本身以及形成人类未来的大议题。这种研究形式同时通过培养大量有社会意识且能够同情远距离、被边缘化的陌生他人的公民提升了道德情操和一种同情联想。这意味着，不管新的社会公共学科可能有什么样的使用价值和价格价值，社会科学教学和学习都有使人变得文明、变得富有人性和文化修养的效果。

新公共社会科学有教学、研究和实践层面，有为了实现社会科学的规范公共价值积聚的效果，下面，我会通过在社会科学研究和教学议程上探究它的意义，以及它对公民参与的责任和它作为学科的地位完善这个定义。

1. 新公共社会科学作为研究议程

正如我通篇都在强调的，社会科学以理论告知，以实证驱动，致力于通过理论和实证调查发展基于证据的观察、描述和解释。这使社会科学把理论见解和精确实证结合起来，是解释性的，而不仅仅是描述性的。新公共社会科学的研究议程的特点是将这些科学技能应对21世纪的文化、市场和政府中根本的"可恶的问题"，即在卡尔霍恩（Calhoun，2007）所称的"紧迫的公共议程"中进行分析。这使得新公共社会科学瞬间比听起来要意义深远，难度更大。

说它难是因为有阻力，阻力来自以下几个原因。对于一些社会科学家，不仅仅是听起来很新颖这么简单，而对其他人来说，新公共社会科学使他们开始质疑那些为了获得特定知识所付出的长期努力。布洛维（2011）说的很清楚，很多社会科学家更愿意从他们所偏向的学科界限的深井中发展他所称的"专业知识"，遵循由学科中晦涩难懂的探讨设定的研究议程。在另一方面，他所称的"公共知识"，带有反射性和批判性，公众参与进来后，就变得不受人欢迎了。新公共社会科学也可能有阻力，因为这个研究议程对现在的科学和规范实践来说是一个挑战，对它们之间的区别发起质疑，这一点我下面会再探讨。

据说，传统社会科学早就开始关注根本的社会问题，因此马丁·哈默斯利（Martyn Hammersley，2004：439）所问的问题是新的吗？但是"社会问题研究"不幸地被归在一个更小的分支领域并且经常具有学科规范性。在社会问题的种类上和解决方式上"社会问题研究"也是传统的。它提供了一个沃勒斯坦（Wallerstein，2004）称作"单一学科性"的好例子，实际上是19世纪和20世纪早期社会科学的观点，其中分析都是自发进行的，并且带有明确的学科界限，也就是卡尔霍恩（Calhoun，2007：5）不予考虑的"在学科内部简单堆砌难懂的知识"。

第五章 新公共社会科学是什么？

因为 21 世纪的"可恶的问题"很复杂，带有技术性，不能仅靠单一的一个学科解决，甚至不是任何一个学科分支的责任，新公共社会科学的研究议程必然倾向后学科性研究，从此与传统社会问题研究区别开来。

伯恩（Byrne，2011：176）在他的应用社会研究大纲中使用后学科性，将其与他支持的复杂性理论的意义联系起来，他认识到 21 世纪的分析不能以已经过时的 19 世纪和 20 世纪发展的学科封闭研究为基础。他指出后学科性这个术语太模糊，经常被更通俗化的多学科性和跨学科性替代，但是他认为大量现行研究都是后学科性的（2011：178）。他的意思是用后学科性来指利用方法论工具以及在应用社会研究中超过传统学术界限的研究。他建议应用社会研究应该采取一种"马有马道，物各尽其善"的方法（2011：186）。不同之处在于我没有把它看作社会科学的一个很小分支的特点，我把它看作所有知识分支合作的特点。

同伯恩（Byrne）一样，比起程式化的称呼跨学科性或者多学科性，我用后学科性，尽管这些研究模式都是向后学科性的过渡。我使用这个词来指两个特点：它是问题但不具有学科导向，它鼓励所有知识分支的合作，并不仅仅是所有社会科学学科。

2012 年 5 月在巴塞罗那举行的欧洲研究型大学联盟十周年会议上，欧洲委员会科研创新处处长罗伯特·让·施密特（Robert-Jan Smits）很好地领会了我关于后学科性的观点："社会科学学科和人文科学学科一定……要从这些深井中走出来，致力于我们现在所面对的巨大挑战"（引自《泰晤士高等教育》2012 年 5 月 17 日，第 20 页）。欧洲研究委员会主席海尔格·诺沃特尼（Helga Nowotny）在这一会议上解释了社会科学学科应该怎样做，"我们需要社会科学学科参与，与其他学科合作，其它学科需要社会科学学科来应对巨大的挑战"（引自《泰晤士高等教育》2012 年 5 月 17 日，第 20 页）。这就是我说的后学科性。后学科性社会科学是以问题为导向，而不是以学科为导向，带有学科观点，属于理论和实证类别，要联合使用，因为这个问题决定了标志着研究追求的所有"三种文化"（Kagan，2009）。这些问题再也不能被单独学科已有的知识定义，而是通过必需的技术特征理解、分析、解释和改善它们。我只是太高兴了，对后学科性的支持在"那就是我和许多其他的人要做的"上面引起了一种反应——我只不过在说我们要的更多。

美国 Metanexus 学院为这种后学科研究创造了"大历史"一词（http：www.metanexus.net/big-history），他们用这个词指打破科学和人文科学的隔离，寻求一个可以融合所有学科界线的解释。我更愿意用后学科性的观点，因为它与要解决的"大问题"相关，但是后学科性的这种观点也被称作"渗透性"（Steuer，2002）和"专业杂交"（Dogan & Pahre，1990）。

这也许需要或者不需要与其他学科跨越学科界线的合作，就像跨学科性和多学科性经常所指的；相反，它也许需要单一学科研究人员从他们自己的知识传统中走出来接近他们自身学科之外的不同角度的话题。比如，在经济学研究方面，一些主要的美国经济学家正在推进他们自己领域的界限，以期能够面对更大的挑战。这在实验经济学上很明显，实验室实验被用于更好地理解合理性限度和政策制定，在行为经济学家中也很明显，他们正在使用生物学和心理学模式更好地理解个人和群体行为。这包括来自知识其他分支重新思考和重新修改的观点。行为经济学通过回到社会心理学现在已经不盛行的探讨政策制定的认知和情感基础的观点中帮助我们理解市场行为。

威尔金森（Wilkinson，2000）在关于学科视野的限制上给我们提供了最好的一个例子，即探讨贫穷和健康的关系。威尔金森经常关注导致不健康饮食问题的物质名词，他反而认为是对幸福的社会心理感受和医疗感受在调节这种关系（Marmot & Wilkinson，2001）。这个例子证明了后学科性的一个重要特点。后学科性延伸了合作的范围，包含了自然科学和医学。这也许又需要或者又不需要大型研究团队，他们融合各种学科技能以解决问题的多种技术难题。可以寻找单一学科的社会科学家，使他们熟悉对他们自己的研究主题有利的科学或医学研究。比如，性别转换研究不能再只局限于社会科学研究，还需要生物学和医学知识。神经学研究给一些文化的人类学研究和儿童行为的社会学研究带来了活力。比如，有组织的暴力犯罪、种族灭绝和战后恢复研究，是现在国际关系中普遍存在的社会科学学科，过渡性司法研究、政治科学、社会心理学和所谓的"冲突经济学"，即把康复看作一个医学和社会过程，与人类身体和社会体有关，如果没有创伤研究、认知科学、医学和受害者心理学研究，这些研究就不能很好地完成。

我并不是摒弃社会问题研究，也并不是认为20世纪的社会问题已经解决而不需要再关注，远远不是这样。大部分植根于标志着有侵略性的20世纪市场资本主义的物质不平等和不公正，类似贫困、失业、住房条件差、多重社会剥夺、学校业绩不佳、"种族"、性别、阶级和国家等各种方面上不平等的问题还没有消除，仍然需要我们去解决。但是这些问题又被掺杂进更麻烦的不能被轻易简化为学科方法和观点的"可恶的问题"中，无一例外，因为上述很多问题我们都不幸碰到了。气候变化、人口增长、可持续发展、污染、快速增长的老龄化人口、经济和政治动荡、恐怖主义和有组织暴力犯罪之类的问题需要后学科性，因为它们要求复杂的解决方案，远远超过了公平的重新分配。这些问题引发了道德和哲学上关于人类自尊的观点，但是也涉及到技术层面，只有打破医学、自然科学学科，如生物学、化学和环境科学，以及社会科学学科之间的壁垒才能获得更好的理解。保罗·戴维斯（Paul Davis，2004：448）当时是布莱尔政府发展战略部的一员，他在评论劳德等人（2004）在政策科学新形式的提议时，恰好抓住了关乎根本"可恶的问题"的新公共社会学科中后学科性的这一视野。他关于社会科学实践的观点值得详细地引述：

（它）应该可以使用经济评估的分析概念，理解社会心理学、认知科学和社会人类学的概念和方法，形成了很好的知识管理技能，包括有效的高效率搜索能力、批判性评价技能、以及可以使非专业人士理解和清楚的方式总结社会科学研究的能力。（它）必须能够超越技术的层面，可以解释为什么、怎样以及在何种情况下对（事物）操作或不可操作。能够挑战由什么组成"可行"或"不可行"以及能够认识到变化的理论也是一个先决条件（Davies，2004：448）。

这种方法中是以问题为重心而不是以学科为重心，意思是指这些问题要求一个多学科方法，可以增加我们对这些问题的理解，鼓励人们为了解决这些问题跨出他们自己学科的固有范围。

新公共社会科学对根本社会问题的研究关注还有另一个显著特征。那就是它与政府、非政府组织、公民社团以及不同类型的公众在研究对象、研究方式和研究的建议成果方面的合作。研究成了由多人共同参与的活动，其中研究问题并不仅仅被定义为为专业人士而留；它是知识的一种合作产生的形式。公共社会科学需要与公众合作产生，就像它的名字一样。[①] 担忧失去研究自主性（与失去学术自由的担忧不一样），连同对所有人的学科封闭向外影响了其学科专业性，一定不及有大众参与的研究。米勒（Miller）和萨巴帕西（Sabapathy）（2011：50）用其指大学的专业学者们通过发展"帮助我们理解和存在于我们这个世界的知识"不仅对社会也对他们自己负责任。但是我们要对哪类公众负责呢？

这是卡尔霍恩（Calhoun，2004，2007）所问的关键问题，他撰文想要使他1999年和2012年任主席的美国社会科学研究委员会走向有更多的公众参与社会科学。他认为，多数人专制之外还有各种公众类型，我们要对他们所有人持一种开放的态度。他写道，"问题的核心"就是"公共社会科学依靠解决公共问题，使公众知晓。让我们现有的社会科学种类更接近他们还不够。我们必须要有更好的社会科学。这意味着能解决公共问题的方法会更多"（2007：2）。我认为，我们的研究议程的这种观点要求新公共社会科学要对一个问题中所有利益相关者的看法持开放的态度，包括与之联系的完全不同的公众群体，他们之中一些人也许会倒退，用亚历山大（Alexander，2006）的话来说是"未教化的"（关于对北爱尔兰宗教和平建设中教化和非教化趋势之间的紧张态势的分析

[①] 林肯大学的研究人员已经进一步发展了这种观点，建立了一个独立的社会科学中心，旨在像一个自由大学那样运行，即研究人员放弃自己的时间在合作性研究项目和共同出版物上与公民社会团体合作，尽管这主要是一种教学和共同-学习计划（见 http://socialsciencecentre.org.uk/）。林肯大学已经单独改变了它的教学模式，这会在后文讨论。

参见布鲁尔［Brewer］等人，2011）。

如果"大问题"引导我们的注意，那么对这些问题的各种兴趣就要求研究工作能够对所有参与者和所有他们的观点产生影响。这指政府以及边缘化的非权力团体、商业以及非政府组织、政策制定者以及受制政策的无权者。[①] 在几种我们应该接受和合作的公众中，我们要向政府告知实情——不管是部长、官员、公民团体、政党、工会或是商业机构。由理论驱动、实证参与的研究在"可恶的问题"上超越了学科界限和政治界限，需要超越过去社会科学家们避免接触的"陌生人"。如果大问题需要大科学，这也包括一种增进社会科学与政府和政策制定者之间的关系的"大姿态"（尽管这是一个批评模式而不是合约模式），还有与社会科学家们感觉代表他们更天然拥护者的当地公众的关系。这就是为什么劳德（Lauder）等人（2004）把他们新的政策科学与新社会问题研究联系起来，敦促通过对话改善与政策制定者之间的关系。他们写道，"一个能够挑战政府政策设想和解释的政策科学会保持中心的地位"（2004：20）。用卡尔霍恩（Calhoun，2007：4）的话来说，解决公共问题并不意味着"仅仅把社会科学带入已经规划好的问题。它的意思是分析为什么问题以特殊方式被提出以及提出的意义是什么"。

后学科性也对大学和政府中社会科学研究的组织结构有重要影响。对大学来说，学科深井并非是组织社会科学研究的最好方式。作为鼎盛时期的神话的产物，单一学科学院当时备受推崇，只有这些学院在社会科学学科以及社会其他学科分支中帮助其他部门互相兼容合作时才是一个特例。多学科学校和跨校研究主题才更适合未来的需求，一些高校正在鼓励这种行动（见插页9）。对政府来说，米勒（Miller）和萨巴帕西（Sabapathy）（2011：52）表述了相关观点。如果研究对社会和当地社区更加开放，由不同的公众参与完成，包括政府，"换来的结果一定是社会向大学更加开放，其知识和教育工作也会获得更大的价值"。"可恶的问题"太复杂，没有映射到传统政府部门和政府研究目标，各个政府需要

[①] 利用社会网络分析，格里菲思（Griffiths，2010）指出，200名专业学者任职于84家不同的半官方机构，并不是那么多的专业学者或半官方机构。

同公共社会科学家和其他人对话找到定义和解决这些问题的方法；还要记住对话也包括倾听。

插页9　英国伦敦大学学院的四个"大挑战"

值得注意的是，SAGE 出版公司是一家最重要的社会科学出版公司，2011 年它开办了一个叫做"社会科学空间"的博客，主要探讨社会科学参与"大问题"（见 http://socialsciencespace.com/）。许多大学在多学科挑战中都重新调整了他们的研究策略。比如，牛津大学马丁学院抽出 640 万英镑来解决六个"21 世纪的挑战"，包括人权和全球体系适应性。因此，在这张插页中，我使用伦敦大学学院（UCL）仅作为许多做法中其中一个例子。伦敦大学学院在一个名为"传递一种文明的智慧"的文件中重新规划了其研究策略，承诺对研究实践和基础设施进行根本重组，使之更好地应对未来的挑战。负责大学研究的副院长大卫·普赖斯（David Price）教授 2012 年 1 月 26 日在接受《泰晤士高等教育》采访时说，研究密型大学，如果经费超过了自己的那一部分，可以说自己经费费用高是为了应对重大挑战，将知识应用在"为人类的造福的地方"。市场的语言已经被一种人道主义论述所替代，基于学科的知识已经被"知识角度和学科方法论的综合和对比"所替代。因此，伦敦大学学院介绍了四种体制宽泛的"巨大挑战"以帮助公共问题研究。这四种分别是全球健康、可持续城市发展、跨文化互动和人类福利。这四点很适合社会科学研究，但是也建议与工程学、自然科学和医学建立卓有成效的联系。后学科研究并不是自然而然产生的，大学重组是一个必要诱因。普赖斯的话被引用来说明这种方式处理社会问题要结合重点放在"有用的知识"。这包含"影响力"但是范围更宽泛，包括除了政策制定者和政府之外的其他人的参与，尽管仅是有必要进行对话的其中一些团体——但是，普赖斯指出，"这并不是说我们应该做政府想要的研究"。普赖斯也设想与公民社团和慈善基金会对话，与它们在关于社会问题研究的这些想法上可能会产生共鸣，在某种程度上来说是想获得资金但是

第五章 新公共社会科学是什么？

也是非常希望共同产生知识。这要求自身成员在这些主题上承担领导责任，才能鼓励和发展下一代研究者以及培养学生。

正如我已经描述过的，新公共社会科学的研究议程要求进一步改变传统研究实践。后学科研究包含不同模式的交流和语言。社会科学学科和科学的其他分支学科之间相互作用，在与之相关的大众之中与知识的共同生产者联系，要求使用一种共同话语。这会意味着减少使用社团内部的专业词汇，其中概念、理论和观点要避免与一般常识性使用混淆，避免发生一种文体上的变化，这样，社会科学家们写出来是让他们自己被理解而不是为了得到专业称赞。对质量不高的研究，公共批评有时候侧重于其论述如何被建构的撰写形式上，而不是其方法论或研究如何被设计。批评的是因其拙劣的文章而造成了艰涩难懂。然而，如果象牙塔要被新公共社会科学的研究议程所拆毁，那么这种起初帮助它构建起来的论述风格也一定会这样。

我想通过回到关于公共价值的先前的讨论，来结束在新公共社会科学的研究议程上的这一小部分。公共社会科学研究能够指出这些"可恶的问题"是怎样互相关联，以及文化、市场和政府在本地、全国和全球范围内的运作是怎样影响这些问题的，不管是好的影响还是不好的影响。因此，公共社会科学研究能给人类可能的未来以及一个社会的前进发展以科学关注，不管这些问题产生的效果是改善的还是削弱的，进而通过培养道德情操和同情联想用我们组织文化、市场和政府的方式获得公共价值，这种道德情操和同情联想是针对那些被它们影响到的人以及正在被边缘化和被剥夺权利，或者被给予特权和占优势的人。这就是新公共社会科学在理论和实证观点上的重要角色。因此，美国社会科学研究委员会最近开始了一个名为"可能的未来"的项目，这可绝非偶然兴起之意。克雷格·卡尔霍恩（Craig Calhoun）将他对21世纪的公共社会科学的重构同对我们可能的人道主义未来的反思联系起来，作为美国社会科学研究委员会的主席，他创办了一套丛书名为《可能的未来》，书中记录了主要的社会科学家对全球问题所做的浅显易懂的短小评述。（见

http：//www.possible-futures.org/book-series）

2. 新公共社会科学作为一个教学议程

现在应该很清楚了，关于公共社会科学的研究议程有很多程式化的论述，一些有远见的人已经开始倡导致力于紧要公共问题的研究议程。但是，公平的说，新公共社会科学的教学议程却没有得到同样的关注。我并不是宣称公共社会科学教学的新形式没有被实践过，只是说这并不为太多人所知，更多的是本地化的实践。

问一问任何一个社会科学毕业生他们这个学位的收益是什么——在一年两次的模块评估和每年的全国满意度调查中他们都要被问到这样的问题，都被问得懒于回答了——他们可以勾勒出一长串个人规范价值。对于一个学位对一个人到底值多少的这些评估是规范价值的一部分，会随着每个人陈述它们的不同而随之改变，范围从工作前景到婚姻前景。他们可能会用使用价值和价格价值的观点作为解释学习社会科学的主要原因，比如就业和薪水。他们也可能会提到集体利益和公共利益，这些都是公共规范价值的形式，比如来自他们社会科学教育对积极的公民身份、公共参与、社会同情心和跨文化意识等方面的激励。基于学生的公民意识而所承担的研究值得简要讨论一下，以此证明在个体和公共利益之间结合了动机和体验。

比如，由诺丁汉大学、兰卡斯特大学和提赛德大学组成的一支研究团队，在经济和社会研究委员会（ESRC）的资助下做了一项研究，通过采访四所大学中的学生对社会科学教学的体验和评价（见麦克莱恩[Mclean]等人，2012），他们发现基于社会学的社会科学学科的学生（包括犯罪学和社会政策学）感到他们在社会科学教育的主要收益是提高的学术能力和就业能力技能，对更广泛的人的理解和同情心，个人身份的改变，即把社会变得更好。研究者们得出的最大结论就是至少基于社会学的社会科学学科正在帮助个人转化和社会转型，学生的雄心壮志不仅仅局限在个人提高上。

要达到这个效果，其中一个重点就是教学，使学生实践和运用社科学（Mclean et al., 2012：8）。① 变化的社会科学教学不能仅仅只是把已有知识传递给学生，还要能够使他们使用他们正在学习的改变他们一生和使他们一生受益的知识，比如通过帮助他们看到这种知识怎样帮助他们理解和弄清楚他们自己的生活和别人的生活，不管是周围发生的还是全球范围内正在发生的。这一部分受益于某一个特别的研究主题，但是更重要的是鼓励批判性分析技能，一种开放的富有挑战性的态度，以及透过现象看到本质的能力。这也不仅仅是给学生提供小团体讨论的机会。论述实践只是一种表述策略——小团体在很多大学已经消失很久了——因为重要的是学生情感的培养，就是我在这里所说的道德情操和同情联想，除了大部分时间保持安静的研讨会的枯燥形式，还有很多方式可以采用。(我所说的表述性教学实践很快会在下面讲到。)

来自这种研究更广泛的问题是其研究发现对不基于社会学的社会科学学科的关联，到目前为止这是最多的，除此以外还有在经济学家、法学家和心理学家之间的专业认同是否对培养道德情操不利的问题。比如，来自芬兰的研究（Ylijoki, 2000）通过比较来自计算机科学、图书馆科学和情报学、公共管理学、社会学和社会心理学的学生，发现在学生的"道德秩序"② 上有很大不同，认为基于社会学的社会科学学科倾向这种观点，一项真正的任务摆在我们眼前，需要更加努力和专业导向的社会科学学科。这些研究发现完全不同于现在的观点，即认为学生在他们的研究方法中非常工具化，尽管这种看法被广泛用以解释帮助学生行为表述的教学与评估方法并没有起到作用，而这些行为表述策略却表明学生已经完成的个人及公共转化水平。也可能是学生正在形成他们的社会意识，主要不是在课堂上，而是通过参与学生课外活动，从他们的同伴或学生会获得。研究结果也可以具有很强的性别倾向和阶级属性，其中通过个人和社会转化的道德情操更可能是那些非传统学生、有爱心责任的女性学生和那些来自贫困家庭的学生，尽管麦克莱恩（Mclean）等人发

---

① 也可参见研究团队网站 http://www.pedagogicequality.ac.uk/。
② 我要感谢格拉斯哥大学学习和教学中心主任维姬·冈恩（Vicky Gunn），她使我开始关注芬兰的研究。

现这些趋势几乎涵盖了所有种类的大学，包括那些招收传统中产阶级家庭的学生，他们私下称为"有声望"和"讲究的"大学。

这也可能意味着日常反馈评估形式中这些种类的评论很少见。除非明确地被问到，学生不会在日常生活中提到道德情操以及个人和社会转化。这主要是因为这些品德在传统社会科学教育中是内隐的而不是外显的，学生不会被指明社会科学获得公共规范价值的方式。社会科学教学在大问题和社会科学作为一条获得道德情操和同情联想的途径怎样与这些问题联系起来上也没有太大的压力。通过获得其"独特性"、"特殊性"的学科专业知识内容在学科中的认证，同作为那些带有专业认证资格的机构监督课程的非专业社会科学学科的实践是一样的。

有一种担忧，即现在的审计政策文化阻碍了创新，因为它使教师不愿冒险，甘愿选择灌输知识的方式，更多关心的是"传递"给学生他们要的知识，而不是指出学生需要的是什么而对他们提出挑战（Furedi，2012：40）。

然而，在影响社会科学教学的社会科学的公共价值中有一点可以很好地使创新在课程和教学本身中吸引学生。与传统社会科学学科的核心领域一起，新公共社会科学也需要教授有关应对一些影响人类未来的公共问题的课程。比如，教授有关苦难、持续性、环境、海洋、东西方、和平进程和气候的课程使社会科学本身具有后学科性，有助于把注意力集中在可能的人道主义未来，以及在过程中获得对他人的同情联想上。国际非政府组织和公民社会团体可以被带入课堂，带入我们的教学，这样可以使学生看到何为全球化策划、本土化执行。公共社会科学是在课堂中的实践，通过创新的教学方法把真实的世界带入课程，试图缩小两者之间的距离。这也意味着通过实地考察旅行、实习，甚至在附近一带徒步旅行（比如，金史密斯学院的社会学家做过），把学生从课堂带入真实的世界；这意味着给学生提供开放和包容的课堂，以及为学生提供过多的教学机会，让他们体验公共社会科学在他们自己的人生和他人的人生中改变人生和提升人生的影响。因此，新公共社会科学的教学议程不仅仅关于课程的改变，也包括为了促进学生表现变化而在教学和评估行为上的改变。通过这种方法，容忍、同情、心胸宽广、全球文化公民身份与社会科学教学联系在一起成为课堂中一次生动的体验（读者们感兴趣的一个展示这种教学形式的例子可参见插页10，这仅仅是众多教学案例中的其中之一，我对这个例子最熟悉，因为它来自我自己的教学）。

这种教学其中一些已经在使用了，[①] 尤其是在课程重新设计上，但是在改变上遇到了很多阻力。一个主要的关注就是对学术标准的威胁。比如，2012年1月26日《泰晤士高等教育》引用了牛津大学赫特福德学院院长威尔·赫顿（Will Hutton）的一席话，他批评那些来自学院内部的声音认为大学的责任就是"成为一个高于一切的学术机构"。这些人害怕如果它们不保持专注学术的重心，牛津大学会"陷入麻烦"。然而，学术卓越和公共社会科学之间并无本质上的不兼容性；具备学术能力、公共参与和道德意识，这样的学生应该就是每一位教师旨在培养的目标。

插页10　阿伯丁大学约翰·布鲁尔教授和平进程的社会学

这是社会科学学院在第四学年向所有学生开放的为期12周的选修课（社会学、政治学、国际关系学，以及社会人类学），但是在学习欧洲研究的学生中也很受欢迎。作为一门选修课，这门课程最多只能有25名学生申请，但是因为太受欢迎通常会有候补名单。我曾经在2004—2005年间讲授这门课。它的学科主题和课程反映了后学科性公共社会科学，利用上述所有学科，以及经济学和社会心理学，旨在更好地理解教派冲突后的社会恢复过程，解决诸如公民社团、记忆、揭示真相、受害者、宗教、性别、情感和公民身份教育的问题。课程案例来自北爱尔兰、南非、巴尔干半岛、卢旺达、苏丹、以-巴地区、布干维尔岛以及波兰。课程目

[①] 美国乔治梅森大学2008年在强调公共社会学的社会学中设置了一个新的博士项目，带有专业化的两个领域：机构和不平等，以及全球化的社会学（见http://asanet.org/footnotes/mayjun08/mason.html）。这个项目的设计旨在帮助学生在学术社会学、政策研究或公民倡议领域就业。他们的宣传是机构与不公平项目让学生能够在标志不同社会机构功能的显著差异上开展研究，比如学校、医疗保健、工作场所和家庭生活。全球化的社会科学项目培训学生将社会学知识应用到在全球或跨国层面上操作的社会结构的研究上，应对发展、人权和跨国社会运动的活力的问题。

社会科学的公共价值

标是教育学生以全球公民身份，意识到社会中源自冲突的有组织暴力行为的新形式的影响力。我一开始就告诉学生这门课程比起标准的讲座-研讨会形式对他们有更多的要求，因为他们会作为这门课程的共同参与者，引领小团队，设置他们自己的作业，承担角色扮演，要面对其他人遭遇苦难的真实世界。其中有一两个学生因为这点放弃了这门课程，会有候补名单上的学生补上。我把课程设置为两小时的研讨会。全部课程的笔记都会以幻灯片放映的形式提前放在网上。我这样做是强调讲座和笔记不重要，重要的是阅读。每一堂课都以一个简短的课程主题回顾开始，然后我们进入研讨会模式。这不是一个学生以前习惯的模式，在课程开始前就需要几周时间。我在这里并不是想强调课程内容作为一种社会科学公共问题的形式，而是强调我为了缩小课堂和真实世界之间的差距采用表述策略作为教学方法。研讨会采用不同的形式，我经常轮换，这样学生在学习体验和成果上都有不同收获。一种形式是角色扮演，表演者充当受害者/幸存者或者前任战斗者的角色，在课堂上表演出和平进程中每个人的冲突要求。其他研讨会在课堂中加入了和平活动，用以叙述他们的直接经历。在有些研讨会我播放DVD影片或者视频资料，上面有参与者在冲突中分享他们的经历，有时候非常令人悲痛和感人。有时候我邀请当地非政府组织的代表人物给全班讲述在阿伯丁怎样进行思考全球化，执行本地化。以特别方式组织学生展示，鼓励他们的合作生产。一次研讨会的主题设立在——也许是报应性私法对恢复性私法，受害者表述愤怒的正义或非正义，或者以体育作为一项和平策略——产生对立的层面上。整个班在研讨会中被分为几个小组，已经读完资料的学生引领讨论；有时候我让他们做报告，有时候不用。正是这种引领和组织小组讨论的责任成为了学习成果，并不是作报告的交际技能。我也会让他们自己选择他们的作业主题，这样可以保持他们个人的兴趣。课程每次都会通过教导班级代表那里的点评和允许更深刻点评的匿名网络问卷来评价。下面就是从2011—2012级班级在这种以实现我所称的社会公共价值的形式效果上的点评。"它比在课程目录上看到的要好多了。我对它非常感兴趣，因为我一直有种想法成为一名全球公民。""作为一名社会学家，我不自主地会关心人们和在冲突中对他们的伤害。和平进程对我来说就是一块磁石。""很有意思，与现在关联也大。""和平进程在当今是很重要的主题。""和平进程，冲突是一个个人领域的兴趣，我两年来一直期待能在这个课程中发言。"紧接着是来自同一研究群体关于这种教学形式在个人和社会转化的表述上是否有帮助的点评。"他卓有成效地把整个班级整合起来，达到在学期末让大部分学生都能发言的程度。他改变了一门课程的活力。每周他都改变授课方式，使你感受到与众不同而有成效的教学方法。""这门课程在作业上非常有创新性，比如角色扮演，原来竟然非常有意思，非常清楚，也非常易懂，但是又展示了其复杂性。""它的形式带来了更加非正式和个人化的学习氛围，而且，课程内容与世界各地案例关联，使理论和实践完美地结合在一起，这在其他课程上很少见。""它给我带来了新的朋友以及对我个人能力的自信心。""它给了我启发，让我去探索未来作为一名公民身份的教育者的可能性。""走向全球，着眼最新动态，这就是我喜欢它的原因。""这门课程让你睁大了双眼看见世界上正在发生的事情。""能够让我自己亲身参与，测试我自己的反应，这太棒了。我喜欢课程的灵活性和不同的教学方法。""教学的研讨会风格是一种全新的改变，使课堂更加具有互动性。"

林肯大学有一种首创的新教学方法叫做"学生即创造者"，学校教学与学习中心主任和教育研究和发展中心主管迈克·内亚里（Mike Neary）教授是这种新教学法的支持者之一，在这种教学方法中，学生与教职员都是知识的共同创造者（见http：//www.lincoln.ac.uk/home/studyatlincoln/discoverlincoln/teachingandlearning/studentasproducer/），由高等教育学院资助支持进行（也参见内亚里和韦恩［Neary & Winn］，2009，以及插页11）。

插页11 林肯大学的"把学生作为创造者"教学方法

林肯大学描述这种方法如下：

我们是政府项目中的主要合作人，旨在让学生通过亲身实践的体验学习。通过时间和主要参与研究，学生建立和增强他们的批判性技能，转而增加他们的就业机会。学生直接参与林肯大学的教学和学习各层面。这种参与研究的教学以思想文化史和现代大学的传统为基础，"学生作为创造者"计划是大学所有教学和学习的组织原则。在林肯大学，教学设计和知识传授以及学习项目由学生和教师合作完成。学者们提供课程的主旨，但是我们也想问学生在学习中感兴趣的是什么以及项目怎样被设计以迎合他们特殊的兴趣和热情。"在校学生在这里不再仅仅被动地吸收知识：他们在这里学习通过复制他们所选学科的研究过程的真实研究或项目创造知识"（迈克·内亚里［Mike Neary］教授，教学与研究中心主任）。"学生作为创造者"出现在当学生要求在教学质量方面获取更大价值以及毕业后的就业能力的时候。通过给予学生责任和实践参与，使他们从一个更加全面的学习体验中受益，增加了就业前景、个人发展和对课程的满意度。

摘自林肯大学网站：http://www.lincoln.ac.uk/home/studyatlincoln/teachingandlearning/studentasproducer/。

他认为把学生当作共同创造者，也许在教学中叫共同参与者更合适，是通向卓越的途径。也更加适合在牛津这个梦幻尖塔之城以外存在的"可恶的问题"：英国其他城市可能继续这个梦幻，而世界其他地方则加速进入潜在的噩梦。

3. 新公共社会科学作为公民参与的一个议程

社会科学家有时候会因为把影响力和公民参与弄混，抵制前者而保留后者，变成他们自己最可怕的敌人。影响力产业已经把公共参与当作其主要的组成部分。因此，一系列推动公共参与的行为都被认为是消极的，因为它们都是通过影响力的角度来看的。我想到的例子就是"公共参与的指向标"计划（见插页12），英国研究委员会（RCUK）的"将公众加入研究的协定"，以及全国公共参与协调中心（见 http://

www.publicengagement.ac.uk）的许多会议和工作室，正如其主管保罗·曼纳斯（Paul Manners）所说的，都希望使研究者"对21世纪出现的社会和公民要求更加敏感"。① 然而，影响力之镜会让我们看不清。剥去这些内涵意义，这些计划的目的应该被更广泛地讨论其对公共社会科学更广大概念的贡献。

通过这样的行动，影响力议程最熟悉的一个特征就是促进传播的责任；传播被作为一种公共参与的形式和一种获得影响力的方法展示出来，使传播成为影响力产业的另一个核心组成部分。这许多行为的问题在于公共参与被简化成传播的唯一形式。因此，要引起我们注意的是公民参与比传播大得多。这也许就是可以把在英国各种公民参与当作影响力一部分的行为，与这里设想的更加全面的社会科学的公共形式区分开来。

插页12　公共参与的指向标

"公共参与的指向标"计划（见http：//www.publicengagement.ac.uk/about/beacons/）发布于2008年，由英国研究委员会（RCUK）、惠康基金会和高等教育基金委员会资助920万英镑，四年的基金用完后于2012年告一段落。它由全国公共参与协调委员会管理（见http：//www.publicengagement.ac.uk/），作为指向标项目其中一部分而设立。意图是引入一种文化改变，通过资助一系列向公众开放高等教育的项目使大学面向更多的公共参与。六个区域中心分别建立在伦敦、加的夫、爱丁堡、诺威奇、曼彻斯特和纽卡斯尔，旨在作为合作中心，吸引更多大学和继续教育学院，以及其他合作组织，如博物馆、慈善组织、媒体和商业组织。项目旨在帮助教职员和学生与公众的参与，其培训课程由全国协调中心设置，带有相同的目的。每一个区域中心都有自己的项目。比如，威尔士中心与威尔士的大学合作，帮助它们展示其所做的研究是

---

① 引用自《泰晤士高等教育》，2011年11月24日，第24页。

"关系到现代威尔士的"。方法是：鼓励大学教职员和学生倾听公众的呼声，找出他们想从大学得到什么以及他们想怎样参与进去；鼓励大学奖励教职员和学生的高水平的公共参与；鼓励大学教职员和学生参与更多，并且学习怎样做的更好；帮助公众成员以及大学教职员和学生彼此之间交流，知晓更多彼此的需求（见http：//www.publicengagement.ac.uk/about/beacons/wales）。这项行动已经被"催化"计划替代，这是由英国研究委员会（RCUK）单独资助240万英镑的一个超过三年的项目。"催化"项目由八所大学进行，包括诺丁汉大学、在伦敦的教育学院以及伦敦大学学院，项目为它们设计的是在它们的内部实践和文化中纳入公共参与，比如鼓励大学认识到在它们的晋升标准中有公共参与，要让年轻的科研人员认识到公共参与是职业提升的一个好机会。引自2012年5月10日《泰晤士高等教育》，"催化"项目在诺丁汉大学的主要研究者表达了他们的看法，即在大学没有研究不带有在社区的影响力，每一个项目活动的10%都应该融入公共参与的一些形式。

正如我们在新公共社会科学的研究策略中看到的，公民参与以研究问题的规划开始，不同的公众可以作为研究的共同创造者，同时公民参与也进入到新公共社会科学的教学策略中，公民社团组织、非政府组织和其他公众能够被带入课堂——并且提供课堂之外的实习和实地考察——以缩小与"可恶的问题"存在的真实世界的差距。因此，新公共社会科学的公民参与并不是留下作为最终的结果，但是要在最后进行。传播和公民参与是不同的过程。传播涉及将结果告知更广大的观众，可能包含传播的公共形式。这对新公共社会科学和传统社会科学都同样重要。传播中有一些新颖的方法可以用来扩大公众知晓，比如网络博客、网站和在线网络、大众出版物和作品、简报等等。然而，公民参与也涉及在所有的研究阶段，以及在教学中与相关公众和利益相关者在问题上进行对话。

新公共社会科学的公民参与要求撰写的内容简单、清晰和充分，但是公民参与的意思并不是一种交流策略——同传播一起。公民参与涉及鉴别公众参与的网络,受到特殊研究问题的影响或者参与进来,与他们在问题规划、用来进行探究的研究设计、数据收集的整理和实践以及详细描述上进行对话。其中对话还包含将结果告知不同公众的最佳方法以及据他们所知哪一种结果会被用来使用。这会涉及传播和交流的不同形式,取决于是否是政策制定者、政治家还是当地社区的公众(见插页13,来自犯罪学上的一个例子)。这正是新公共社会科学的公民参与策略的一个特点,如果公众对"可恶的问题"表达利益相关者的兴趣,他们就不会被排除在外。新社会科学是公共的而不是带有偏向性的。

大学中的教育管理者可以有效地发展这种与其研究人员和教师的联系;这也许比想出口号、使命宣言和"火热的"企业品牌效应要更有成效。如果英国政府能进行一个公民参与的公共任务,教育管理者们就可以知道在哪里以及以哪种方式可以更好地使大学火起来。

插页13 拦截搜查组织*

监控和管理警察拦截搜查权力的条例正在被削减,因为一些专业学者、公民社团组织和社区积极分子担忧这一情况,2011年建立了拦截搜查组织。这个组织是一个广泛的联合,包括几位学者——迈克·夏纳(Mike Shiner)博士(伦敦政治经济学院)、本·鲍林(Ben Bowling)教授(伦敦国王学院)、李·布里奇斯(Lee Bridges)(沃里克大学)以及丽贝卡·德尔索尔(Rebekah Delsol)博士(开放社会司法倡议项目办公室)——他们把这一组织看作是社会科学活动的一个特别好的例子。组织中的学者独立从事在警察权力、警察-社区关系和相关犯罪学问题,以及在法律案件上提供专家证词的研究。有一个政策团队、一个法律团队、一个青年团队,再加上一个协调委员会,每一个团队每月一次和每六周一次会面。其网站(http://www.stop-watch.org/about.html)解释了拦截搜查策略继续制造出一个社区和警察之间的间隙。拦截搜查行动组织

---

* 我要感谢迈克·夏纳(Mike Shiner)为了解这一插页提供的细节信息。

力图与社区、部长、政策制定者和高级警官合作，确保对警察服务的改革是公平和包容的，可以对所有人进行更好的监管。拦截搜查组织旨在确保拦截搜查议程在公平环境下进行。由公民社团、法律专业和学术界的主要人物组成，行动团队的目标是：未来的五年里减少一半在拦截搜查上的种族比例失调，在怎样达到这个目标上给予强制指导和支持；审查不需合理怀疑的拦截搜查中权力的使用和管理，比如第60章，目录7和道路交通法；确保过程在拦截搜查的有效监控和外部问责上适当；为公平的拦截搜查和监督平等创造一个议会支持/独立评论者；促进对拦截搜查上的研究以及权力使用的其他途径。连同以网站为特色的研究，这个组织现在正在支持两个法律案例。一个在1994年刑事审判和公共秩序法下呼吁对第60章的司法审查（http：//www.bbc.co.uk/news/uk-england-london-17942299；http：//www.voice-online.co.uk/article/racist-stop-and-search-powers-be-challenged），另一个挑战警察机关放弃记录拦截程序和叙述事件的方式。其媒体工作的例子可以在如下网站看到：

http：//www.leftfootforward.org/2012/04/stopping-the-searches-the-need-to-confront-police-racism/

http：//www.guardian.co.uk/law/2012/jan/14/stop-search-racial-profiling-police

http：//www.guardian.co.uk/law/2012/jan/07/abuse-stop-search-crime-police

http：//www.guardian.co.uk/uk/2011/sep/22/police-record-race-stop

http：//www.guardian.co.uk/commentisfree/2011/feb/01/police-stop-search-data-equality？INTCMP=SRCH

http：//www.guardian.co.uk/commentisfree/libertycentral/2010/may/26/stop-and-search-reform-theresa-may？INTCMP=SRCH

这个组织也正在着眼于使用创意媒体使信息被人们理解。青年组织制作了一部展示拦截搜查的短片（http：//vimeo.com/33752075），并且组织了一支快闪族以提高知名度（http：//www.youtube.com/watch？v=Xcx-92IB8C0）。最后，这个组织最近委托制作了一部关于拦截搜查的小剧，主旨就是提高知名度以影响政策制定者——表演结束后它举办了几次专题研讨会，出席者包括本地的国会议员海蒂·亚历山大（Heidi Alexander）和平等与人权委员会的一位委员西蒙·伍利（Simon Woolley）。这个组织还为学校围绕公民身份项目关键阶段 3 和 4 制作了一个教育包。这是向上参与政府、政治家和政策制定者，向下参与公民社团和组织社区的绝佳范例。

4. 新公共社会科学作为科学

我早前说过公共社会科学有困难而同时又影响深远的原因之一，就是它对规范实践和科学实践之间界限的挑战。传统规范社会科学家很可能不喜欢公共社会科学的观点，因为自从他们知道要想使人们的生活有所改变，他们要向上联系有实权的公众，他们就一直喜欢批评家总是唱反调的角色，而公共社会科学却恰恰反对这样。相反，社会科学中传统科学的肯定者很可能也不喜欢这点，因为在"可恶的问题"上的重心威胁到他们的客观性，也存在让他们卷入到有明显道德层面问题的危险。

然而，我没有把新公共社会科学看作一个科学和规范实践之间的简单分歧——它是带有规范层面和科学支持的道德约束的科学。

社会科学的公共价值很明显是规范性的。我构造这种公共价值的方式——对彼此作为社会存在的道德情操和一种同情联想的培养以及对人类人道主义未来的道德关注——使之尤其遵循规范。因此，以这种公共价值的观点为基础的新公共社会科学不可避免具有规范性。确实，它旨在为社会科学家在他们的实践中，作为社会科学家以道德准则生活，以政治指令行动。在传统社会科学中，规范的社会科学家，正如第一章所示，更易成为科学抵制派。科学实践被看作直接违反了以价值为导向和规范的实践；他们抵制科学，认为它与价值是对立的。科学-追随者们在他们科学地位上的忧虑，考虑到社会科学的特殊研究主题，常常使他们敌视规范实践的任何建议，以至于社会科学家成了他们厌恶的人。科学和价值似乎是对立的。社会科学的历史指出这点是一个完全错误的矛盾。

因此，我在这一节讨论公共社会科学仍然是科学，其规范和科学层面能轻易地协调在一起。这要我回到第一章中关于科学的观点和及其独立的方式，不偏不倚任何特殊的研究方法的断言。

科学本身就是一种人们可以致力于研究的价值，就像宗教信仰。我把科学的观点定义为一种价值，包含下述承诺：

- 承诺发展基于证据的观察、描述和解释；
- 在调查的所有阶段，承诺专业和道德实践，包括准确、诚信和正直；
- 承诺客观；
- 区分价值和证据。

后面承诺的重要性在于证据不应该为了科学家们所持有的价值而歪曲。韦伯（Weber）给了我们价值中立性的原则，他想到的正是这种承诺，而不是科学家们应该不持有价值的谬论。科学家们可以有共同的价值和道德倾向，或者彼此之间大相径庭的价值和道德倾向，但是他们作为社会存在永远不能逃开这些价值和道德倾向；重要的是这些价值并没有使他们作为科学家的实践遭受责难。只有在持有的价值歪曲了实践的时候，党派性才成为问题；如果价值和证据一直独立存在，这样做也并非无法避免。拉瑟（Lather，1986）所称的"意识开放的研究"只有不考虑价值和证据的时候才具有党派性，那么既然我们进行后现代研究文化（Brewer，2000），没有理由认为两者彼此独立是不可能的。正如后现代主义者所说，"事实"是价值负载的，需要进行批判性检测；对科学实践重要的是这种检测不会被检测者所持有的价值歪曲。

新公共社会科学的道德承诺使之具有规范性和党派性。这些道德价值是很明显的。它们就是新公共社会科学的要点。它在面对21世纪的大问题上的重心受到我们对传递给我们子孙后代的人道主义未来的关心的激发；其公共价值就是获得对其他社会存在的道德情操和同情联想，我们与他们共享日益减少的资源和空间，这使我们意识到对被边缘者和被剥夺者的责任比我们自己本身更糟糕；其研究和教学议程旨在公共参与，有当地有组织的群体也有权力群体，有特权群体也有贫困群体，目的是

第五章 新公共社会科学是什么？

让所有受到我们正在经受的"可恶的问题"影响的利益相关者参与进来；用科学进行分析、解释和理解，最好的结果是找到解决方法，但至少也能找到改良方案①。

这意味着公共社会科学也涉及影响的问题。但这是在我们人道主义未来上的影响。这是通过其研究和教学在人们的个人和社会转化上的影响，影响他们了解他们生活的意义和文化、市场和政府的组织，不管是本地、全国还是全球范围内，在他们的生活上和别人的生活上的影响。通过其研究、教学和公民参与，公共社会科学创造大众、劝说大众、感动大众，致力于公民行动以影响我们的人道主义未来。

这就是 21 世纪公共社会科学的目的——与其 18 世纪和 19 世纪目的相同。我意识到我正在说的都不是什么新的东西。社会科学源自 18 世纪的道德哲学，有着同样的目的，21 世纪需要新社会科学——在文化、市场和政府层面分析、诊断和改善社会状况，以期社会进步和人类改善。显而易见，规范公共社会科学的回归，可能会让人感到震惊，仅仅因为 21 世纪各个社会科学学科的专业化使我们忘记了科学和价值是并存的。他们并不认为两者不可并存，如霍布斯（Hobbes）、洛克（Locke）、史密斯（Smith）、弗格森（Ferguson）以及维多利亚时代满腔热情地利用科学的地位，建立如全国社会科学促进会（NAPSS）这样的组织的改进者，得到了约翰·斯图尔特·米尔的支持，将其称作一种"理解和应对他们的社会的问题的手段"（Hush，1985：280）。一些统计学会——这个时代的一种风潮，建立在统计学会帮助理解，理解又可以促进社会进步这样的信念上——就归属其中。这个学科是公共参与的一条途径，受规范关注促进（Goldman，2002）。一位前政府官员同时也是全国社会科学促进协会（NAPSS）主席，厄尔·沙夫茨伯里（Earl Shaftesbury）用他 1985 年的主席报告指出这一点。"我们被要求考虑最大的利益和最多

---

① 我强调我们应该加入的公众开放性的重要性，是为了增强公共社会科学的科学地位，因为如果只加入依我们个人价值而喜欢的公众，就会不考虑价值和证据，同时会切断公共社会科学与所有在调查中特权阶级对可恶的问题的利益相关者的联系。公共社会科学不仅仅是向下联系与社会科学家相处更融洽的边缘局外者，还需要向上联系权力精英。

的改进。"（Huch，1985：281）

维多利亚时代的科学改革者并没有将其看作共谋而试图与那些最有权力人士合作缓和和解决这些问题；他们非常实际，相信有必要在受难人群和有权力做些什么的那些人之间协调。当然，19世纪的公共社会科学受限于狭隘的上层阶级的家长式激励作风（Abrams，1968）。在某种意义上，这些维多利亚时代的改进者既是希望创造者也是神话创造者。他们通过几乎乌托邦式的信念产生希望，即社会科学可以造福社会，又在错误的信念中创造神话，即他们认为公共社会科学会改变世界。希望[①]无可非议，很有可能21世纪的公共社会科学会如同19世纪的社会科学家以同样的方式——被面对的"可恶的问题"的规模和复杂性击败。然而，这仅仅意味着我们需要更好的科学；我们急需试着改进我们的科学。

因此，新公共社会科学，通过其对科学观点的贡献和其价值和证据独立性，是科学性的，以至于新公共社会科学为了改进其科学需要思索方法论的问题和研究实践。但是，新公共社会科学的规范性精神确实对一些传统社会科学的正统观点发起了挑战。新公共社会科学是致力于价值的，承担基于道德的研究和教学，目的是促进公共物品广泛被接受，其中相关的价值和观点如"良好"、"可持续性"、"机会均等"、"公平"、"公正"、"不道德行为"、"有害"、"人类幸福"、"人格尊严"等等都是客观性的而不是道德范畴的。一些事物需要指出它们是什么——这是错误的。机会不平等是错误的，犯罪是错误的，不道德是错误的，不公正是错误的，贫穷是错误的，人格不自重是错误的，营养失调是错误的，污染是错误的，有组织暴力犯罪是错误的，残忍是错误的等等；这些不是道德相对性，从文化角度看仅仅在一定程度上的错误。

接下来看这些情况的反面需要指出它们是什么——这是正确的。消除贫困是正确的，结束战争是正确的，停止污染是正确的，机会均等是正确的，公平是正确的等等。这些评估是针对植根于社会科学的公共价

---

① 克里斯滕松（Christenson）和艾林（Eyring）（2011）也使用希望的语言，有理由期望美国的大学从内部改变可以具有创新性。

值的普遍人道主义诉求而做出的。这种道德和规范框架使我们在好与坏之间做出范畴判断,将来新公共社会科学是通过其研究、教学和公民参与,实现好的方面的可能,消除坏的方面,使其道德和规范公共价值通过其进行的研究,教授的学生和参与的公众普及。再一次强调这不是新出现的。现代哲学家如阿伦特(Arendt)、玛格里特(Margalit)、森(Sen)和努斯鲍姆(Nussbaum)讨论了不幸(关于阿伦特[Arendt]见克拉克[Cloke],2002),这个论题已经悄悄进入了社会科学关于苦难的讨论(Pickering & Rosati,2008);只是对传统社会科学来说刚好是新的。道德相对性极大地受到新公共社会科学的挑战。

结 论

社会科学必定一直是跨越性的,它的临界使社会科学与众不同。新公共社会科学继续其跨越性,保持了一种批判的身份。它至少跨越了三个边界——学科边界、国家边界和政治边界——至少跨越了一个鸿沟——教学与研究之间。它是后学科性的,是全球性的。各个学科提供了更好的联合角度,而不是各自分开的角度,其中问题的属性应该决定学科角度,而不是反过来。面对21世纪我们面前堆积的"可恶的问题",要做的可不少。这种后学科性可以在分出去的新学科领域中找到表达方法,如过渡司法研究、行为经济学、性别研究、安全研究和记忆研究。然而,其源头最好在公共社会科学观点本身来寻找。但是,正是政治边界使公共社会科学具有最大挑战性。

为了以政治指令行动,新公共社会科学要让那些我们到目前为止看作是"陌生人"的人参与——自然科学家、政府、国际机构,如欧盟、联合国和国际非政府机构。以气候变化举例,社会学家、环境学家、交通政策制定者、海洋学家等等已经有效地参与进来。政府是所有我们未知的"龙"中最陌生的一条,但是新社会科学需要政府参与,就像公民社团和非政府组织一样。想出让政府更好地接受社会科学的策略是新社会科学的一部分,与改进社会科学对于政治和公共参与以及寻求公共关联的研究的态度一样——这其中大部分是以连同社区、非政府组织、公民社团和直接包括或者受其影响的人一起的参与形式。公共社会科学的边界并不严密，要求在学科间加强合作；它跨越了国家界限，让全球社团参与进来；并且它走出了传统的学科议程，即很多都植根于20世纪在各个社会科学学科内狭隘的专业主义观点，参与到公共问题和影响人类未来的"可恶的问题"中来。这就是作为21世纪的社会科学家要具备道德观的意思，致力于使社会科学成为一件公共物品。

结论：一个21世纪的社会科学？

我相信，有社会科学群体存在。这些人是社会科学家中非常特别的几代人，在他们进入这一有着不朽光辉的事业之时，他们就处在完全不同的特殊环境中，充满了各种不同的争论、观点和经历。并非所有的人都要面对留下永久印记的非凡时代，但是我已经在我的解释性论述中使人们想起了这些群体中的其中两个，18世纪的苏格兰人和19世纪维多利亚时代的科学改革者，我们也许可以从他们身上学到什么。首先，这个例子是必须要通过人类对道德情操和社交能力的倾向了解文化、市场和政府，第二个是把这种规范性承诺加在科学实践上，因此把人类的价值和社会改进与科学的价值联系起来。当然，这两个群体同时都是希望制造者和神话制造者，在全景中看出社会科学可以做什么，但是却无法实现。在这层意思上，他们也许不是好的范例。

我们也想到了最近两个社会科学群体。第一个是20世纪60年代，社会科学中乐观主义的"黄金年代"，当时社会科学家相信他们可以改变世界；第二个是20世纪80年代，当时充满了恐惧、紧张和威胁，社会科学明显地饱受抨击。20世纪60年代留下了一个大部分没有实现的开放规范性承诺，导致正式权力系统产生一种质疑和否定的批评态度，结果使大部分实践者退缩，只愿意指出想要改变普通人的生活的复杂性和困难。相反20世纪80年代带给我们的是怀疑，社会科学家们蹲在学科深坑中，主要针对彼此之间产生专业知识，使他们自己逃开20世纪60年代的失望。希望创造和神话创造输给了实实在在的——令人沮丧的——现实主义，即社会科学的局限性和不大希望做出改变的现状。因此，两个群体留下来的是"只有我们自己"的社会科学——要么是因为没有公共参与要么是因为太复杂而实现不了。

我想要定义社会科学的公共价值和实现这种价值的新公共社会科学，这一冒险的做法碰到了这些群体中的余留势力，其结果就是不受欢迎（以及激怒他们）。这些余留势力是在我称为"科学否定主义"的现代范式中出现的，他们偏好批评的唱反调角色，放弃做出改变，专业社会科学为了保持科学狭隘的抽象性而不加入公共参与，只与特定种类的组织和社区公众合作，把社会科学描绘成向上与权力机构共谋。但是，21世纪的社会科学需要在其分析以及法律道德感受上具备科学技术性，在公众参与中要有启示性而不是党派性，要有更好的科学观点创造希望，以至于不会让人失望，像再创造神话一样结束。当然，这回到了公共社会科学先前的观点上，源于18世纪苏格兰人和19世纪维多利亚时代的改革者，但是又具有更好的科学基础和更加适合21世纪的不同的道德情操。

因此，我认为社会科学处在新时代的尖端，深深植根于过去，但是面对不同的环境、争论、观点和经历。因此，我想通过问两个与21世纪社会科学紧密相关的问题来结束这篇解释性论述。为社会科学提出问题的21世纪是什么样的？对社会科学家的实践来说这些问题的所带来的挑战是什么？

在这篇论述中，我已经确定了下面会形成21世纪社会科学的问题以及会带来的影响。

• 一系列相互联系和复杂的"可恶的问题"，这些问题本身组成了引人注目的公共问题，影响着人类的未来，呼吁"大社会"。

• 高等教育的新自由主义市场化和公立大学的衰落，体现在资金紧缩和公共支出削减，限制了"大社会"的可能。

• 引发道德普遍化的人道主义改革，标志着远距离受难的意识和"陌生"他人的物质困境，体现在要求社会科学通过其实践来做出改变的世界主义想象中。

• 权力的分裂已经导致不同大众授权，以宗教、性别、国家、生活方式和消费（如"绿色"和"道德消费者"）等等划分，要求我们对需要我们通过社会科学参与的公众采取一种多元论和无党派的观点。

　　这些问题向社会科学提出严峻的挑战，我已经在全文几种情况中演练过需要社会科学实践适应它们的方式了。我相信这些问题既约束社会科学，又同时给予社会科学权力，既是威胁又是机会。不能夸大说社会科学正处于危险中，也不能幻想说人类未来正处于危险中。公共社会科学是对两者的必要回应。它使自身与 21 世纪相联系来捍卫社会科学，是后学科性教学、研究和公民参与议程，旨在分析、解释和解决我们时代的主要公共问题。它适应了近现代的政治经济，给人类留下的是再也无法在学科深井内解决的复杂棘手的问题。后学科性公共社会科学的这种观点无可避免地使社会科学对摆在面前的人道主义未来也十分重要，带有使社会科学变为一件独立的公共物品的公共价值，不受其所具有的使用价值或价格价值约束。它也适应近现代出现的人道主义改革，因为人类开始意识到需要以道德准则生活，以政治政策行动，并以此方式用一种道德普遍性对远距离他人产生道德情操和同情联想。如果你喜欢的话，这就是一种时代中的公共社会科学（想要从我的文章中看到一个例子的读者可以阅读插页 14）。

　　因此，一个特别的社会科学角度留下的是什么呢？事实上，我还没有讨论过在多语言的后学科讨论中排除社会科学吗？也没有什么不同的留给社会科学吗？

　　我没有这么做。在社会学中率先研究苦难的学者伊恩·威尔金森（Iain Wilkinson，2005），他关于公共社会科学对未来的贡献的言论值得详细引述，因为他的一席话说得很好，对有启示性的未来公共社会科学充满热情。

插页 14　实践中的公共社会科学——冲突研究项目后的让步

　　这个项目是一个由利弗休姆（Leverhulme）基金资助 126 万英镑，在亚伯丁大学历时 5 年（2009—2014）的项目，指出对暴力冲突中的受害者让步意味着什么的问题，以及作为他们自身之前的施暴者的社会行为和政府和公民社会的政策选择怎样能激励并发展下去的问题。项目由约翰·布鲁尔（John Brewer）（社会学）主持，伯尼·海耶斯（Bernie Hayes）（社会学）和弗朗西斯·提尼（Francis Teeney）（心理学）作为合作调研者，以及有社会人类学、拉美研究（科马丹［Caumartin］）、社会学（米勒－夏特［Mueller-Hirth］）和心理学（德贞［Dudgeon］）研究背景的博士后研究员（PDFs）组成。研究旨在获取在三个充满冲突的社会中受害者的生活感受，如北爱尔兰、南非和斯里兰卡，与受害者进行定性访谈和全国代表定量调查（北爱尔兰和南非），如果没有全国代表抽样，就进行非随机的受害者调查（斯里兰卡）。联合的博士生进行个案研究：北爱尔兰亲英派准军事组织前成员中暴力男性的解构（麦基［Magee］）、受害者团体领袖在北爱尔兰社会资本发展中的角色（福勒－格拉哈姆［Fowler-Graham］）、天主教教堂在哥伦比亚部分地区暴乱后管理记忆的角色（里奥斯［Rios］）、重组塞拉利昂女童士兵使她们重归家庭（安德森［Anderson］）、当代西班牙的记忆政策的恢复和它们在学校课程上的影响（马吉尔［Magill］）以及贝尔法斯特和德里天主青年身份的改变（史密斯［Smith］）。博士研究生有社会人类学、神学、和平研究、社会学和政治学的背景。但是，在多元范式中捕捉到受害者的生活感受要结合在个人层面上对让步的意义的抽象和理论分析——其属性在社会科学中被低估了——旨在能够把它定义为一种独立于态度或价值改变的社会实践。受害者问题是布鲁尔在阿伯丁大学和平进程的社会学课程中教学的重点，还要补充视频资料、DVD 资料和其他证人证言，以期把这种生活感受带入课堂。多年来一些积极分子被邀请来给全班做演讲，他们都是来自包括斯里兰卡和北爱尔兰的受害者群体。也有一个公民参与的项目关注受害者问题。比如，北爱尔兰项目其中一位我们的顾问詹妮弗·麦克奈恩（Jennifer McNern），她自己曾在一次爆炸中身负重伤，她是北爱尔兰由斯托蒙特（Stormont）政府建立的试点受害者和幸存者论坛的一名成员，同时也是一个主要的辅助非政府组织，"浪潮"内"受伤害群体"的秘书长。其中一名博士后成员米勒－夏特（Mueller-Hirth）是开普敦与政治犯合作的记忆疗伤学会的顾问。提尼结论：一个21世纪的社会科学？

(Teeney)与贝尔法斯特重建部门的受害者合作，非常关注那些由于北爱尔兰"问题"患上广场恐怖症的人。布鲁尔为北爱尔兰的调节工作创办了和平建设研讨会，包括各个社区群体，在斯里兰卡有四个地方，最后一个是 2012 年 2 月在贾夫纳市，一个泰米尔地区，合作群体包括泰米尔人和僧伽罗人。连同进行斯里兰卡的实地考察亚洲传教学会，布鲁尔发起了一个项目，在一个休假日集合所有泰米尔族和僧伽罗族失去丈夫的女性和她们的孩子，他也在爱尔兰和英国为他们募捐。布鲁尔和提尼与北爱尔兰共和军前战斗人员合作；麦基也与亲英派合作，在强硬的亲英派地区中教授冲突减少课程。过去，布鲁尔安排新芬党人员到斯里兰卡与泰米尔猛虎组织对话。利用他在北爱尔兰宗教和平建设中参与社会科学研究的个人经验，布鲁尔与斯里兰卡的天主教教会团体合作，鼓励他们更积极地参与斯里兰卡的和平进程。这包含与基层教会人员和主教合作（以前这些人都不参与和平进程）。现在应该清楚地看到这个项目把多个学科结合在一起，涉及研究、教学和公民参与。受人道主义对受害者的关注的启示，但是使用科学分析的技能力图改变他们的生活以及更广泛群体的生活。它具有实证性和理论性，规范性和科学性，结合抽象分析应对生活体验。它既独立又融入了公众参与，适合 21 世纪公共社会科学在这里发展的模式。

我不确定许多人找到这一提议的重点，即社会科学应该涉及促进社会同情。重要的是要弄清楚在这种传统下，理解人类社会状况是一种道德碰撞——使我们理解作为一种运作真正人类价值的社会生活，使我们认识到作为社会科学家我们无法在这种争议中工作。这常常很困难，也令人担忧（正如我认为韦伯和米尔斯所认识到的）。道德要求由社会科学家和他/她的读者组成——都致力于了解人们的道德状况/经历，质问他们对其他人的道德责任。这不可能是一种枯燥的学术行为——这是一个呼吁，呼吁知道自己作为一种道德-社会存在，以及作为埋藏在与他人关系中的道德存在。价值冲突不可避免，生活行为必须要被审视——不然，我们就永远不能获得对有关社会生活中最重要的事实的理解,这对人们很重要。在这种情况下,我们人类的状况不容乐观。①

在我们子孙后代的面前堆积起来的"可恶的问题"要求新社会科学提供不同的见解,就像医学工作者、科学家、艺术和人文学家所提供的一样。"可恶的问题"有与所有知识分支的角度相关的技术特征。并不是所有都相同,也不是对每一个问题都一样,但是对社会科学学科来说仍有机会将其技能作为文化、市场和政府针对许多公共问题的分析。公共社会科学在描绘和捕捉那些远离他人的"生活经历"上贡献很大,对他们我们感到同情和认同,除此以外在了解各种不道德行为下的物质条件上也作用巨大。特定的社会科学很可能抓住这些生活经历和优于其他人的物质条件的不同方面,作为它们对分析重要公共问题的部分技术贡献。但我们仍然需要经济分析、社会人类学、人文地理学、心理学、政治学、犯罪学、社会学以及剩下的所有学科,单独结合或者小规模或大规模在广阔的学科领域结合,根据不同的问题运用它们不同的知识。

最后有一个问题,我想以不同方式提出来,我特意使人们想起古尔德(Gould)在20世纪60年代夸张描述,那时他把我们全部看作社会学家(Gould,1965:9):所有的社会科学家现在都应该成为公共社会科学家吗?

必胜心态在今天与那时一样不可取,我并不是在说社会科学家都需要是一样的。新公共社会科学会存在下去——并且发展起来——在四个坐标轴中的那一个紧张点上,标志着其作为社会科学的特别角度。这些坐标轴是连续统一的,每个社会科学家和许多社会科学学科会将自己置于不同位置。以下是每一个连续统一体的各自轴心:

- 对人们生活经历-抽象分析的表现;
- 道德关联;
- 规范实践-科学;

---

① 在与作者的个人交流中,2012年3月8日。重点在原书上。

- 公共参与-沉思思考和"思考时间"。

这些不是自相矛盾、代表一劳永逸和互相排斥的选择，每一个社会科学家将他们自己置于每一条坐标轴的位置会随着他们职业的不同时间以及特定的教学、研究和公共参与项目而有所改变。但是，组成公共社会科学的各个学科，如果想在21世纪的全球问题上产生影响，并且把希望带给人类，它们就必须保持一种持续紧张的状态。如果我们不通过实践与它们联系起来，我们的子孙后代一定会谴责我们。

补充阅读和参考书目

补充阅读

Bate, J. (ed.) (2011) *The Public Value of the Humanities*. London: Bloomsbury.

British Academy (2010) Past, *Present and Future: The Public Value of the Humanities and Social Science*. London: The British Academy.

Brown, R. (ed.) (2010) *Higher Education and the Market*. London: Routledge.

Collini, S. (2012) *What Are Universities For?* London: Allen Lane.

Commission on the Social Sciences (2003) *Great Expectations*. London: Commission on the Social Sciences.

Docherty, T. (2011) *For the University*. London: Bloomsbury.

Gulbenkian Commission (1996) *Open the Social Sciences*. Stanford, CA: Stanford University Press.

Holmwood, J. (ed.) (2011) *A Manifesto for the Public University*. London: Bloomsbury.

McMahon, W. (2009) *Higher Learning, Greater Good*. Baltimore, MD: Johns Hopkins University Press.

Orlie, M. (1997) *Living Ethically, Acting Politically*. Ithaca, NY: Cornell University Press.

UNESCO (2010) *World Social Science Report* 2010. Paris: UNESCO Publishing.

参考书目

Abbott, A. (2001) *The Chaos of Disciplines*. Chicago, IL: University of Chicago Press.

Abrams, P. (1968) *The Origins of British Sociology* 1834–1914. Chicago, IL: University of Chicago Press.

Alexander, J. (2006) *The Civil Sphere*. Oxford: Oxford University Press.

Augé, M. (1998) *A Sense For the Other*. Stanford, CA: Stanford University Press.

Bailey, M. and Freedman, D. (eds) (2011) *The Assault on Universities*. London: Pluto Press.

Baker, S. (2011) "One Quango to Rule them All?", *Times Higher Education* 22 December: 33-37.

Bate, J. (ed.) (2011a) *The Public Value of the Humanities*. London: Bloomsbury.

— (2011b) "Introduction": *The Public Value of the Humanities*. London: Bloomsbury.

Bayer, R. and Drache, D. (eds) *States Against Markets*. London: Routledge.

Bechhofer, F., Rayman-Bacchus, L. and Williams, R. (2001) "The Dynamics of Social Science Research Exploitation", *Scottish Affairs* 36: 124-155.

Beck, U. (2006) *Cosmopolitan Vision*. Cambridge: Polity Press.

— (2012) "Redefining the Sociological Project: The Cosmopolitan Challenge", *Sociology* 46: 7-12.

Becker, H. (1967) "Whose Side Are We On?", *Social Problems* 14: 239-247.

Bell, C. and Newby, H. (1971) *Community Studies*. London: Allen and Unwin.

Bell, E. (2011) *Criminal Justice and Neoliberalism*. Basingstoke: Palgrave.

Bendix, R. and Lipset, S. M. (1957) "Political Sociology: An Essay and Bibliography", *Current Sociology* 6: 85-93.

Bennett, T. (1979) "The Social Distribution of Criminal Labels", *British Journal of Criminology* 19: 134-145.

Benneworth, P. (2011) "Dutch Lessons for an Impact Agenda that Satisfied all Parties", *Time Higher Education* 17 November: 28-29.

Berger, P. (1963) *Sociology: A Humanistic Perspective*. Harmondsworth: Penguin.

Blau, P. (1956) *Bureaucracy in Modern Society*. New York: Random House.

Boltanski, L. (1999) *Distant Suffering*. Cambridge: Cambridge University Press.

Bone, J. (2010) "Irrational Capitalism: The Social Map, Neoliberalism and the Demodernization of the West", *Critical Sociology* 36: 717-740.

Brewer, J. D. (1986) "Adam Ferguson and the Theme of Exploitation", *British Journal of Sociology* 37: 461-478.

— (1989) "Conjectural History, Sociology and Social Change in Eighteenth Century Scotland: Adam Ferguson and the Division of Labour", in D. McCrone et al. (eds),

The Making of Scotland: Nation, Culture and Social Change. Edinburgh: Edinburgh University Press.

— (2000) *Ethnography*. Buckingham: Open University Press.

— (2003) *C. Wright Mills and the Ending of Violence*. London: Palgrave.

— (2007a) "'We Must Protest that Our Inheritance is Within Us': Robert Morrison MacIver as Sociologist and Scotsman", *Journal of Scottish Thought* 1 (1): 1-23.

— (2007b) "Sociology and Theology Reconsidered: Religious Sociology and the Sociology of Religion in Britain", *History of the Human Sciences* 20: 7-28.

— (2011a) "Viewpoint-From Public Impact to Public Value", *Methodological Innovations Online* 6 (1): 9-12.

— (2011b) "Commentary: The Impact of Impact", *Research Evaluation* 20: 255-256.

Brewer, J. D. and Hayes, B. C. (2011) "Post-Conflict Societies and the Social Sciences: A Review", *Contemporary Social Science* 6 (1): 5-18.

Brewer, J. D., Higgins, G. I., and Teeney, F. (2011) Religion, *Civil Society and Peace in Northern Ireland*. Oxford: Oxford University Press.

Brinkmann, S. (2011) *Psychology as a Moral Science*. New York: Springer.

British Academy (2010) *Past, Present and Future: The Public Value of the Humanities and Social Science*. London: The British Academy.

Brown, R. (ed.) (2010) *Higher Education and the Market*. London: Routledge.

Bryson, G. (1932a) "The Emergence of the Social Sciences from Moral Philosophy", *International Journal of Ethics* 42: 304-323.

— (1932b) "Sociology Considered as Moral Philosophy", *Sociological Review* 24: 26-36.

— (1945) *Man and Society*. Princeton, NJ: Princeton University Press.

Burawoy, M. (2005) "For Public Sociology", *American Sociological Review* 70: 4-28.

— (2008) "Open Letter to C. Wright Mills", *Antipode* 40: 365-375.

— (2011) "Redefining the Public University: Global and National Contexts" in J. Holmwood (ed.), *A Manifesto for the Public University*. London: Bloomsbury.

Burr, V. (1995) *An Introduction to Social Constructionism*. London: Routledge.

Byrne, D. (2011) *Applying Social Science*. Bristol: The Policy Press.

Calhoun, C. (2004) "Word from the President", *4th Annual Report*. New York: Social Science Research Council. Accessible at http://www.ssrc.org/workspace/images/crm/new_publication_3/%7B0e949a73-f451-dell-afac-001cc477ec70%7D.pdf.

—(2007) *Social Science for Public Knowledge*. New York: Social Science Research Council. Accessible at http://www.ssrc.org/publications/view/49173559-675F-DE11-BD80-001CC477EC70/.

Cam, P. (2008) "The Two Adam Smiths", *Think* 7: 107-112.

Chomsky, N. (1999) *Profit over People*. New York: Seven Stories Press.

Christensen, C. M. and Eyring, H. J. (2011) *The Innovative University*. San Francisco, CA: Jossey Bass.

Cloke, P. (2002) "Deliver Us From Evil? Prospects for Living Ethically and Acting Politically in Human Geography", *Progress in Human Geography* 26: 587-604.

Collini, S. (2012) *What Are Universities For?* London: Allen Lane.

Collins, H. (2011) "Viewpoint—Measures, Markets and Information", *Methodological Innovations Online* 6 (1): 3-6.

Commission on the Social Sciences (2003) *Great Expectations*. London: Commission on the Social Sciences.

Crouch, C. (2011) *The Strange Non-Death of Neoliberalism*. Cambridge: Polity Press.

Crow, G. and Takeda, N. (2011) "Ray Pahl's Sociological Career: Fifty Years of Impact", *Sociological Research Online* 16 (3), http://www.socresonline.org.uk/16/3/11.html.

Curry, S. (2011) "Our Audience Awaits", *Times Higher Education* 24 November.

Curtice, J. and Heath, O. (2009) "Do People Want Choice and Diversity of Provision in Public Service?", in A. Park, J. Curtice, K. Thomson, M. Philipps and E. Clery (eds), *British Social Attitudes 25th Report*. London: Sage.

Davies, P. (2004) "Sociology and Policy Science: Just in Time?" *British Journal of Sociology* 55: 447-450.

Delanty, G. (2009) *The Cosmopolitan Imagination*. Cambridge: Cambridge University Press.

Docherty, T. (2011) *For the University*. London. Bloomsbury.

Dogan, M. and Pahre, R. (1990) *Creative Marginality at the Intersections of the Social Sciences*. Boulder, CO: Westview Press.

Donovan, C. (2011) "State of the Art in Assessing Research Impact: Introduction to a Special Issue", *Research Evaluation* 20: 175-180.

Donovan. C. and Hanney, S. (2011) "The 'Payback Framework' Explained", *Research*

Evaluation 20: 181-184.

Dumenil. G. and Levy, D. (2010) *The Crisis of Neoliberalism*. Cambridge, MA: Harvard University Press.

Edgerton. D. (2009) "The 'Haldane Principle' and Other Invented Traditions in Science Policy", *History and Policy* 88. Accessible at http://www.historyandpolicy.org/papers/policy-paper-88.html.

Edwards. M. (2004) *Civil Society*. Cambridge: Polity Press.

Erikson, R. (2005) "A View from Sweden", in A. H. Halsey and W. G. Runciman (eds). *British Sociology: Seen From Without and Within*. London: British Academy.

Eriksen, T. H. (2006) *Engaging Anthropology: The Case for a Public Presence*. Oxford: Berg.

Fontaine, P. (2006) "The Intellectuals and Capitalism", *British Journal of Sociology* 57: 189-194.

Forget. E. L. (2003) "Evocations of Sympathy: Sympathetic Imagery in Eighteenth-Century Social Theory and Physiology", *History of Political Economy* 35: 282-308.

Fox, R. (1965) "Prolegomenon to the Study of British Kinship", in J. Gould (ed.), *Penguin Survey of the Social Sciences*. Harmondsworth: Penguin.

Frazer. M. L. (2010) *The Enlightenment of Sympathy*. Oxford: Oxford University Press.

Furedi, F. (2012) "Satisfaction and its Discontents", *Times Higher Education*, 8 March: 36-41.

Gamble, A. (1988) *The Free Economy and the Strong State: The Politics of Thatcherism*. Basingstoke: Macmillan.

Gellner, E. (1975) "Ethnomethodology: The Re-Enchantment Industry or the Californian Way to Subjectivity?", *Philosophy of the Social Sciences* 5: 431-450.

Giddens, A. (1974) *Positivism and Sociology*. London: Heinemann.

— (1996) *In Defence of Sociology*. Cambridge: Polity Press.

Ginsberg, B. (2011) *The Fall of the Faculty*. Oxford: Oxford University Press.

Ginsberg. M. (1934) Sociology. London: Thornton Butterworth.

Goldberg, D. T. (2008) *The Threat of Race: Reflections on Racial Neoliberalism*. Oxford: Wiley-Blackwell.

Goldman, L. (2002) Science, *Reform and Politics in Victorian Britain*. Cambridge: Cambridge University Press.

Goldthorpe, J. (2000) *On Sociology*. Oxford: Oxford University Press.

Gould, J. (ed.) (1965) *Penguin Survey of the Social Sciences*. Harmondsworth: Penguin.

Griffiths, D. (2010) "Academic Influence Amongst UK Power Elites", *Sociology* 44: 734–750.

Gulbenkian Commission (1996) *Open the Social Sciences*. Stanford, CA: Stanford University Press.

Hammersley, M. (2004) "A New Political Arithmetic to Make Sociology Useful?", *British Journal of Sociology* 55: 439–446.

Harvey, D. (2005) *A Brief History of Neoliberalism*. Oxford: Oxford University Press.

Higher Education Funding Council for England (2002) *Academic Staff. Trends and Projections*. Issue Paper 43. Bristol: Higher Education Funding Council for England.

Hird, M. (2004) *Sex, Gender and Science*. Basingstoke: Palgrave.

Hirsh, D. (2003) *Law Against Genocide*. London: Glasshouse Press.

Holmwood, J. (2010) "Sociology's Misfortune: Disciplines, Interdisciplinarity and the Impact of Audit Culture", *British Journal of Sociology* 61: 639–658.

—— (ed.) (2011a) "Introduction", *A Manifesto for the Public University*. London: Bloomsbury.

—— (ed.) (2011b) *A Manifesto for the Public University*. London: Bloomsbury.

—— (2011c) "Viewpoint-The Impact of 'Impact' on UK Social Science": *Methodological Innovations Online* 6 (1): 13–17.

Horowitz, I. (1995) "Are the Social Sciences Scientific?", *Academic Quarterly* 9: 53–59.

Huch, R. K. (1985) "The National Association for the Promotion of Social Science", *Albion* 17: 279–299.

Johnson, P. (2004) "Making Social Science Useful", *British Journal of Sociology* 55: 23–30.

Kagan, J. (2009) *The Three Cultures*. Cambridge: Cambridge University Press.

Kelly. U. and McNicoll, I. (2011) Through a Glass Darkly: *Measuring the Social Value of Universities*. Bristol: National Coordinating Centre for Public Engagement. Available at https://www.publicengagement.ac.uk/sites/default/files/80096%20NCCPE%20 Social%20Value%20Report.pdf.

King, D. (2011) "The Politics of Publicly—Funded Social Research", in J. Holmwood (ed.), *A Manifesto for the Public University*. London: Bloomsbury.

Kuhn, T. (1962) *The Structure of Scientific Revolutions*. Chicago, IL: University of Chicago Press.

Lather, P. (1986) "Issues of Validity in Openly Ideological Research", *Interchange* 17: 63–84.

Lauder, H., Brown, P. and Halsey, A. H. (2004) "Sociology and Political Arithmetic: Some Principles of a New Policy Science", *British Journal of Sociology* 55: 3–22.

Lawson, G. (2008) "For a Public International Relations", *International Political Sociology* 2: 17–35.

Livingstone, D. (2012) "Science Wars", in N. C. Johnson, R. H. Schein and J. Winders (eds), *A New Companion to Cultural Geography*. Oxford: Blackwell.

Macdonald, S. (2001) "British Social Anthropology", in P. Atkinson *et al.* (eds), *Handbook of Ethnography*. London: Sage.

MacGregor, S. (2011) "The Impact of Research on Policy in the Drugs Field", *Methodological Innovations Online* 6: 41–57.

MacIver, R. (1921) *The Elements of Social Science*. London: Methuen.

MacIver, R. and Page, C. (1967) *Society*. London: Macmillan.

MacRea, D. (1961) *Ideology and Society*. London: Heinemann.

Madge, J. (1953) *The Tools of Social Science*. London: Longmans.

Marcus, J. (2011) "Offence is The Best Defence", *Times Higher Education* 16 June.

Margalit, A. (2009) *On Compromise and Rotten Compromises*. Princeton, NJ: Princeton University Press.

Marmot, M. and Wilkinson, R. (2001) "Psychosocial and Material Pathways in the Relations Between Income and Health", *British Medical Journal* 322: 1233–1236.

Martin, B. (2011) "The Research Excellence Framework and the 'Impact Agenda': Are We Creating a Frankenstein Monster?", *Research Evaluation* 20: 247–254.

Mathews, D. (2011) "What Have They Ever Done for Us?", *Times Higher Education* 24 November.

McGettigan, A. (2011), "New Providers: The Creation of a Market in Higher Education", *Radical Philosophy*, 167: 1–8.

McLean, M., Abbas, A. and Ashwin, P. (2012) "Pedagogic Quality and Inequality in Undergraduate Social Science", Paper given to the Research Symposium at the University of Nottingham, 27 January.

McMahon, W. (2009) *Higher Learning, Greater Good*. Baltimore, MD: Johns Hopkins University Press.

Miller, N. and Sabapathy, J. (2011) "Open Universities: A Vision for the Public University in the Twenty-First Century", in J. Holmwood (ed.), *A Manifesto for the Public University*. London: Bloomsbury.

Mills, C. W. (1959) *The Sociological Imagination*. Oxford: Oxford University Press.

Misztal, B. (2011) *The Challenges of Vulnerability*. Basingstoke: Palgrave.

Molas-Gallart. J. and Tang, P. (2011) "Tracing 'Productive Interactions' to Identify Social Impact", *Research Evaluation* 20: 219-226.

Molesworth, M., Scullion, R. and Nixon, E. (eds) (2010) *The Marketisation of Higher Education*. London: Routledge.

Morgan, J. (2012) "Enigma Variations", *The Times Higher Education*, 1 March: 36-41.

Morrell, G., Scott, S., McNeish, D. and Webster, S. (2011) *The August Riots in England*. London: National Centre for Social Research.

Mullan, J. (1988) *Sentiment and Sociability*. Oxford: The Clarendon Press.

Neary, M. and Winn, J. (2009) "Student as Producer: Reinventing the Undergraduate Curriculum", in L. Bell, H. Stevenson and M. Neary (eds), *The Future of Higher Education: Policy, Pedagogy and the Student Experience*. Continuum: London.

Nisbet, R. (1976) *Sociology as an Art Form*. Oxford: Oxford University Press.

Norman, J. (2010) *The Big Society*. Buckingham: University of Buckingham Press.

Norris, P. and Inglehart, R. (2009) *Cosmopolitan Communications*. Cambridge: Cambridge University Press.

Northover, J. (2012) "UK's Squeezed Middle Needs Brand Openings", *Times Higher Education World Reputation Rankings* 2012, 15 March: 26.

Nowotny, H., Scott, P. and Gibbons. M. (2001) *Re-Thinking Science: Knowledge and the Public in an Age of Uncertainty*. Cambridge: Polity Press.

Nussbaum, M. (1996) "Compassion: The Basic Social Emotion", *Social Philosophy and Policy* 13: 27-58.

— (2010) *Not for Profit: Why Democracy Needs the Humanities*. Princeton. NJ: Princeton University Press.

O'Nedl, O. (2011) "Foreward" in *The Public Value of the Humanities*. London: Bloomsbury.

Orlie, M. (1997) *Living Ethically, Acting Politically*. Ithaca, NY: Cornell University Press.

Ormerod, P. (1994) *The Death of Economics*. London: Faber.

— (2010) "The Current Crisis and the Culpability of Macroeconomic Theory", *21st Century Society* 5: 5-18.

Oswald, A. (2011) "You Want Fame? Here's Where You Start Paying", *Times Higher World University Rankings* 2011-12. 6 October: 15-7.

Parkinson, H. (1920 [1913]) *A Primer of Social Science*. London: P. S. King.

Phillips, D. (1973) *Abandoning Method*. San Francisco: Jossey Boss.

Pichler, F. (2012) "Cosmopolitanism in a Global Perspective", *International Sociology* 27: 21-50.

Pickering. W. S. F. and Rosati, M. (2008) *Suffering and Evil*. Oxford: Berghan Press.

Platt, J. (2003) *The British Sociological Association: A Sociological History*. Durham: Sociology Press.

Porter, D. (ed) (1981) *Society and the Social Sciences*. London: Routledge.

Power, M. (1997) *The Audit Society*. Oxford: Oxford University Press.

Proctor, J. and Smith, D. (eds) (1999) *Geography and Ethics*. London: Routledge.

Ritzer, G. (2006) "Who's a Public Intellectual?", *British Journal of Sociology* 57: 209-214.

Robertson, R. (1995) "Glocalization: Time-Space and Homogeneity-Heterogeneity", in M. Featherstone, S. Lash and R. Robertson (eds), *Global Modernities*. London: Sage.

Rojek, C. and Turner, B. (2000) "Decorative Sociology: Toward a Critique of the Cultural Turn", *Sociological Review* 48: 629-648.

Rubington, E. and Weinberg, M. (2003) *The Study of Social Problems*. New York: Allyn and Bacon.

Runciman, W. G. (1965) *Social Science and Political Theory*. Cambridge: Cambridge University Press.

— (1999) *The Social Animal*. London: Fontana Press.

Ryan, A. (1970) *The Philosophy of the Social Sciences*. Basingstoke: Macmillan.

— (1981) "Is the Study of Society a Science?", in D. Porter (ed.), *Society and the Social Sciences*. London: Routledge.

Sack, R. (1997) *Homo Geographicus*. Baltimore, MD: Johns Hopkins University Press.

Samuel. R. (1992) "Mrs Thatcher's Return to Victorian Values", *Proceedings of the British*

Academy 78: 9–29.

Sandel, M. (2012) *What Money Can't Buy: The Moral Limits of the Market*. London: Allen Lane.

Satz, D. (2010) *Why Some Things Should Not be Sold*. Oxford: Oxford University Press.

Sauntson, H. and Morrish, L. (2010) "Vision, Values and International Excellence: The 'Products' that University Mission Statements Sell to Students", in M. Molesworth, L. Nixon and R. Scullion (eds). *The Student as Consumer and the Marketisation of Higher Education*. London: Routledge, pp. 73–85.

Savage, M. (2010) *Identities and Social Change in Britain Since 1940*. Oxford: Clarendon Press.

Savage, M. and Burrows, R. (2007) "The Coming Crisis of Empirical Sociology", *Sociology* 41: 885–897.

Sayer, A. (2000) "Moral Economy and Political Economy", *Studies in Political Economy* 61: 79–104.

Scott, J. (ed.) (2011) *Methodological Innovations Online* 6 (1). Special Issue on Impact at http://www.pbs.plym.ac.uk/mi/.

Smith, S. (2011) "Afterword: A Positive Future for Higher Education in England", in J. Holmwood (ed.), *A Manifesto for the Public University*. London. Bloomsbury.

Smith, S. O., Ward, V. and House, A. (2011) "'Impact' in the Proposals for the UK's Research Excellence Framework", *Research Policy* 40: 1369–1379.

Smith, V. (1998) "The Two Faces of Adam Smith", *Southern Economic Journal* 65: 1–19.

Stanley, L. (2001) "Mass Observation's Fieldwork Methods", in P. Atkinson et al. (eds), *Handbook of Ethnography*. London: Sage.

— (2005) "A Child of its Time: Hybridic Perspectives on Othering in Sociology", *Sociological Research Online* 10 (3) at http://www.socresonline.org.uk/10/3/stanley.html.

Steuer, M. (2002) *The Scientific Study of Society*. Boston, MA: Kluwer.

— (2004) "Reply by Max Steuer", *British Journal of Sociology* 55: 132–135.

Taagepera, R. (2008) *Making Social Science More Scientific*. Oxford: Oxford University Press.

Temple, P. (2011) "University Branding", *Perspective: Policy and Practice in Higher*

Education 15 (4): 113-116.

Thornton, M. (2011) *Privatising the Public University: The Case of Law*. London: Routledge.

Times Higher Education (2011) *World University Rankings 2011-12*. 6 October.

Turner, B. (2006a) "British Sociology and Public Intellectuals: Consumer Society and Imperial Decline", *British Journal of Sociology* 57: 169-188.

— (2006b) *Vulnerability and Human Rights*. Philadelphia, PA: Pennsylvania State University Press.

UNESCO (2010) *World Social Science Report* 2010. Paris: UNESCO Publishing.

University and College Union (UCA) (2012) *Choice Cuts: How Choice Has Declined in Higher Education*. London: UCA. Accessible at http://www.ucu.org.uk/media/pdf/c/h/Choice_ cuts_ report_ Feb12.pdf.

Urry, J. (1981) "Sociology as a Parasite: Some Vices and Virtues", in P. Abrams, R. Deem, J. Finch and P. Rock (eds), *Practice and Progress in British Sociology 1950-1980*. London: Allen and Unwin.

— (2011) *Climate Change and Society*. Cambridge: Polity Press.

Wallerstein, I. (2004) *World Systems Theory*. Durham, NC: Duke University Press.

Watson, C. (2011) "Accountability, Transparency, Redundancy: Academic Identities in an Era of 'Excellence'", *British Educational Research Journal* 37: 955-972.

Webb, B. (1926) *My Apprenticeship*. London: Longmans.

Wiles, P. (2004) "Policy and Sociology", *British Journal of Sociology* 55: 31-34.

Wilkinson, I. (2005) *Suffering*. Cambridge: Polity Press.

Wilkinson, R. (2000) *Mind the Gap*. London: Weidenfeld and Nicolson.

Williams, J. M. (1920) *The Foundations of Social Science*. New York: Alfred Knopf.

Willetts, D. (2010) *The Pinch: How the Baby Boomers Took Their Children's Future—And How They Should Give it Back*. London: Atlantic Books.

— (2012) "A Mistaken Conception that the University System is Under Attack", *Times Higher Education*, 1 March: 30-31.

Winch, P. (1958) *The Idea of a Social Science*. London: Routledge.

Wolterstorff, N. (2010) *Justice: Rights and Wrongs*. Princeton, NJ: Princeton University Press.

Ylijoki, O.-H. (2000) "Disciplinary Cultures and the Moral Order of Studying: A Case-Study of Four Finnish University Departments", *Higher Education* 39: 339-362.

图书在版编目(CIP)数据

社会科学的公共价值 /(英)约翰·布鲁尔(John D.Brewer) 著；刘静译. — 北京：商务印书馆，2018
ISBN 978-7-100-14000-3

Ⅰ.①社⋯ Ⅱ.①约⋯ ②刘⋯ Ⅲ.①社会科学—研究 Ⅳ.① C

中国版本图书馆 CIP 数据核字 (2017) 第 117818 号

权利保留，侵权必究。

社会科学的公共价值

〔英〕约翰·布鲁尔（John D.Brewer） 著
刘静 译

商 务 印 书 馆 出 版
（北京王府井大街36号 邮政编码100710）
商 务 印 书 馆 发 行
艺堂印刷（天津）有限公司
ISBN 978-7-100-14000-3

2018年10月第1版　　开本 710×960　1/16
2018年10月第1次印刷　印张 14
定价：39.00 元